A MAGIA do Reiki

Christopher Penczak

A MAGIA
do
Reiki

A Energia Dirigida para a Cura,
Ritual e Desenvolvimento Espiritual

Tradução:
ROSANE ALBERT

EDITORA PENSAMENTO
São Paulo

Título original: *Magic of Reiki*.

Copyright © 2004 Christopher Penczak.

Publicado originalmente por Llewellyn Publications, St. Paul, MN 55164 — USA. — www.llewellyn.com

1ª edição 2006.

3ª reimpressão 2016.

Dados Internacionais de Catalogação na Publicação (CIP)
(Câmara Brasileira do Livro, SP, Brasil)

Penczak, Christopher
      A magia do Reiki : a energia dirigida para a cura, ritual e desenvolvimento espiritual / Christopher Penczak; tradução Rosane Albert. -- São Paulo : Pensamento, 2006.

      Título original : Magick of Reiki.
      Bibliografia.
      ISBN 978-85-315-1445-6

      1. Cura pela fé 2. Reiki (Sistema de cura) I. Título.
      II. Título: A energia dirigida para a cura, ritual e desenvolvimento espiritual.

05-1549   CDD-615.852

Índices para catálogo sistemático:
1. Reiki : Sistema universal de cura   615.852

Direitos de tradução para o Brasil adquiridos com exclusividade pela
EDITORA PENSAMENTO-CULTRIX LTDA., que se reserva a
propriedade literária desta tradução.
Rua Dr. Mário Vicente, 368 – 04270-000 – São Paulo, SP
Fone: (11) 2066-9000 – Fax: (11) 2066-9008
http://www.atendimento @editorapensamento.com.br
E-mail: editorapensamento.com.br
Foi feito o depósito legal.

Impressão e acabamento: *Orgrafic Gráfica e Editora*

Agradecimentos

Agradeço a Laura Gamache pelo seu amor, apoio e por ter me apresentado o Reiki. Agradeço a Rosalie por ter sido minha primeira cliente e por ter me incentivado a seguir este caminho, e a Ronald e Steve pelo seu amor e apoio. Agradeço à minha Mestra em Reiki, Joanna Pinney-Buel. Uma menção especial a Brenda Armstrong-Champ por me convidar para a New England Reiki Conference e por ter plantado a semente que se transformaria neste livro. Obrigado a Alixaendreia pelo seu incentivo e seus conselhos, a Leandra Walker pela sua ajuda de última hora, e a todos aqueles que graciosamente cederam símbolos e aderiram às tradições da magia e do Reiki, um agradecimento que inclui John Armitage, Kathleen Milner, Diane Ruth Shewmaker, Susan Isabel, Loril Moondream, Lyn Roberts-Herrick, Jamie Gallant, Derek O'Sullivan, Kat Coree e Jessica Arsenault.

Sumário

Figuras

A Magia e o Reiki

Este não é um livro de Reiki tradicional, embora você encontre aqui muitas informações básicas sobre o que é o Reiki como uma arte de cura, abrangendo a história e as posições das mãos, e do mesmo modo não irá encontrar uma visão conservadora da arte do Reiki. *A Magia do Reiki* é uma exploração pelos muitos sistemas de cura agora chamados de Reiki, vistos como uma tradição mágica. Muitos integrantes da comunidade tradicional de Reiki não considerariam o Reiki como uma forma de magia. Muitos praticantes de magia não considerariam o Reiki ligado à sua arte. Eu usei ambos na minha prática e os achei incrivelmente capazes de curar, valiosos e espirituais. Para mim, eles são facetas da mesma energia, apenas usam mecanismos diferentes, e mesmo os mecanismos não são assim tão diferentes quando examinados mais de perto. Como investiguei ambas as comunidades, descobri que há muito mais interligações entre as duas do que a maioria acredita, mas ninguém fala sobre as semelhanças entre o Reiki e a magia. Por isso, daremos início a um diálogo que muitos acham controverso. Reunimos agora dois mundos que sempre tiveram pontos em comum.

Por meio deste trabalho, iremos explorar muitos aspectos do Reiki e dar explicações sobre o seu uso tanto para o praticante do Reiki tradicional quanto para os que estão ligados às artes mágicas. Se os dois assuntos são novos para você, este livro vai lhe dar uma compreensão simples e sólida das duas artes e como elas se relacionam uma com a outra. *A Magia do Reiki* não é um manual para uma aula comum de Reiki, mas pode ser usado como manual por professores que estejam tratando desses tópicos complementares junto com o material tradicional de Reiki, ou por aqueles com um forte interesse ou formação em metafísica e magia. Em última análise, este livro é o marco inicial para discussões e experimentações posteriores.

O que é o Reiki?

Quando entrei em contato com o Reiki pela primeira vez, ele me foi descrito como uma "força vital universal" ou "energia universal". Isso me pareceu muito vago naquele momento, mas o conceito por trás daquelas palavras grandiosas é o da energia fundamental que cria e mantém o universo. O *ki* em "Rei-ki" se refere ao componente de energia. Diferentes culturas reconhecem a força vital e chamam-na de diferentes modos. Ki é usado no Japão. Chi é outra forma para se referir à energia básica vital, também usada no Oriente. A disciplina do tai chi é o aprendizado de como trabalhar com essa energia. A tradição hindu a chama de prana. Os xamãs havaianos a chamam de mana. Rauch é a palavra em hebraico para essa força. Numen, força odic e orgone são outros nomes para ela. Culturas diferentes têm diferentes definições, interpretações e associações, mas basicamente todas falam da mesma força vital.

Essa força vital é encontrada em todos os lugares e em todas as coisas, abrangendo pessoas, animais e coisas. Ela nos sustenta. A energia é universal, denotada pelo *rei* em "Rei-ki", não pessoal. A parte universal da definição de Reiki significa não apenas que essa energia básica é encontrada em tudo, universalmente, mas também que, como um sistema de cura, estamos atraindo essa força do universo, a qual não tem limites e existe sempre em abundância, em vez de extraí-la do nosso "ki" pessoal ou de alguma outra pessoa, animal, planta ou objeto.

O sistema Reiki versus a energia Reiki

"Mas eu já faço Reiki. Não freqüento nenhuma aula. Não preciso aprendê-lo com ninguém." Ouço essa declaração ou algumas outras semelhantes, e isso provoca um grande debate entre muitas pessoas da comunidade Reiki. A essência da controvérsia acaba se tornando um mal-entendido em torno de palavras e termos. Quando fiz treinamento mágico, aprendi como é importante dizer o que se pretende, por causa do poder básico das palavras. Infelizmente, para a maioria de nós, as línguas ocidentais são imprecisas e particularmente limitadas quando se quer explicar conceitos místicos e orientais. Como muitas vezes falta à nossa linguagem a sutileza necessária, precisamos explicar as coisas claramente.

Quando as pessoas dizem a palavra Reiki, algumas estão se referindo à energia vital universal, que é sempre abundante e está ao alcance de todos. Nós já temos um pouco dela fluindo em nós todos os dias. Se não a tivéssemos, não estaríamos vivos. Nós a absorvemos com o ar que respiramos e o alimento que ingerimos e sutilmente fazemos uma troca com o ambiente à nossa volta, incluindo a Terra, o Sol, a Lua, as estrelas, as plantas e os animais. Há muitos meios místicos para se ter acesso a essa energia, o que algumas pessoas fazem intuitivamente e com pouco treinamento. Muitas artes de cura e de magia apelam para essa energia do universo. Orações, meditação, rituais, visualizações, afirmações e intenções são métodos para estabelecer uma relação com ela e cada um carrega suas próprias técnicas, pontos fortes e inconvenientes. Tenho certeza de que muitas pessoas estão usando a energia vital universal do seu próprio jeito, mesmo que nunca tenham ouvido a palavra Reiki.

Outros usam a palavra Reiki para se referir a um sistema formal de cura, originalmente chamado de Sistema Usui de Cura Natural pelo seu fundador moderno, o dr. Mikao Usui. Esse sistema tem uma história razoavelmente moderna, e seus praticantes têm uma linhagem em que eles podem rastrear seus professores até Usui. O sistema usa símbolos específicos, posições das mãos, filosofias e técnicas, e são atribuídos a ele muitos e importantes benefícios pessoais e "salvaguardas". Embora conte com muitas variações e acréscimos, o Reiki como sistema é uma tradição. Sem conhecer a tradição por intermédio de um professor qualificado, você não recebe os mesmos benefícios e salvaguardas.

As pessoas falam sobre o Reiki como uma coisa antiga, e mesmo a energia é tratada como algo remoto. Muitas pessoas, conhecidas e não conhecidas, tropeçaram com ele ao longo da história. Ele faz parte da vida. Mas, como uma tradição específica como o conhecemos agora, o Reiki é bastante moderno. Talvez a sua forma moderna seja uma renovação de um antigo sistema de conhecimento como sugerem muitos professores, mas não temos uma prova definitiva disso.

Quando as pessoas "já fazem Reiki", mas não estudaram o sistema, nem foram iniciadas na tradição, elas usam a energia, mas estão fazendo isso de modo diferente de um praticante de Reiki. Algumas vezes isso pode ser maravilhoso, outras nem tanto. Freqüentemente, há uma grande necessidade de concentração e, sem as salvaguardas, há uma chance maior de que elas usem energia a mais ou a menos do que o necessário, ou até mesmo passem a sentir os sintomas e as doenças de seus pacientes, particularmente se forem estritamente intuitivas e não tiverem aprendido uma tradição de cura. Para muitos faltam o treinamento e o conhecimento para regular a energia, enquanto outros lidam maravilhosamente com isso sozinhos. A situação varia conforme o curador, mas quando alguém faz parte da tradição do Reiki, essa pessoa tem a capacidade de regular a energia e de se proteger das doenças e dos problemas do paciente.

Reiki Medicinal e Reiki Místico

O Reiki Medicinal e o Reiki Místico estão surgindo atualmente como as duas correntes de pensamento mais fortes na comunidade de cura. Alguns praticantes e professores estão concentrando seus esforços para a legitimação do Reiki na comunidade científica. Eles participam de projetos de pesquisa e do *lobby* para que o Reiki seja levado para os hospitais e consultórios médicos. Eles o ensinam para os que cuidam de doentes, enfermeiros e médicos. Eles lutam para que os convênios de saúde cubram as despesas das sessões de Reiki. Eles o vêem como uma prática complementar à medicina tradicional e à alternativa e procuram sua legitimação do mesmo modo que a acupuntura, a medicina chinesa, o Ayurveda, o yoga e alguns aspectos do herbalismo têm sido aceitos pela medicina moderna. Eu concordo que o Reiki é um maravilhoso complemento à medicina moderna. E ele funciona, caso contrário eu não o aplicaria. Mas algumas pessoas sentem necessidade de remover toda essa "superstição" que existe na comunidade Reiki e de separá-la do discurso que envolve espiritualidade, iluminação, guias espirituais, anjos e magia. Eu discordo dessa abordagem.

Compreendo bem o desejo de remover um pouco das idéias da corrente principal do Reiki ao apresentá-lo à comunidade médica, mas o Reiki como um sistema de cura que veio do Japão, originou-se dos conceitos do budismo, um caminho espiritual. Embora muitas filosofias não-budistas tenham sido enxertadas nele, os conceitos que estão por trás dele se referem essencialmente à cura espiritual, não à cura médica. Para muitos, o Reiki não é uma religião, é o seu caminho espiritual. É o caminho para ser explorado. Reiki é um caminho do misticismo. E espero que, na busca por sua legitimidade no mundo "normal", ele nunca perca suas raízes místicas. *A Magia do Reiki* é um esforço, à luz dos estudos científicos agora disponíveis sobre o Reiki, para mostrar que o fundamento de muitas tradições místicas pode ser encontrado no Reiki.

O que é magia?

Magia é uma palavra que desperta muitas reações. Para alguns, ela evoca uma sensação de mistério da infância, de histórias eternas e contos de fada. Invoca uma crença nas possibilidades infinitas de um desejo inocente. Muitos pensam nela como um faz-de-conta ou uma fantasia, ou a associam com o ilusionismo dos truques de um prestidigitador. Os praticantes [de língua inglesa] da arte espiritual da magia usam um *k* no final da palavra [*magic*] para diferenciá-la da magia praticada no palco. Já vi as grafias [em inglês] *magik* ou *majik*. Mas para muitos, só o pensamento de magia como uma realidade é uma perspectiva assustadora, em que imagens de feiticeiras e magos diabólicos lançam maldições e provocam catástrofes com apenas um aceno de mão. Os vestígios da magia tornaram-se uma miscelânea de superstições. O próprio conceito de mágica não foi bem compreendido durante séculos pela cultura moderna, mas está ressurgindo no mundo à medida que observamos a antiga sabedoria do passado. Todas as culturas antigas têm uma forma de magia como parte de sua sociedade e caminho espiritual.

Basicamente, a magia é o poder da intenção. Quando usamos a intenção, criamos uma mudança na nossa realidade. Alguns atos de magia afetam a nossa realidade interior e passam despercebidos pela maioria. Outros afetam a realidade exterior e fazem as coisas acontecerem, embora esses acontecimentos, na maioria das vezes, sejam chamados de coincidência. Você faz mágica para conseguir um novo emprego e, de repente, recebe um chamado para uma entrevista e o emprego se encaixa perfeitamente para você. Magia ou coincidência? Quando comecei, eu estava mais inclinado a acreditar em coincidência, entretanto, depois de repetidas experiências pessoais envolvendo muitas coincidências estranhas, eu descobri que existe alguma coisa muito real com relação à magia. Você envia sua intenção para o universo, e aqueles que podem respondem a ela.

A magia, muitas vezes, usa uma abordagem mais comum para chegar até nós, porque assim é mais fácil. A natureza procura conservar a energia. A água corre montanha abaixo, não para cima. A magia flui para nós pelo caminho mais fácil possível. Nós precisamos ainda prosseguir com alguma ação do mundo real. Não vamos conseguir um emprego se não mandarmos nosso currículo e não comparecermos às entrevistas. Precisamos abrir as portas da magia. Precisamos criar essa mudança interiormente e ficarmos abertos à energia, conforme nos abrimos para a mudança exterior. Para o praticante de magia, há pouca diferença entre a realidade interior e a exterior. Elas não passam de diferentes pontos de vista. Para alterar uma, você precisa fazer uma mudança na outra.

Na tradição da magia formal, os praticantes se concentravam na intenção e no desejo para criar uma mudança por meio de atos rituais. Cada ritual é usado para criar um "feitiço" ou um ato específico de magia. Os rituais variam de tradição para tradição, mas esse tipo de magia é encontrado em muitas culturas diferentes.

Esses rituais de magia são encontrados nas tradições de bruxaria ao longo dos séculos e no renascimento moderno da bruxaria e do paganismo. Mas eles também estão presentes nas formas iniciais do misticismo judaico, cristão e islâmico. Uma tradição da magia chamada magia cerimonial mistura aspectos do misticismo judeu-cristão com filosofias de antigas civilizações pagãs, particularmente da Grécia e do Egito. Os praticantes da magia cerimonial são chamados mágicos ou magos. Os rituais também são encontrados nas culturas xamânicas, entre os homens e as mulheres que praticam medicina nas culturas tribais ainda existentes. Embora eles possam usar a palavra medicina em vez de feitiço ou magia, em essência eles estão praticando magia. Uma dança da chuva, uma canção de cura ou bênçãos para a proteção são formas de magia.

Alguns feitiços em forma de palavras, fórmulas ou atos específicos são passados de um praticante a outro. Alguns feitiços usam gestos e palavras muito simples, além de utensílios domésticos. Muitos feitiços usam ervas, talismãs e símbolos para direcionar e invocar o poder. Podem ser complicados ou simples, dependendo de quem os praticar. Mas o âmago da magia vai estar na ligação que você criar com o universo, com o divino, seja qual for o seu modo de encará-lo e, então, por meio dessa conexão, como vai dirigir a sua intenção para criar uma mudança.

Todos nós praticamos magia o tempo todo. Não a chamamos de magia, mas se vivemos qualquer intenção com intensidade, estamos praticando magia. Certas formas de magia têm sido popularizadas em nossa cultura moderna e são consideradas de algum modo respeitáveis. Visualização criativa é uma forma de magia. Grande parte das tradições de magia ensina a visualização em detalhe não apenas para ajudar a educar a mente e os pensamentos, mas também para ajudar a criar magia.

Também chamamos de magia "o poder do pensamento positivo". Afirmações são uma forma de magia. O poder dos nossos pensamentos e palavras é um componente básico dos feitiços. A maioria das pessoas pensa que suas palavras não têm poder, mas os bons praticantes de magia sempre prestam atenção ao que dizem e pensam porque as palavras têm poder. Mesmo se você não estiver fazendo um ritual formal, se houver suficiente emoção, intenção e energia por trás dos seus pensamentos ou palavras, o universo irá responder criando uma mudança dentro de você. Por isso, tenha cuidado com o que deseja, porque você pode consegui-lo, mesmo se não tiver realmente essa intenção.

Rezar é uma outra forma de magia. Algumas pessoas rezam do modo "é dando que se recebe": "Deus, se o Senhor me der isso, eu desisto daquilo." Isso não é magia de verdade e não funciona na maioria das vezes. Outros pedem coisas, mas ficam tão concentrados naquilo que lhes está faltando, ou se sentem tão pouco dignos de receber qualquer coisa, que não têm nenhuma energia por trás de sua intenção. E então há aquelas pessoas que rezam com confiança, sentindo-se ligadas à sua fonte por intermédio do seu amor incondicional, sabendo que o divino é abundante e acreditando que se for para o bem maior, suas orações serão ouvidas. E são. Eles estão praticando magia.

Em última análise, a magia está associada ao universo para criar mudança. Algumas pessoas chamam isso de co-criação, e esse é um bom nome. É uma mistura do seu desejo e de sua intenção com o desejo do universo ou desejo divino. De acordo com as filosofias ligadas à magia, o que você faz retorna com mais força para você. Esse é o coração da magia. Não é um julgamento moral ou religioso, mas simplesmente um mecanismo de energia. Quando você emite uma intenção, ela volta para você.

O poder mágico não é nem bom nem mau, é apenas energia. Praticar magia é manipular essa energia pelo poder da sua intenção. Segundo a ética da magia em suas formas variadas, você só emite aquilo que quer receber, por isso não faz mal às pessoas, porque não quer prejudicar a si mesmo. Essa é uma variação da Regra de Ouro: "Faça aos outros o que gostaria que fizessem a você." Em bruxaria, é chamada de Provérbio Wiccan: "Ninguém faz mal a ninguém, cumpra-se a vossa Vontade." As pessoas falam sobre magia "branca" e magia "negra", mas muitos praticantes não usam essas palavras. Se eles fizerem isso, eles estarão "abaixando o nível" e explicando a magia em termos simplistas para aqueles que não querem ver a complexidade da intenção e do pensamento. A magia é como a eletricidade, não tem valor moral. Pode ser usada para iluminar um ambiente ou para eletrocutar alguém, dependendo da intenção. A magia é uma parte de todos e de tudo, como a força vital universal. Para mim, a magia é a força vital universal. É a divindade em movimento.

Afinal, se estivermos empenhados num ritual, numa oração ou mesmo numa ação cotidiana, todo pensamento, palavra e ação é um ato de magia. Toda a nossa vida é uma oração. Toda a nossa vida é mágica. Os que entendem isso assumem a responsabilidade pelos seus pensamentos, palavras e ações porque sabem o poder e a responsabilidade que todos temos na criação da realidade. Tudo o que fazemos afeta tudo o mais. Todos estamos ligados na rede mágica da vida.

O encontro do Reiki com a magia

A maioria das pessoas pode achar que há pouca coisa em comum entre a magia e o Reiki. A magia está fortemente associada com o oculto e as tradições do mistério ocidental. A palavra oculto significa simplesmente "escondido" e vem da palavra ocular, referindo-se ao olho. Assuntos ocultos são aqueles não vistos, ou estudados, por todos. Eles são obscuros e normalmente envoltos em mistério e simbolismo. O Reiki chegou ao mundo vindo do Japão, enraizado nas tradições e filosofias orientais. Superficialmente, parece existir uma grande divisão entre o conhecimento oriental e ocidental e, na verdade, há muitas diferenças. Mas, em essência, eles podem ser olhados como dois caminhos diferentes para escalar a mesma montanha.

A magia está fortemente associada com o uso dos símbolos e alfabetos mágicos. Mesmo a palavra feitiço [em inglês, *spell*] denota o poder da palavra escrita, quando se soletram [em inglês, *spell*] intenções em letras e palavras. Alfabetos mágicos, símbolos de poder e criação são encontrados em muitas tradições. Dos hieróglifos egípcios ao grego e hebraico antigo, às runas escandinavas, ao *ogham* celta e à escrita dos alquimistas, os símbolos carregam não apenas significado, mas também o poder inerente ao seu nome e à sua forma.

No Reiki, à medida que alguém passa para o segundo nível de treinamento tradicional, ele aprende três símbolos do praticante usados para aumentar e facilitar a prática da cura. Embora se diga que o Reiki seja guiado pela inteligência superior e que não temos controle ou ligação com o resultado, nós realmente temos uma intenção quando usamos um símbolo, já que escolhemos o símbolo que estamos usando, intuitiva ou logicamente, com base na intenção por trás do símbolo. O primeiro símbolo é usado para aumentar o poder, o segundo é usado para a cura nos níveis mental ou emocional, e o terceiro é usado para a cura a distância. Usar símbolos Reiki na cura, tanto esboçando-os visualmente como cantando seu nome, é como usar símbolos mágicos e palavras de poder.

A tradição do Reiki é passada não só por material oral ou escrito que deve ser aprendido pelo estudante, mas mais significativamente por meio da sintonização. Iniciação é outra palavra para sintonização. O Mestre em Reiki, ou professor de Reiki, cria uma ligação energética com o estudante, por meio da intenção e do símbolo, para transmitir a habilidade para ligar-se sem esforço e com segurança à energia vital universal. Os efeitos colaterais da sintonização podem ser físicos, mentais ou emocionais, ou limpeza espiritual e purgação, despertar de aptidões intuitivas ou mediúnicas, e um conhecimento maior da espiritualidade e o chamado para um serviço mais elevado. Isso cria uma família espiritual ou uma linhagem de professores e alunos que se encontram todos ligados e podem, afinal, remontar à origem do moderno fundador do Reiki, o dr. Usui. Se o professor ainda não estiver sintonizado, então a ligação não pode ser passada para o estudante. No Reiki muito tradicional, a sacralidade dos símbolos é mantida conservando-os secretos para os não-iniciados, e o ritual de sintonização é mantido em segredo, mesmo para os iniciados nos níveis mais inferiores. Eu me lembro de perguntar aos meus Mestres em Reiki, depois da minha primeira sintonização, o que realmente tinha acontecido. Como eles me "sintonizaram"? Eles não me contavam. Eles não mencionavam nem símbolos nem qualquer outra coisa. Foi somente graças à minha professora de Reiki Dois moderno que eu entendi o mecanismo da sintonização.

Em muitas tradições mágicas, um componente-chave para a experiência é o despertar por meio da iniciação. Por intermédio dessa iniciação, o professor desperta os estudantes para a energia que ele próprio detém, vinda da sua própria sintonização na tradição. Os iniciados relatam o despertar do seu terceiro olho para a visão mediúnica e o conhecimento espiritual desenvolvido, ou o fortalecimento de suas habilidades mágicas, tanto para manifestar quanto para receber informações. Muitos sentem uma ligação mais forte ao que é divino, muitas vezes por meio de um deus ou de uma deusa protetora em particular.

Pela iniciação, o aluno é ligado à "família" espiritual da tradição, uma linhagem mágica que pode ser rastreada até os fundadores modernos. Na tradição Wicca chamada Gardnerian Wicca, o iniciado pode remontar sua linhagem até Gerald Gardner. Não só os praticantes das tradições mágicas muitas vezes conservam sua linhagem em segredo para os não-iniciados, como também os ritos, símbolos e rituais da ordem ficam envoltos em mistério.

Iniciação, despertar, linhagem espiritual, símbolos, energia e segredo são pontos comuns à história da magia e do Reiki. Ambos são vistos como artes esotéricas ou místicas que não são facilmente entendidas pelo público em geral. A maioria das pessoas não tem interesse por esses tópicos. Os que os buscam encontram as artes da magia e do Reiki. Nenhuma dessas artes é uma religião na definição mais estrita do termo, mas ambas têm aspectos religiosos, com origens nas religiões. A magia e o Reiki são caminhos místicos que os seguidores de quase todas as religiões podem praticar, se estiverem abertos ao caminho místico da experiência pessoal.

O Reiki e a magia diferem na sua abordagem para criar mudança. Na maioria das tradições da magia, você forma uma intenção e reflete sobre ela. A sua reflexão serve para que você tenha certeza de que realmente deseja o resultado em potencial. Você reflete para ter certeza de que o resultado é para um bem maior, sem causar mal a ninguém. Teoricamente, você reflete nos efeitos e repercussões da magia. E então emite a energia dessa intenção específica para o universo por meio do ritual mágico. Você libera a intenção e assume que, se for para um bem maior, então a mágica funcionará. Pode acompanhar a magia com ações no mundo real a fim de abrir as portas para os resultados de sua magia, mas precisa liberar inteiramente a sua intenção. Ao livrar-se do seu apego ao resultado da sua intenção, você emite a energia para manifestar a intenção. Se não fizer isso, você estará sempre puxando de volta a energia que emitiu, e a intenção nunca vai se manifestar. Quando a energia voltar para você, como todas as coisas voltam à sua fonte energeticamente mais fortes do que quando partiram, ela retornará mais como uma manifestação do que como uma intenção.

O Reiki, por outro lado, concentra-se muito menos no resultado. O praticante não fica preso ao resultado e simplesmente oferece a energia Reiki ao receptor, para o bem dele. O receptor usa a energia para curar segundo a sua própria sabedoria divina. Diz-se que o Reiki é regulado pela inteligência divina, pela inteligência universal dessa energia de força vital, que sabe como trabalhar infinitamente mais do que o nosso eu consciente. Nós simplesmente oferecemos o nosso eu como recipientes através dos quais a energia flui, e ela funciona como é preciso.

A energia Reiki flui onde ela é necessária. Se as mãos do praticante estiverem sobre você e você precisar do Reiki para o bem, a energia fluirá. Se ele estiver tocando seu peito, mas você realmente precisar de energia nos dedos dos pés, ela fluirá para os dedos dos pés. Se você vier por causa de uma dor nas costas, mas a energia servirá ao bem maior se ela se encaminhar para o seu lado emocional a fim de resolver um trauma de infância mal resolvido, ela irá para lá. Não há controle nem previsão de resultados do Reiki. Os praticantes não mantêm nenhuma ligação com o resultado. O receptor e o praticante podem ter uma intenção específica em mente antes da sessão que estabeleça o tom da sessão, mas não há garantia de resultados. A energia Reiki vai para onde for dirigida pela inteligência superior em concerto com a energia vital universal.

Originalmente, a magia evoluiu do desejo de curar ao encontro das necessidades da tribo. As tradições das mãos impostas para curar podem ser vistas em muitas magias antigas e recentes e também em culturas xamânicas. A prática foi tão difundida que encontrou seu caminho nos ensinamentos de Jesus e no início da Cristandade. Nas tradições célticas, dizia-se que as pessoas abençoadas com o dom de curar por meio do toque tinham o "toque de fada" ou "mãos de fada". O caminho básico do Reiki para dirigir a energia é mediante o toque, e os que aplicam Reiki são conhecidos pelo calor e pela energia que irradiam de suas mãos.

O Reiki e a magia têm muito em comum, particularmente tendo em vista a liberação. As tradições esotéricas ocidentais não são tão diferentes do misticismo oriental. Na magia, alguém procura associar-se conscientemente com o divino. A contemplação, reflexão e intenção do "bem maior" servem para alinhar com o que os magos chamam vontade divina. Quando os Wiccans e magos dizem: "Cumpra-se a vossa Vontade", eles têm em mente que se faça a sua vontade mais elevada, o que o ser divino quer e não necessariamente o que o ego quer. Quando a mente consciente está alinhada com a vontade divina, a magia pode fazer qualquer coisa. Mas é preciso haver esse alinhamento. Se a nossa intenção não está alinhada com o divino, pedimos então que ela não se realize.

No Reiki, não há uma necessidade tão grande de ter uma intenção específica. Teoricamente, não há enfoque no resultado. Há normalmente uma intenção, consciente ou inconsciente, mas não é o enfoque básico. Na magia, a tradição compreende tornar-se consciente de seus desejos, necessidades e intenções. Tanto o Reiki como a magia são caminhos para o conhecimento e a abertura para o divino. Ambos são caminhos de cura e integridade. Eles não precisam ser mutuamente excludentes na nossa vida, do mesmo modo que não temos de nos concentrar estritamente nos talentos do lado esquerdo ou do lado direito do cérebro, ou nas características masculinas ou femininas. Somos um amálgama das duas abordagens para a vida, como é encontrado no Reiki e na magia ocidental, e aqueles que estiverem no caminho equilibrado verão a sabedoria nas duas abordagens.

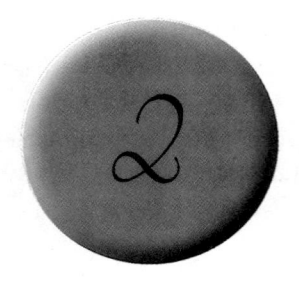

Os Mitos do Reiki

Agora que você já sabe mais sobre o Reiki, de onde ele veio? Quem o descobriu? A resposta vai depender se a pergunta se referir à energia Reiki ou ao sistema Reiki. Ao longo da nossa investigação dos mitos do Reiki, caminharemos pelos meandros de sua história tradicional, separando os fatos dos que não são fatos comprovados. Mas, afinal, como acontece com todos os mitos, descobriremos que há poucos fatos que são aceitos por todos. Há muitas versões, muitas verdades. Não estamos procurando desmascarar ou desacreditar, mas, em vez disso, queremos explorar as possibilidades e descobrir que verdades pessoais repercutem em nós e podem nos ser mais úteis em nossos caminhos. As histórias podem ser o maior instrumento de ensino na exploração da verdade, desde que aluno e professor se lembrem de que as verdades míticas não são verdades absolutas.

A versão que eu ouvi

Esta versão da história do Reiki é bem próxima da primeira versão que ouvi no meu próprio treinamento de Reiki de Primeiro Grau. Ela é passada de professor a estudante na maior parte das aulas tradicionais. Embora esta versão seja considerada como a história transmitida pelo três principais Grão-mestres da tradição Usui do Reiki, é interessante notar como a história muda. Testemunhei isso quando conversei com outros Mestres em Reiki. É como o jogo da fofoca, quando alguém conta uma história a outra pessoa numa festa, então essa pessoa a conta para outra, que a conta para outra, até que no final da noite a história que está sendo contada apresenta pouquíssima semelhança com a história original. Espera-se, no contexto de uma aula, que se tome um cuidado maior ao relatar uma história sagrada do que ao retransmitir uma fofoca de festa, mas faz parte da natureza humana modificar, adaptar ou exagerar os fatos. Já que uma grande parte da tradição do Reiki é considerada secreta e não é escrita, não há muita documentação histórica escrita, e alguns estudiosos alegam que a documentação existente entra em conflito com a história.

O fundador da tradição do Reiki moderna, o dr. Mikao (alguns dizem Mikaomi) Usui, era um pastor cristão e professor na Universidade Doshisha, em Kyoto, no Japão. A história dele começa no final dos anos 1800.

Quando estava dando uma aula, os alunos do dr. Usui lhe perguntaram se ele acreditava literalmente na Bíblia; se ele acreditava que Jesus podia curar ao impor suas mãos sobre alguma pessoa. O dr. Usui respondeu afirmativamente, e seus alunos pediram-lhe para provar se isso era possível dando uma demonstração. O dr. Usui recusou-se, dizendo aos alunos que, embora ele acreditasse que isso fosse possível, ele não era capaz de fazê-lo. Mas ele queria provar a seus alunos que a crença nesse trabalho de cura não era simplesmente uma fé cega. Usui deixou então o seu emprego na universidade para estudar a Bíblia num país cristão, os Estados Unidos, freqüentando a Universidade de Chicago.

Enquanto estava nos Estados Unidos, o dr. Usui percebeu que o ensino da Bíblia ali não diferia em nada daquele ministrado no Japão. Nenhum segredo de cura se encontrava revelado nos textos em inglês. Ele também descobriu outras filosofias e foi atraído pelo budismo. Ele leu relatos de Buda curando com a imposição das mãos sobre outras pessoas, exatamente como Jesus. Ele devotou seu tempo ao estudo do budismo, esperando descobrir o segredo da cura. Depois de sete anos, ele voltou à sua cidade natal, Kyoto, desejando continuar seus estudos num país budista.

Enquanto estava no Japão, ele falou com muitos monges budistas e zen, em busca do conhecimento. Todos lhe disseram que estavam mais interessados na cura espiritual, não em curar o corpo físico. Ele começou um estudo mais aprofundado dos sutras, primeiro na versão japonesa e depois na chinesa, da qual eles eram traduzidos. Não só o dr. Usui aprendeu o chinês sozinho, como também aprendeu o sânscrito para entender melhor a cultura original do Buda. Nos documentos em sânscrito, Usui descobriu uma fórmula de cura, escrita com símbolos especiais, mas estava inseguro sobre a forma de usá-la, se ela funcionaria e que efeito teria em quem a usasse. Ele decidiu fazer uma peregrinação para pedir uma orientação superior, do divino.

Depois de uma consulta aos monges, o dr. Usui decidiu fazer um retiro de 21 dias, jejuando e apenas bebendo água, no monte Koriyama, um espaço sagrado conhecido por transmitir sabedoria durante a meditação. Ele disse para os monges irem buscar o seu corpo caso ele não retornasse no vigésimo segundo dia.

Usui escalou a montanha, acampou e empilhou 22 pedras. Cada dia ele jogava uma pedra fora e passava o dia meditando, rezando, cantando, bebendo água e ouvindo. Todos os dias acontecia a mesma coisa — nada. Ele estava esperando uma revelação sobre como usar a fórmula, mas não conseguiu nada.

No vigésimo primeiro dia, Usui começou aquilo que imaginava fosse sua última meditação. Ele viu uma luz bruxuleante vindo em sua direção, cada vez maior e mais brilhante. Ele abriu os olhos para recebê-la e ela o atingiu quase como um relâmpago. Ele pensou que tinha morrido porque não estava sentindo nada. Então, bolhas de luz o rodearam. Nas bolhas ele viu os símbolos dourados de cura da fórmula que havia aprendido.

A experiência terminou tão rapidamente quanto começou, e Usui se levantou, sentindo-se ótimo. Embora tivesse jejuado 21 dias, ele se sentia forte e com vitalidade. Tão forte, na verdade, que se sentiu capaz de descer a montanha e voltar a Kyoto. Ele não se sentia fraco ou com fome e achou que isso era um milagre!

Enquanto descia a montanha, o dr. Usui deu uma topada com o dedo do pé, rompendo a unha. Saiu sangue do seu dedo, e ele se abaixou e o segurou instintivamente até a dor desaparecer. Ele olhou para baixo e viu a unha de volta ao seu lugar, completamente refeita. Aí ele anotou seu segundo milagre ao descer da montanha.

Quando acabou a descida, Usui dirigiu-se a uma casa que servia refeições e recebia os monges que tradicionalmente jejuavam na montanha. O monge estava preparando um mingau leve para Usui, pois sabia que o sistema digestivo dele não estaria apto a trabalhar com nada mais do que isso depois de um longo jejum. Usui insistiu em tomar um café da manhã japonês tradicional. O homem alertou-o sobre as conseqüências, mas Usui não aceitou seus conselhos. Afinal, o homem deu a Usui a comida tradicional, sentindo que não era responsável por qualquer indigestão.

A filha do homem, ou talvez sua neta, levou a comida para Usui. Ela estava com a cabeça envolta em um lenço branco, amarrado como "orelhas de coelho". Ela contou a Usui que estava com dor de dente e não podia ir ao dentista. Usui ouviu sua história e colocou suas mãos sobre o maxilar da mocinha. Quando ele as retirou, ela arrancou o lenço, explicando que a dor de dente havia passado. Ela foi até seu pai e lhe disse: "Ele não é um monge comum, ele faz mágica." Por causa desse milagre de magia, o pai demonstrou sua gratidão a Usui e a única coisa que possuía para oferecer — comida. Usui comeu e digeriu a comida sem nenhum problema, considerando a cura da dor de dente e a falta de problemas na digestão como o terceiro e o quarto milagres desde a sua saída da montanha. Finalmente, Usui retornou até os monges e contou a eles sua história e falou sobre o Reiki.

O dr. Usui decidiu testar o poder do Reiki indo às favelas na periferia de Kyoto. A comunidade ali estava organizada mais como uma tribo, e ele foi levado aos líderes tribais. Eles concordaram em lhe dar comida e abrigo em troca da cura de pessoas, mas Usui foi forçado a viver como um mendigo enquanto vivia entre mendigos, renunciando a usar o seu cinturão para guardar dinheiro e trocando suas roupas por farrapos.

Usui descobriu que aqueles que sofriam de doenças crônicas, que padeciam com elas por períodos mais longos, levavam mais tempo para sarar. Aqueles que eram mais moços, que tinham ficado doentes por períodos mais curtos, saravam mais depressa. Depois que eles saravam, Usui os encorajava a voltar a fazer parte da sociedade e levar uma vida produtiva, o que cada cliente de Reiki fazia, deixando para trás a favela.

Depois de sete anos ministrando a cura nas favelas mais pobres, Usui encontrou-se com um paciente que lhe era familiar. Ele percebeu que ele era um dos primeiros mendigos que ele havia curado. Usui ficou consternado e o interrogou. A resposta chocou Usui. O homem simplesmente tinha achado mais fácil viver como mendigo do que viver numa sociedade tradicional. Alguns dizem que Usui ficou tão transtornado pela mesquinharia daquela pessoa, não querendo retribuir e contribuir para o mundo, que abandonou as favelas cheio de tristeza e raiva.

Sentindo que tinha aprendido com os erros do passado, Usui começou sua tradição de cura, não apenas para curar os outros como tinha feito nos bairros miseráveis, mas também para ensinar às pessoas como curar-se e aos outros por meio do Reiki. Ele não iria até os outros como tinha feito com os mendigos. Agora as pessoas iriam procurá-lo e ele trabalharia com aqueles que realmente quisessem ser curados. Ele começou a sua prática e deu início ao Sistema Usui de Cura Natural.

Como foi que isso realmente aconteceu?

Muitos dos mitos em torno de Usui não soam verdadeiros segundo o bom senso e os fatos revelados mais tarde. Não parece um pouco tolo que Usui "tenha descoberto" os méritos do budismo nos Estados Unidos, particularmente quando ele morou no Japão e isolou-se num templo budista? Talvez ele tenha sido budista durante toda a sua vida, mas esse contexto cristão foi acrescentado quando o ensino do Reiki foi dirigido aos cristãos. "Se Jesus fez isso, então deve estar certo", parece ser a mensagem. É também interessante observar que não há registro de Usui ter ensinado na Universidade Doshisha ou mesmo ter freqüentado a Universidade de Chicago. Não há um registro legal de sua condição de doutor, nem escolasticamente nem como médico. Talvez tenha sido um título honorífico conferido a ele mais tarde, em vida, por seus alunos de Reiki, talvez não. Para algumas pessoas que usam o Reiki, até mesmo a discussão desses tópicos já beira o sacrilégio, mas eu acho que não magoa ninguém revirar as pedras e explorar todas as possibilidades.

O mito continua: os sucessores de Usui

Segundo a versão americana da história do Reiki, o dr. Chujiro Hayashi, um oficial da reserva da Marinha japonesa, conheceu o dr. Usui depois de uma palestra por volta de 1925 e começou a estudar com ele. Hayashi ficou com ele até Usui deixar este mundo em 1930, mas, antes disso, ele nomeou Hayashi seu sucessor, posto que acabou por ser chamado de Grão-mestre de Reiki. Hayashi deu continuidade ao trabalho clínico e de ensino do dr. Usui.

O dr. Hayashi então conheceu Hawayo Takata, uma mulher nascida no Havaí, filha de dois imigrantes japoneses, o sr. e a sra. Otogoro Kawamura. Os pais dela esperavam uma vida próspera para sua filha, a quem deram um nome derivado de Havaí, mas, com uma saúde delicada, ela foi incapaz de trabalhar nas plantações havaianas. Ela se tornou empregada e depois guarda-livros de um proprietário de plantações, casando-se com o contador da plantação, Saichai Takata, em 1917. Depois da morte dele, provocada por um ataque cardíaco em 1930, ela criou as duas filhas sozinha, mas, com sua saúde frágil, isso acabou causando-lhe um esgotamento. Ela passou a sofrer de asma, esgotamento nervoso e uma moléstia na vesícula. Mais tarde foi diagnosticado um tumor; porém, em função de seus problemas respiratórios, a cirurgia seria arriscada, mas ainda assim foi marcada.

Enquanto estava sendo preparada para a intervenção, já no hospital, Takata ouviu uma voz lhe dizendo que a cirurgia era desnecessária. Ela ouviu a mesma coisa quando já estava sendo colocada na mesa de operação e, afinal, perguntou ao médico sobre outras opções. O médico lhe falou sobre a clínica de Reiki do dr. Hayashi e das próprias experiências de sua irmã como paciente e praticante de Reiki. Takata foi à clínica Reiki japonesa durante quatro meses e recuperou a saúde. Decidiu então que não apenas queria receber Reiki, mas também praticá-lo e tornar-se mestra. Depois de muita discussão e controvérsia, tanto por Takata ser considerada estrangeira como por ser uma mulher muito independente numa época e numa cultura mais tradicionais, Hayashi finalmente concordou com o pedido dela. Ela aprendeu Reiki Um e Reiki Dois no Japão, e então Hayashi a acompanhou ao Havaí para que ela estabelecesse sua própria clínica de Reiki, declarando-a Mestra em Reiki em 1938. Hayashi mais tarde a declarou como sua sucessora, na qualidade de Grã-Mestra em 1941.

Alguns dizem que, depois da Segunda Guerra Mundial até 1970, Takata foi o único Mestre em Reiki vivo no mundo. Diz-se que Hayashi cometeu suicídio para evitar que o Reiki caísse nas mãos "erradas" dos países do Eixo. Ele havia sido convocado de volta ao serviço militar e jurara não tirar vidas. O que se conta é que Hayashi quis que seu coração parasse no dia 10 de maio de 1941.

Estranho, eu pensei que o Reiki servisse apenas para curar. Assim, como poderia ele ser usado para maus propósitos? Essa é uma postura muito ocidental. O suicídio dos Mestres em Reiki japoneses foi comprovadamente falso. As tradições do Reiki no Japão sobreviveram e se fizeram presentes no Ocidente e não reconhecem Hayashi ou Takata como Grão-Mestres. Dizem que Hayashi e Takata ensinaram Reiki exatamente como Usui o ensinava, mas outros declaram que Hayashi acrescentou níveis, sintonizações e posições de mãos específicas.

Sem se importar com as conseqüências, Takata começou a sintonizar os amigos e a família de graça, contra as instruções explícitas de Hayashi, e descobriu, como Usui, que as pessoas continuavam voltando para ela, nunca assumindo a responsabilidade por sua própria cura nem compartilhando o Reiki com os outros. Ela sentiu que nem sequer uma pessoa tinha melhorado a própria saúde ou sido bem-sucedida depois de ter recebido suas sintonizações em Reiki, por isso ela decidiu que deveria haver uma troca de energia, muitas vezes financeira, para assegurar que os alunos entenderiam, valorizariam e se comprometeriam com o Reiki.

Nessa ocasião, Takata estabeleceu um sistema controverso de taxas encontrado em muitos sistemas tradicionais de Reiki. Alguns cobram até dez mil dólares pela sintonização e treinamento para Mestre em Reiki.

Entre 1970 e 1980, Takata treinou pelo menos 22 Mestres em Reiki, que espalharam o ensino do Reiki pelos Estados Unidos, Europa e Austrália. Desde então, o Reiki alastrou-se pelo mundo. Takata deixou este mundo em 11 de dezembro de 1980. Desde então, desenvolveram-se e ramificaram-se muitas tradições do Reiki a partir do sistema Usui.

Moral da história

O mito do Reiki é mais significativamente um instrumento de ensino para transmitir a importância de dois preceitos encontrados na tradição. No final, os fatos históricos parecem importar menos do que a moral da história.

Primeiro, os que recebem a energia Reiki devem pedir para ser curados. Precisam estar abertos e desejando mudar, e prontos para receber a energia curadora. Se os receptores não desejarem ser curados, eles não mudarão os padrões de doença que os estão mantendo em desequilíbrio e doentes. Um praticante de Reiki não deve forçar a cura daqueles que realmente não desejam ser curados. Assim, para se ter certeza, é preciso que os receptores tenham ido buscar a cura ou pedido para recebê-la.

Segundo, uma troca de energia precisa ocorrer entre quem pratica e quem recebe. Embora a energia seja universal e não pertença a um só indivíduo, o praticante precisa ser honrado pelo tempo e pelo serviço dispensados. Tanto Usui quanto Takata descobriram que sem esse tipo de troca, as pessoas não dariam valor ao Reiki. Alguns praticantes vêem isso como uma "obrigação não paga". Para muita gente, isso abre espaço para todo tipo de trapaça envolvendo espiritualidade e dinheiro. No final, cada um deve decidir o que funciona melhor em sua vida quando se trata de troca.

As trocas não precisam ser monetárias. Podem ser permutas de serviços e tempo. Os membros de uma família fazem esse tipo de troca o tempo todo. Sei que quando estava treinando para praticar o Reiki, eu precisava de um certo número de "estudos de caso" para completar meus créditos de professor. Amigos e familiares me deram o tempo deles para que eu tivesse os meus estudos de caso. Continuo a compartilhar o Reiki com eles em minha vida pessoal, mas quando estou praticando Reiki no contexto de serviço profissional, normalmente eu cobro, porque o dinheiro é o sistema mais fácil de troca na nossa sociedade. Algumas vezes eu faço coisas no sistema de permuta, mas isso nem sempre paga as minhas contas. Eu preciso pagar pelas aulas, ter uma mesa de massagem, um consultório e encomendar material de propaganda para fazer esse trabalho, assim eu preciso receber alguma coisa para poder continuar a fazê-lo. Eu gosto muito de fazer trocas com jóias e cristais, mas o banco não os aceita como pagamento quando preciso pagar minha hipoteca. Tenho aceitado *web design*, massoterapia, treinamento físico personalizado, trabalhos de editoração e arte como troca, quando quero esses serviços e pelos quais, de qualquer modo, eu seria obrigado a pagar. Assim, muitas vezes, o dinheiro não precisa mudar de mãos e ainda assim você tem uma troca.

O que realmente aconteceu

A história do Reiki não pára aqui. Praticantes especiais com conhecimento secreto revelaram as origens verdadeiras do Reiki. Jesus de Nazaré foi à Índia, alguns dizem que antes da sua crucificação, outros dizem que foi depois da ressurreição. Na Índia, ele ocultou seu segredo de cura para que não se perdesse e nos últimos dias, quando novamente fosse necessário, pudesse ser revelado ao mundo. Jesus o havia recebido do antigo sacerdócio egípcio quando, ainda criança, fora iniciado nele. Os egípcios aprenderam o Reiki com aqueles que escaparam da Atlântida quando ela submergiu. Os habitantes daquele continente tinham tido contato com raças alienígenas, que deram o sistema do Reiki para a classe dirigente da Atlântida. E, de fato, o dr. Usui foi seqüestrado por alienígenas quando fazia seu jejum na montanha e as luzes que ele viu eram espaçonaves comunicando sua tecnologia energética para ele. E foi isso o que realmente aconteceu!

Você não acredita? Eu ouvi pedacinhos de todas essas lendas, não necessariamente amarrados como nessa versão, ensinados como fatos verdadeiros por Mestres em Reiki. Eles podiam ser fatos. Acredito na antiga sabedoria da Índia e do Egito. Acredito na possibilidade da existência da Atlântida. Eu até acredito em alienígenas, mas eu apenas não estou muito seguro quanto a quem figura realmente na história do Reiki. Todas essas possibilidades podem ser consideradas verdadeiras, como qualquer outra coisa é uma possibilidade quando se exploram as origens de algum sistema Reiki antigo, caso realmente tenha existido um sistema Reiki antigo. Mas esses trechos de "história" não foram documentados nem provados de nenhum modo real. Qualquer sistema de cura do

Egito, da Índia, da Atlântida, de Jesus ou de visitantes alienígenas não é o sistema de cura conhecido como Reiki no mundo moderno.

Mais uma vez, precisamos fazer a distinção entre a energia Reiki e o sistema Reiki. Tenho certeza de que se um homem chamado Jesus curava de verdade, ele estava usando alguma forma de energia universal. Acho que as tradições de magia da Índia, do Egito e de qualquer outra cultura mágica usam uma forma de energia universal. Mas não se trata do sistema de cura chamado Reiki como o conhecemos hoje em dia. Todo mundo está tentando descobrir a "antiga fonte" de sabedoria, para que o Reiki pareça mais místico, mágico e autêntico. Bem, a energia é antiga, mas esse sistema é moderno, e não há nada de errado com isso. O Reiki é um sistema para ajudar pessoas modernas, e esperamos que continue a se adaptar e crescer à medida que as pessoas se transformam. O que é antigo nem sempre é o melhor. Eu prefiro o encanamento moderno ao antigo. Precisamos usar o que se adapta à nossa sociedade.

Muitos professores retiram material inspirado por canalização ou de crenças pessoais e o apresentam como fato, embora não possam prová-lo. Se ele for apresentado como possibilidade, não prejudica, só que alguns alunos de Reiki não sabem nada sobre o dr. Usui e sua linhagem, mas podem lhe contar tudo sobre a Atlântida. Isso não é Reiki. Certos professores fazem isso porque é aí que repousa o interesse deles, ou fazem isso para demonstrar algum conhecimento superior para os professores "comuns" de Reiki. Alguns aprenderam essa versão como fato e não conhecendo nada melhor a transmitem desse modo.

A "história" do Reiki aconteceu há menos de 150 anos, contudo os fatos nos quais se baseia ainda são obscuros. A história passou da esfera factual para a ficção mítica tão rapidamente que já estou começando a duvidar de muitos outros "fatos" da história tradicional. Os mitos podem criar vida própria. Assim, enquanto ainda temos tempo, acho que é importante preservar uma história do Reiki mais com os pés na terra e simplesmente deixar as outras possibilidades abertas. Ao manter distintos o mito moderno e as antigas possibilidades, julgo que os professores de Reiki estarão prestando um grande serviço a seus alunos e à comunidade Reiki.

O Primeiro Grau: Reiki Um

Nas várias tradições do Reiki, o material é basicamente dividido em diversos níveis de estudo. Talvez nos dias do dr. Usui houvesse um período mais longo de aprendizagem, mas nos domínios dos *workshops* e maratonas espirituais de fim de semana do século XXI, o Reiki foi dividido em pacotes menores de informações e experiências para que o aluno consiga processá-las. A maioria ensina para pequenos grupos, outros dão palestras para um número maior de pessoas e, atualmente, é muito popular o ensino individual.

Embora os diferentes professores, particularmente os das tradições independentes, dividam a informação em níveis de modo diverso, há um formato característico que precisa ser seguido. O primeiro passo no estudo do Reiki, nível um, é a base do treinamento. Normalmente é ensinado em um dia ou até em dois. Na aula, os alunos aprendem a definição básica do Reiki e muitas vezes é dada uma demonstração, caso eles não tenham tido nenhuma experiência anterior com ele. Ensina-se, então, o mito do Reiki para discutir os dois preceitos extraídos da história: permissão e troca.

Os princípios do Reiki

No Reiki Um, os alunos são apresentados à filosofia básica do Reiki por meio daquilo que é conhecido como os princípios do Reiki. Normalmente eles são atribuídos ao dr. Usui, mas, como preceito de honra, eles parecem mais provavelmente oriundos do imperador Meiji do Japão. Usui passou esses conceitos a seus alunos e, por intermédio de Takata, eles chegaram de diversas formas aos alunos de Reiki ocidentais.

Há diversos enunciados dos princípios do Reiki, mas esta é a versão que eu aprendi:

Só por hoje, serei grato.

Só por hoje, não me aborrecerei.

Só por hoje, não me preocuparei.

Só por hoje, trabalharei honestamente.

Só por hoje, respeitarei todo tipo de vida.

A parte mais importante para mim é o "Só por hoje", porque sempre me lembra de viver o momento. Não posso controlar o passado, não posso controlar o futuro, mas posso estar aqui, neste momento, e me lembrar desses cinco princípios no presente. Um dos conceitos-chave do Reiki é o desligamento em relação ao resultado. Quando estamos desligados, aprendemos a estar aqui, agora. Podemos presenciar situações que despertam raiva ou preocupação, mas aprendemos a não nos identificar com elas tão intimamente.

Os professores de Reiki discordam com relação à importância desses princípios no ensino. Já que o Reiki não é uma religião, muitos sentem que têm seu próprio código moral a seguir. Outros professores acreditam que os princípios do Reiki são uma força orientadora por trás da tradição do Reiki, como o seu fundador, o dr. Usui, os apresentou. Podem ser usados como afirmações diárias. Minha amiga, Lisa Davenport, uma respeitável professora de Reiki, sente realmente que esses princípios são a base da filosofia do Reiki e os enfatiza em todas as suas aulas, particularmente nas classes de Mestre em Reiki. Eu me inclino a dar menos ênfase a eles, mas a maioria dos meus alunos são bruxas e magos que já têm seus próprios códigos filosóficos para orientar suas vidas. Eu ensino os princípios num contexto histórico, mas não exijo que meus alunos os usem como afirmações diárias. Uso os princípios do Reiki para desafiar meus alunos. Ao refletir sobre eles e discuti-los, os alunos precisam pensar nos códigos morais e espirituais que já estão aplicando à própria vida, ou na ausência deles.

As raízes da doença

Um dos principais ensinos do Primeiro Grau é o conceito da cura espiritual e energética. Quando eu assumi minha primeira classe de Reiki, a maioria dos alunos era formada de pessoas comuns e da comunidade médica e não de místicos. O conceito de energia curadora era novo para a maioria deles. Meus primeiros professores, como grande parte dos professores de Reiki, foram desafiados a transpor sofisticados conceitos espirituais de saúde para formas mais fáceis de serem entendidas.

A saúde não é apenas um fenômeno físico. Não temos apenas um corpo físico. No modelo espiritual de cura, temos mais de um corpo. Temos o que é chamado de corpos sutis de energia. Eles recebem muitos nomes, mas um modelo simples tem quatro corpos: físico, emocional, mental e espiritual. Quando estamos doentes ou temos uma lesão, um desequilíbrio ocorre primeiro no nosso corpo energético antes de acontecer qualquer coisa no nosso corpo físico. A doença é uma falta de tranqüilidade e conforto na mente, nas emoções, no espírito ou no corpo. Quando tensionamos e contraímos a nossa mente, por medo, dor, raiva ou outros sentimentos e pensamentos não-resolvidos, nós contraímos a energia do nosso corpo. Se a contração se mantém, a energia que regula a nossa saúde não pode fluir livremente como é necessário. O bloqueio pode então manifestar-se como uma doença. O bloqueio espiritual atinge os mais profundos níveis do mundo físico, criando a doença.

O Reiki funciona liberando suavemente os bloqueios. A energia flui no sistema para desalojar os blocos. O Reiki vai aonde ele serve ao bem maior. Embora possamos ir a uma sessão para curar uma dor, pensando que o problema é físico, a energia Reiki vai fluir para a origem da dor, que pode estar no corpo emocional ou mental. Uma vez curada a origem energética do problema, os sintomas físicos desaparecerão. Mas, durante ou depois da sessão, o receptor pode precisar processar os sentimentos e pensamentos do bloqueio. Algumas vezes o processamento ocorre no nível consciente e outras, no inconsciente.

Meu símbolo favorito para o processo de cura Reiki é o copo d'água. O receptor é como um copo d'água com lama no fundo. A lama é a energia bloqueada e a doença. O Reiki é como uma corrente de água pura e cristalina sendo despejada no copo. A água pode agitar a lama, fazendo com que a água do copo fique turva. Esse é o processamento e a purificação da energia. Até que, no final, o jato de água pura põe para fora toda a lama e a areia, deixando um copo de água pura e saudável. Podemos purificar uma camada de lama que está pronta para se soltar, mas outras camadas de lama podem ser mais resistentes. Elas só ficarão limpas quando estiverem prontas para isso. O Reiki as dispersa de um modo gentil e fluido. A água não sabe como ou quando a lama vai desaparecer, mas simplesmente permite o fluxo e deixa o processo ocorrer. A água fresca e limpa, entrando, não pode sugar a lama e contaminar a fonte. A energia Reiki flui numa só direção, para dentro do receptor, e a lama é despejada para a terra, onde pode ser usada outra vez de uma maneira nova. Em outras palavras, o praticante não pode transpor para si mesmo as energias insalubres do receptor. As salvaguardas construídas no processo não permitem que isso aconteça. A energia não pode ser criada ou destruída; só pode ser transformada numa forma mais proveitosa ou transposta para um meio mais apropriado. A energia que for densa demais para ser carregada no corpo físico pode ser útil em algum outro lugar, do mesmo modo que a lama não faz bem na água de beber, mas assim que volta ao solo ela pode ser benéfica para o nosso jardim.

Essa é uma imagem poderosa e simples para explicar o processo do Reiki para as pessoas. O processo de cura espiritual pode ser mais complicado do que isso, mas eu penso que a simplicidade é o melhor ponto de partida quando se faz um trabalho de cura. Afinal, toda doença tem uma origem energética, um desconforto que pode resultar em problemas de saúde. O Reiki, como uma medicina energética, cura a origem da doença, permitindo que o corpo cure a si mesmo porque os bloqueios à cura foram removidos.

Os chakras

Geralmente, no Ocidente, os Mestres em Reiki mencionam os chakras no Primeiro Grau. No meu treinamento em Reiki Um, eu recebi uma visão do conceito dos chakras, sem informações práticas. A palavra hindu chakra é geralmente traduzida como "roda de fiar", referindo-se aos vórtices espiralados de energia encontrados no corpo humano. Na realidade, os chakras fazem parte da metafísica hindu, não japonesa, e não fazem parte do sistema original Reiki. Mas já que tantas pessoas do universo da "Nova Era" estão familiarizadas com os chakras e tomam aulas de Reiki, os dois são complementares. Pessoalmente, eu acho que o modelo de chakras é um sistema muito útil de conhecimento quando faço um trabalho de cura em mim e nos outros.

Cada centro chakra de energia representa um nível de consciência na vida humana. Os bloqueios de energia no corpo são muitas vezes centrados em um ponto chakra ou ligados a ele. Os chakras estão também associados com partes específicas do corpo. Quando estamos com alguma doença ou lesão física, ou intuitivamente sentimos um bloqueio em algum chakra em particular, sabemos qual o nível de consciência e quais os problemas que estão em jogo no trabalho de cura.

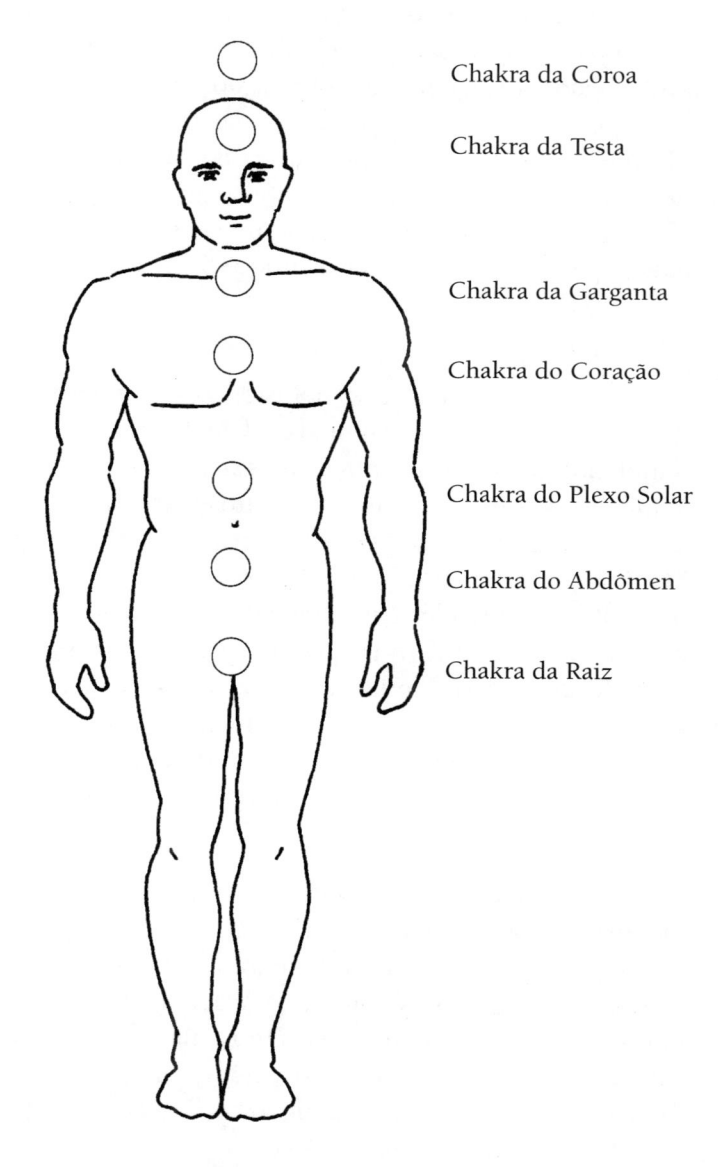

Chakra da Coroa

Chakra da Testa

Chakra da Garganta

Chakra do Coração

Chakra do Plexo Solar

Chakra do Abdômen

Chakra da Raiz

Figura 1: Os Sete Chakras

Raiz

O chakra da raiz é normalmente visualizado como um disco vermelho de luz na base da espinha ou no ponto do períneo, entre os órgãos sexuais e o ânus. A consciência da raiz é o nível de sobrevivência física e prazer físico, dando-nos a capacidade para estar no mundo. Aqui temos nossos instintos de sobrevivência, o sentido de tribo e família e a capacidade de cuidar do nosso corpo. Vemos a sexualidade como prazer tanto como o instinto para transmitir o nosso código genético. O chakra da raiz é ligado ao sistema de eliminação, que elimina as toxinas do corpo e nos permite sobreviver no mundo. Está também ligado ao aparelho reprodutor. Desequilíbrios no chakra da raiz podem se manifestar como doenças nesses sistemas, assim como sentimentos de desejo de não estar neste mundo, impulsos suicidas, um sentimento de vazio e uma incapacidade para aceitar o prazer oriundo do corpo ou dos sentidos.

Abdômen

O chakra do abdômen é visualizado como uma bola de luz laranja no umbigo ou imediatamente abaixo dele. Este núcleo corresponde à nossa habilidade para sentir e nos conectar com outros além de nós mesmos. Temos nossos instintos aqui, instintos viscerais, como em quem confiar e em quem não confiar. O chakra do abdômen, também chamado de chakra do sacro ou do umbigo, é ligado à sexualidade em termos de relacionamento, intimidade, cumplicidade e confiança. A nutrição também é associada a este chakra já que ele é ligado aos intestinos, ao baço e ao aparelho digestivo inferior, e é aí que absorvemos o alimento. Aí nutrimos o nosso ser, física e emocionalmente. Desarranjos nessas áreas vitais são sinais de desequilíbrio do chakra do abdômen.

Plexo solar

O chakra do plexo solar é uma esfera amarela ou dourada localizada exatamente embaixo do diafragma e acima do umbigo. Este é o nosso centro de poder e fogo. Aqui trabalhamos nossas questões de poder pessoal e controle. Se lutamos com ele, ou deixamos que outros controlem ou enfraqueçam nosso poder, perdemos energia desse espaço. Quando não estamos de posse do nosso verdadeiro e autêntico poder, lutamos com a raiva e o medo. O chakra do plexo solar está também ligado à auto-imagem e auto-estima. O fígado, a vesícula, as supra-renais e o estômago estão associados com este chakra. As glândulas supra-renais estão associadas com a reação de luta-ou-fuga. Como o fígado físico armazena toxinas, diz-se que a energia do fígado armazena toxinas emocionais como medo, raiva e vergonha. A cura do chakra do plexo solar cura esses problemas e regiões do corpo.

Coração

O chakra do coração é a ponte entre os chakras superiores e inferiores, que usa o campo da emoção para ligar os inferiores — chakras mais físicos — com os superiores — centros mais mentais e espirituais. Normalmente é visualizado como uma roda verde de luz no esterno, embora algumas tradições ensinem que o chakra do coração tem um centro rosa ou vermelho. Aqui sentimos não só o amor romântico e o amor pela nossa família, mas também amor por nós mesmos e amor divino e incondicional. Quando estamos abertos para o amor, o nosso chakra do coração se sente aberto e livre. Quando sentimos falta da vibração do amor, sentimos o nosso coração fechado ou pesado. Este chakra interage fisicamente com o músculo do coração, o aparelho circulatório, o timo e o sistema imunológico. Quando não estamos ligados ao amor, podem surgir problemas imunológicos ou circulatórios.

Garganta

No centro da garganta nos expressamos, expressamos nossas necessidades e os nossos desejos. Aqui nos comunicamos, não apenas falando, mas também escutando. Para haver uma comunicação verdadeira, é preciso ser capaz de receber informações tanto quanto enviá-las. O chakra da garganta regula os mecanismos vocais, além da boca, da gengiva, dos dentes e dos ouvidos. Ele é visualizado em azul e corresponde à mente. Como o céu, o chakra da garganta pode ser claro e brilhante, ou turvo e pesado. Quando falamos nossa verdade, a garganta é clara. Quando não estamos expressando o nosso verdadeiro eu, surgem os problemas vocais, abrangendo dores de garganta, resfriados e infecções.

Testa

O chakra da testa é chamado de terceiro olho, porque neste núcleo de chakra vemos com nossa visão interior tanto quanto com nossa visão exterior. Está ligado à glândula pineal, que sente a luz usando mecanismos semelhantes aos usados pelos olhos para ver a luz. Mesmo que exista dentro da nossa mente, o terceiro olho vê com luz espiritual. Por meio dessa energia azul-violeta, nós recolhemos informações física ou intuitivamente e emitimos visões de nossas manifestações, por meio de visualizações e intenções. Quando não confiamos na nossa intuição ou não queremos ver o que está à nossa volta, este chakra se fecha, causando tanto a cegueira psíquica como problemas físicos no olho.

Coroa

O chakra da coroa é visualizado como uma esfera de luz brilhante branca ou violeta no topo da cabeça onde os ossos do crânio se encontram. É o chakra da sobrevivência e ligação espiritual, "coroando" os outros seis chakras, em grande parte do mesmo modo que sua glândula, a pituitária, regula todas as outras glândulas. O cérebro é o centro do corpo e controla também o resto do corpo. Pelo chakra da coroa, estabelecemos uma ligação com o divino e com o nosso propósito no mundo. Por meio deste chakra conhecemos e realizamos a vontade divina, ou o bem maior. Quando o núcleo da coroa está fechado, nós nos sentimos desligados e não amados pelo divino e questionamos o sentido da existência. Os problemas que envolvem o sistema nervoso físico tanto quanto qualquer enfermidade que abranja o sistema ou force uma reavaliação das normas e do significado da vida são questões do chakra da coroa.

Chakras expandidos

Alguns curadores no campo da metafísica moderna usam interpretações do sistema de chakra que incluem pontos adicionais de chakra. Embora esses novos sistemas tenham muita semelhança, os exploradores desse campo muitas vezes discordam em relação a nomes, localizações, cores e significados dos chakras adicionais. É possível que esses chakras tenham estado presentes no corpo humano ao longo da história. Uma outra possibilidade é que uma "nova" classe de energias pode estar lentamente ficando "ligada" à medida que entramos na Nova Era e a mente se expande, o que explicaria por que os antigos fazem pouca menção a eles nos textos sânscritos.

Embora eu tenha usado esta versão do sistema de chakra nas minhas próprias meditações e no trabalho pessoal, descobri que ele é muito complexo para usar com clientes que estão começando a entrar em contato com a cura pela energia e pela metafísica. Às vezes, fica difícil explicar os conceitos de chakras e cura por energia sem se aprofundar no sistema de chakra "avançado".

O modelo apresentado a seguir localiza os chakras adicionais entre os sete pontos principais de chakra, do mesmo modo que as cinco teclas pretas de um piano se localizam entre as sete teclas brancas em cada oitava. Ele também situa os chakras acima e abaixo da série normal de sete.

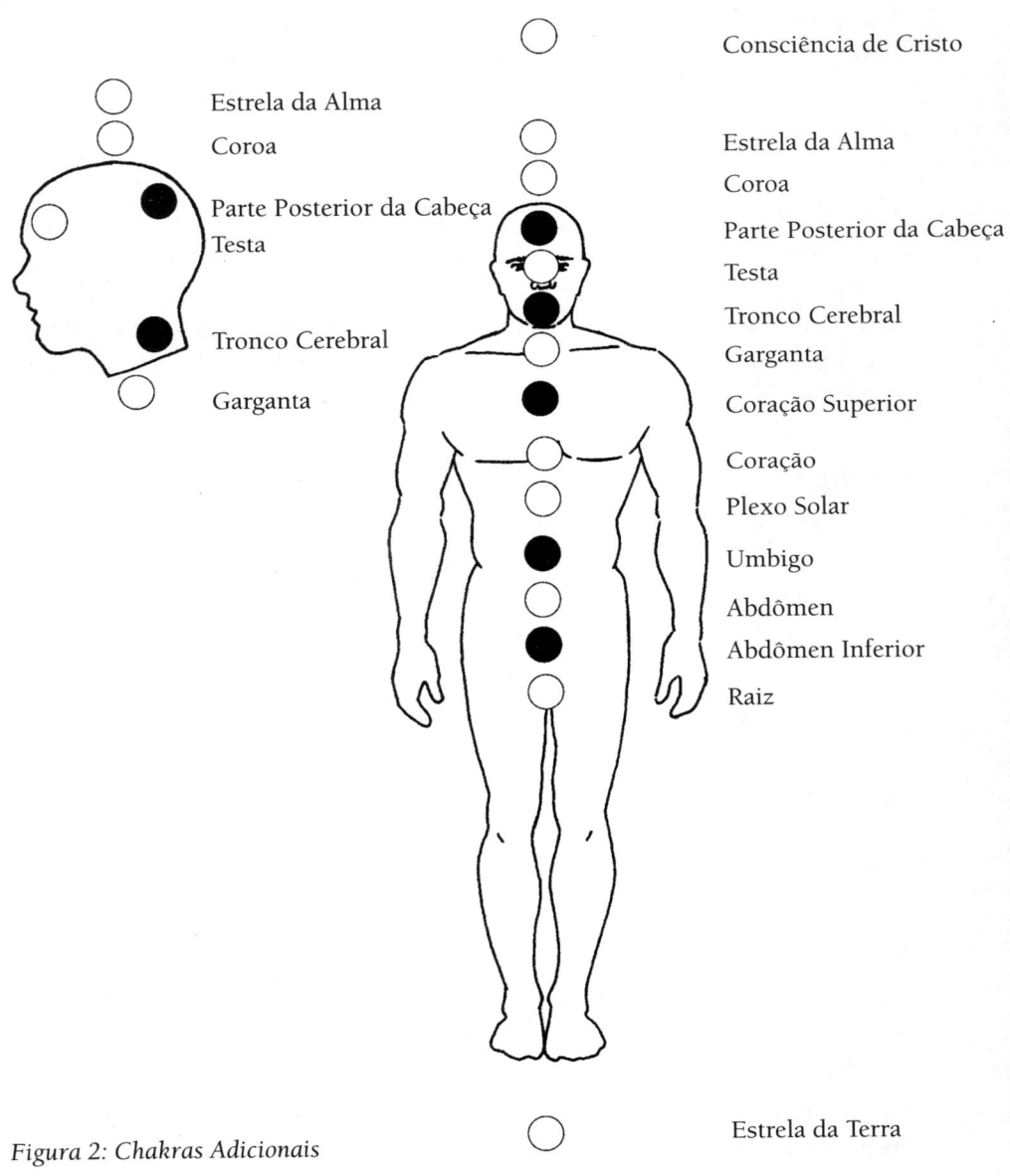

Consciência de Cristo

Estrela da Alma
Coroa
Parte Posterior da Cabeça
Testa
Tronco Cerebral
Garganta

Estrela da Alma
Coroa
Parte Posterior da Cabeça
Testa
Tronco Cerebral
Garganta
Coração Superior
Coração
Plexo Solar
Umbigo
Abdômen
Abdômen Inferior
Raiz

Estrela da Terra

Figura 2: Chakras Adicionais

Estrela da Terra

Estrela da Terra é o chakra localizado à distância de uma mão abaixo dos pés, sendo visualizado em preto, marrom ou outros tons de terra. É a nossa verdadeira ligação com o planeta e o campo físico. Os professores de evolução de energia o consideram como o centro "coroa" da última evolução energética ocorrida na humanidade, suspeitando que um sistema de chakras anterior desceu para dentro da Terra, criando espaço para o nosso sistema de chakras atual entrar no corpo. Esses teóricos acreditam que o atual modelo de chakras em arco-íris afinal baixará à Terra, e então os chakras desconhecidos acima da cabeça descerão para o corpo à medida que fizermos a próxima transição na mente.

Abdômen inferior

Este núcleo vermelho-alaranjado está localizado abaixo do segundo chakra laranja do abdômen, fazendo a ponte entre os chakras da raiz e do abdômen. Relacionado com o Palácio do Ovário/Esperma das tradições orientais, forma um elo entre a sexualidade dos dois núcleos mais importantes da raiz e do abdômen.

Umbigo

O chakra do umbigo é retratado em amarelo-alaranjado ou dourado e se localiza entre o chakra laranja tradicional do abdômen e o chakra amarelo do plexo solar. Está relacionado com o processo digestivo e sua função é aprender autocontrole e disciplina.

Coração superior

Neste modelo, o timo tem o seu próprio núcleo de chakra, separado do chakra do coração e abaixo do chakra da garganta. Enquanto o esterno é o núcleo da emoção, o timo é o lugar do amor incondicional. O chakra do coração superior é retratado em azul-esverdeado, turquesa ou água.

Tronco cerebral

O núcleo do chakra localizado na base da cabeça pode ser chamado de manancial dos sonhos, travesseiro de jade ou núcleo bombeador do crânio. De um azul profundo, este ponto engloba a nossa mente inconsciente e os nossos sonhos. A função do chakra do tronco cerebral é levar essas áreas a uma maior percepção.

Parte Posterior da Cabeça

Visualizado nas cores magenta ou violeta, este chakra é o último ponto antes da expansão do chakra da coroa. É o lugar da geometria sagrada e do relacionamento da visão pessoal à vontade divina, fazendo a ponte entre as funções dos chakras da testa e da coroa. Por meio dele, removemos qualquer dos nossos limites pessoais que nos impeça de alcançar a mente expandida representada pelo chakra da coroa.

Estrela da Alma

Este centro do chakra está localizado acima do chakra da coroa, normalmente a uma distância que varia de alguns centímetros a metros acima dele. O chakra da estrela da alma, ou ponto transpessoal, representa a base da próxima transição na consciência, como se fosse a "raiz" da nossa próxima evolução, sendo normalmente retratado em um branco brilhante, quando tem alguma cor. Por meio dele entramos em contato com a consciência superior e o reino dos sonhos.

Consciência de Cristo

Este chakra é imaginado como pairando acima da Terra, na órbita lunar, algumas vezes recebendo o nome de chakra da estrela lunar. Outros o concebem como indo para dentro do próprio Sol, já que esse nível de consciência é muitas vezes associado à luz solar e aos deuses do Sol. Este chakra liga a humanidade à "Consciência de Cristo", um nome relativamente moderno para o conhecimento de todas as coisas por meio do amor incondicional.

Outros chakras são concebidos como localizados perto do Sol, ou atravessando o Sol para dentro do centro galático. Estes pontos de chakra não são usados com freqüência no diagnóstico de clientes, mas podem servir como objeto de conjecturas e para serem explorados em meditação. Diz-se também que temos chakras nos pontos importantes de ligação no corpo, incluindo as mãos, os pés, os dedos das mãos e dos pés, cotovelos, pulsos, tornozelos, ombros e nariz.

Anatomia espiritual

Os professores que se concentram nos aspectos médicos do Reiki muitas vezes passam muito menos tempo nos chakras e, em vez disso, podem enfocar a anatomia física do corpo. O corpo físico fala conosco por meio de um sistema de símbolos que não é esotérico como o sistema de chakras. Cada parte do corpo representa questões psicoespirituais específicas. Doença ou lesão em uma determinada parte do corpo representa um desequilíbrio mental, emocional ou espiritual na área da mente representada por essa parte do corpo. Use a lista a seguir para aprender e entender o sistema do simbolismo do corpo.

Lado esquerdo	Feminino, receptivo, pessoal, doméstico, privado
Lado direito	Masculino, doador, empreendedor, trabalhador, público
Cabeça/Rosto	Identidade
Olhos	Ver o mundo com clareza, olhar para o passado/presente/futuro
Ouvidos	Ouvir os outros, ouvir a voz interior
Boca/Dentes	Nutrição, comunicação
Garganta	Falar a verdade, comunicação, equilíbrio entre ouvir/falar
Ombro/Braço	Comunicação, auto-expressão
Mãos	Mão dominante: aptidão para dar; mão não-dominante: aptidão para receber
Coração	Amor, amor-próprio, relacionamentos
Ossos	Apoio, força, base, confiabilidade
Costas	Apoio, força, permanecer na própria verdade, ser você mesmo
Peito	Feminilidade, maternidade, nutrição, infância
Estômago	Nutrição, maternidade
Fígado	Raiva, medo, ressentimento, sentir-se desprotegido
Intestinos	Discriminação/discernimento, trabalho, nervosismo, liberação
Rins	Equilíbrio, relacionamento, purificação
Aparelho Reprodutor	Sexualidade, prazer, família, vergonha
Bexiga	Raiva, medo
Aparelho Excretor	Medo da morte, retenção de energias prejudiciais, liberação
Quadril	Intimidade
Coxas	Liberdade, atividade, ação, esporte, recreação
Joelhos/Canelas	Responsabilidade, pressão, tensão, esgotamento, honra

Tornozelos	Individualidade, apoio social, amizade
Pés	Criatividade, música, arte, dança, apoio, base, depressão, fuga

Também achei muito úteis os estudos de astrologia médica para encontrar a origem espiritual dos distúrbios físicos. Essa disciplina relaciona partes do corpo a vários signos e órgãos, e então correlaciona as questões espirituais relacionadas com cada signo e planeta à moléstia. Chakras, simbolismo e astrologia são métodos para entender o relacionamento entre consciência e saúde física.

A *sintonização purificadora*

A primeira sintonização ao Reiki é o aspecto mais decisivo do treinamento. Assim que receber a sua primeira sintonização, você pode começar a praticar o Reiki. No processo de sintonização, o Mestre em Reiki já mantém uma ligação com a força vital universal por meio dos símbolos do sistema Reiki, como foi transmitido pelo seu professor. A sintonização é um ritual, uma iniciação, em que o professor transmite essa ligação para o novo aluno por meio de símbolos e intenções. Embora haja diversas sintonizações durante o treinamento, tudo o que você realmente necessita está na primeira. Assim que estiver sintonizado, você estará ligado à força vital universal por intermédio do sistema Reiki, com todas as suas salvaguardas básicas, para o resto da vida. Quanto mais você usar a sua capacidade de canalizar o Reiki mais ela se desenvolverá.

À medida que se purifica como um canal, a capacidade de deixar a energia fluir por seu intermédio aumenta. Meu amigo Erik repetiu para mim as palavras de um curador índio norte-americano que parecem descrever perfeitamente a filosofia do Reiki: "Rezo para ser um osso limpo e oco. O divino pode então fluir através de mim." Alguns descrevem isso como uma flauta, para ser tocada por Deus. Qualquer que seja a imagem que você use, ela se encaixará perfeitamente ao Reiki. Quando um curador usa o Reiki, ele é também nutrido e curado por ele. O processo de sintonização e usos subseqüentes da energia iniciam uma purificação curadora que ajuda o receptor da sintonização a liberar todas as forças indesejáveis das esferas física, emocional e mental.

Os professores de Reiki dizem que depois de cada sintonização a pessoa tradicionalmente passa por um período de purificação de 21 dias. A extensão do período é provavelmente uma homenagem à experiência do dr. Usui, mais do que qualquer outra coisa. Um amigo me disse que havia um período de purificação para cada um dos sete chakras, ou centros de energia do corpo. Um sistema de crença tem a duração de um dia de purificação para cada chakra, começando pelo chakra da raiz e circulando pelos sete chakras em três períodos. Um outro sistema estabelece a limpeza de cada chakra e seu centro por três dias, até atingir o chakra da coroa.

No Reiki Um, a purificação normalmente se caracteriza por ser mais física. Os alunos muitas vezes pegam um resfriado, uma gripe ou ficam com sintomas de alergia à medida que o corpo deles elimina os elementos indesejáveis. O aspecto físico do Reiki é acentuado nesse nível, enfocando a cura com a imposição das mãos e nos tratamentos na pessoa. No Reiki Dois, a natureza da purificação é normalmente mais emocional ou mental, trazendo à tona questões de natureza pessoal que precisam ser apontadas para serem eliminadas mais adiante. O nível três se refere à purificação mais espiritual ou transpessoal. Essas categorias são apenas as experiências mais comuns e não uma norma rígida. Os alunos podem sentir um grande despertar espiritual depois da sintonização do Reiki Um.

Para facilitar o processo de purificação, beba muita água durante a aula, depois da aula e durante todo o período de 21 dias. Cuide-se, descansando, alimentando-se e exercitando-se tanto quanto o seu corpo e a sua alma necessitarem.

Pessoalmente, experimentei alguns desses períodos de purificação durante um espaço de tempo mais curto do que 21 dias, e depois, mais tarde, por períodos mais longos, portanto 21 é apenas uma orientação. Um período de autocura por meio de tratamentos com o Reiki durante 21 dias seguidos é uma prática comum, deixando você comprometido com a energia e o processo. Gostaria que os meus professores de Reiki Um tivessem sugerido isso para mim. Mas eu ainda posso praticar o Reiki, mesmo sem esse período intencional de comprometimento. Você não "perde" a sua ligação com o Reiki caso não o faça durante 21 dias seguidos.

Mãos impostas – Reiki ligado

A coisa mais importante que você aprende em Reiki Um é que, independentemente de você ter experimentado a purificação ou a falta dela e desde que você tenha sido sintonizado, se suas mãos estiverem colocadas em alguém, inclusive em você mesmo, então o seu canal Reiki vai estar "ligado". "Mãos impostas — Reiki ligado", como dizem os professores. Se a pessoa em quém você estiver tocando estiver precisando de energia, a energia fluirá. Você não tem o controle disso. A inteligência superior da força vital universal está comandando. Os praticantes de Reiki Medicinal dizem que são as células do corpo do receptor que controlam a quantidade de energia absorvida. Os metafísicos acreditam que é o eu superior do receptor, ou o próprio guia espiritual do receptor, que se encarrega do fluxo de energia.

Em ambos os casos, o processo pode ser comparado a sorver líquido por um canudo. O praticante é o canudo e a energia é o líquido. O receptor está "sugando" a energia Reiki pelo canudo. O receptor controla o processo de algum modo e pára de sugar quando já está cheio e não consegue processar mais. É impossível sofrer uma *overdose* de energia Reiki, embora seus pacientes possam prosseguir sua própria purificação espiritual e sintam como se tivessem uma *overdose* dela. Em última análise, independentemente do que acontecer, o resultado final é para o bem maior e está fora das suas mãos.

Como você não controla a energia, se ela flui, pode aceitar isso como uma permissão implícita para aplicar o Reiki. A conduta apropriada e indicada, de acordo com a história do dr. Usui, é que se peça permissão à outra pessoa para praticar o Reiki, e eu normalmente faço isso. Se alguém está vindo ao meu consultório para um tratamento, a permissão está implícita. Mas se eu estiver aconselhando alguém, formal ou informalmente, e sentir a energia ligar-se com um formigamento familiar em minhas mãos, então eu sei que está fluindo pelo bem maior e eu preciso deixá-la fluir. Muitas vezes seria inoportuno ou impróprio para mim parar e pedir sem rodeios permissão para aplicar o Reiki. Sei que tenho a permissão do universo, e isso é o mais importante para mim.

Certa vez, quando eu estava aconselhando uma mulher no hospital antes da morte do seu marido, ficamos conversando na lanchonete. Eu estava com minha mão sobre as dela e o Reiki fluiu para dentro dela. Ela não estava em condições de ouvir sobre energia e cura. Ela precisava conversar. Mais tarde ela tomou aulas de Reiki comigo e então percebeu o que eu tinha feito naquele dia. Era tão simples, e ela nem ao menos tivera consciência disso na ocasião, mas agora ela entende como o Reiki a acalmou. Ela tinha atribuído isso à minha personalidade, mas agora ela sabe que tem muito mais a ver com o poder de cura do Reiki.

Posição 1

Posição 2

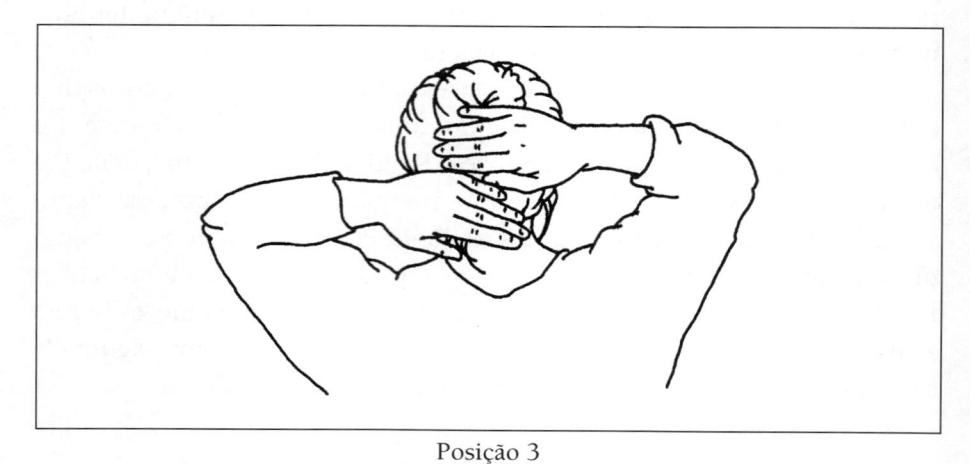

Posição 3

Figura 3: Posições das Mãos para Autotratamento

Posição 4

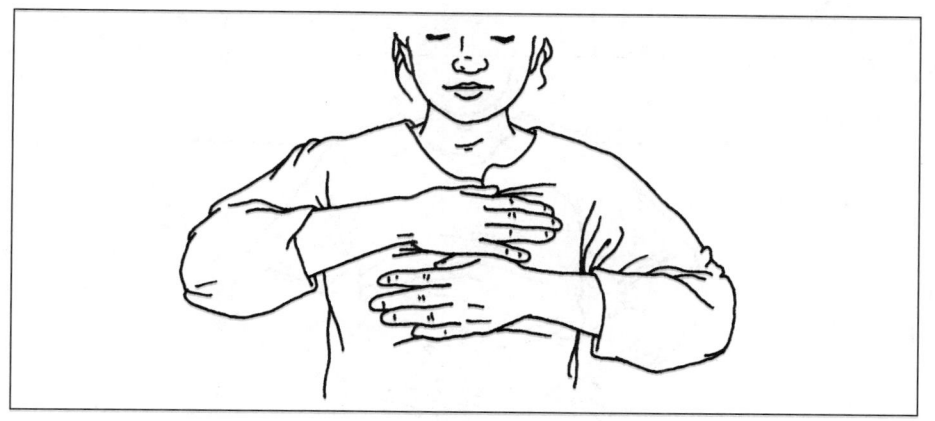

Posição 5

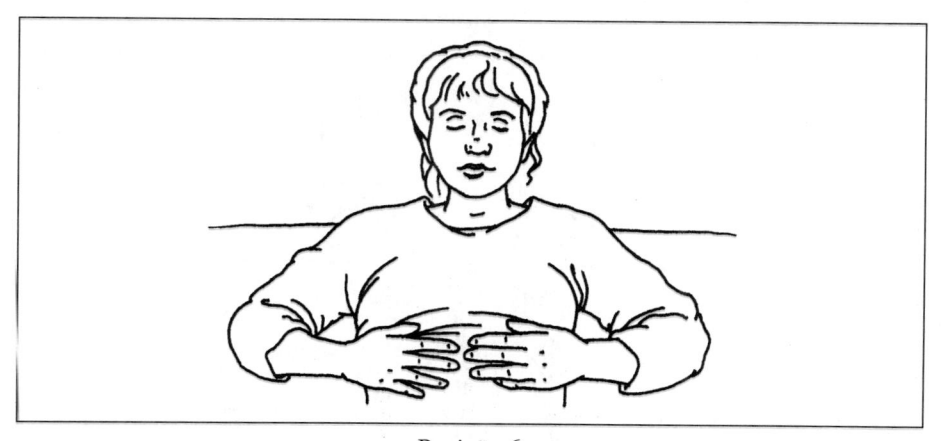

Posição 6

Figura 3: Posições das Mãos para Autotratamento (continuação)

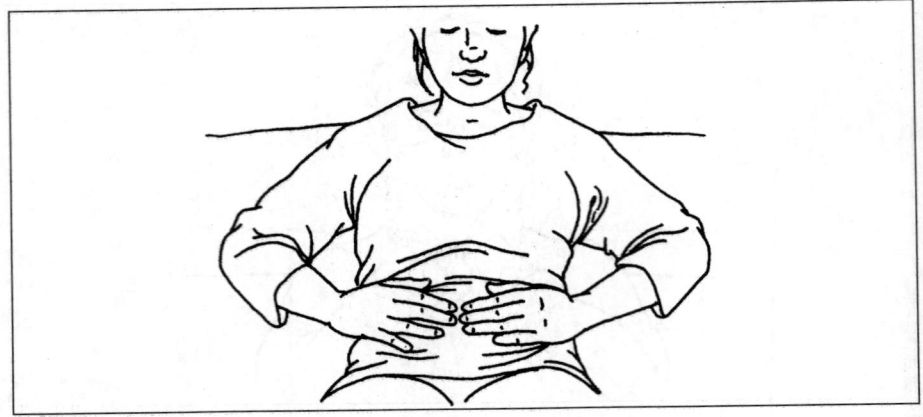

Posição 7

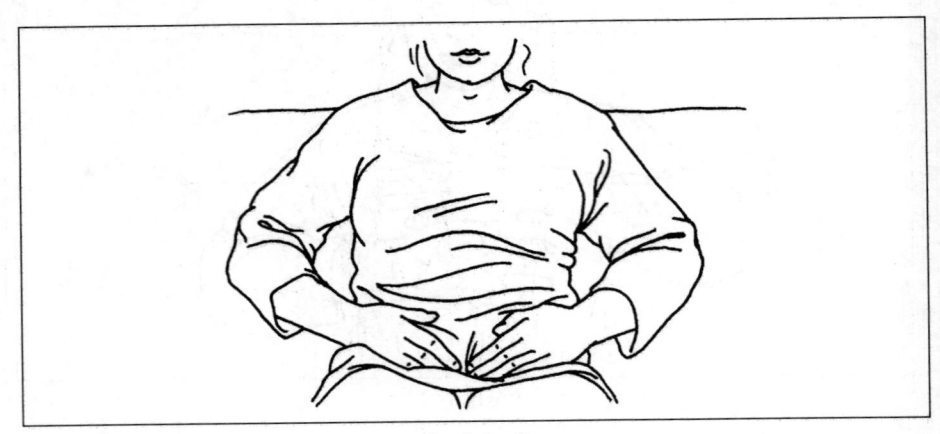

Posição 8

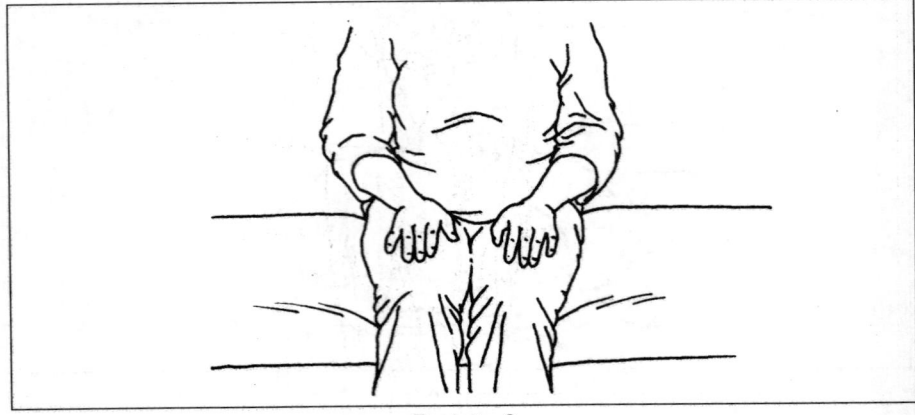

Posição 9

Figura 3: Posições das Mãos para Autotratamento (continuação)

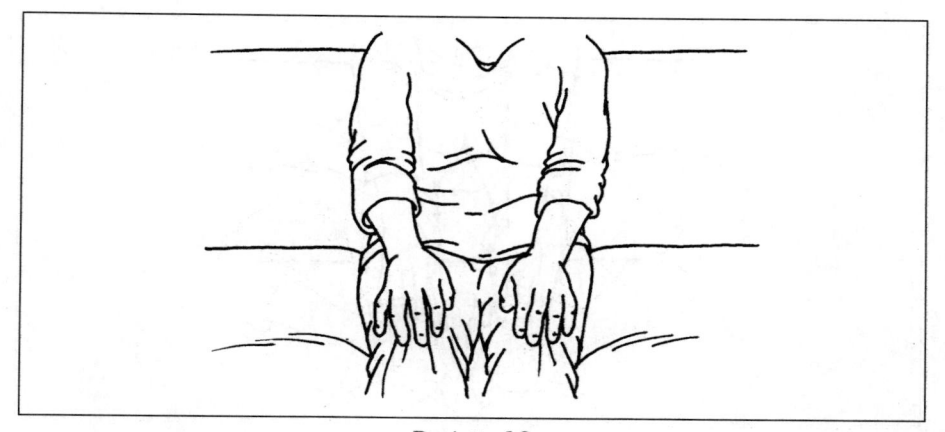

Posição 10

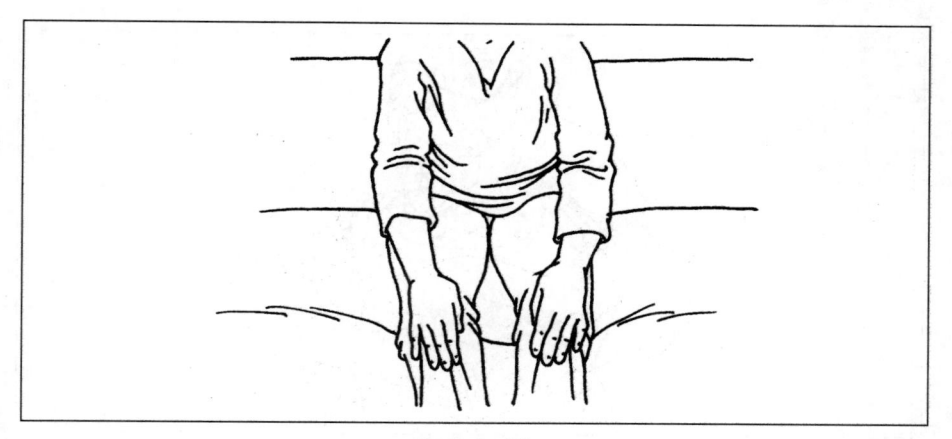

Posição 11

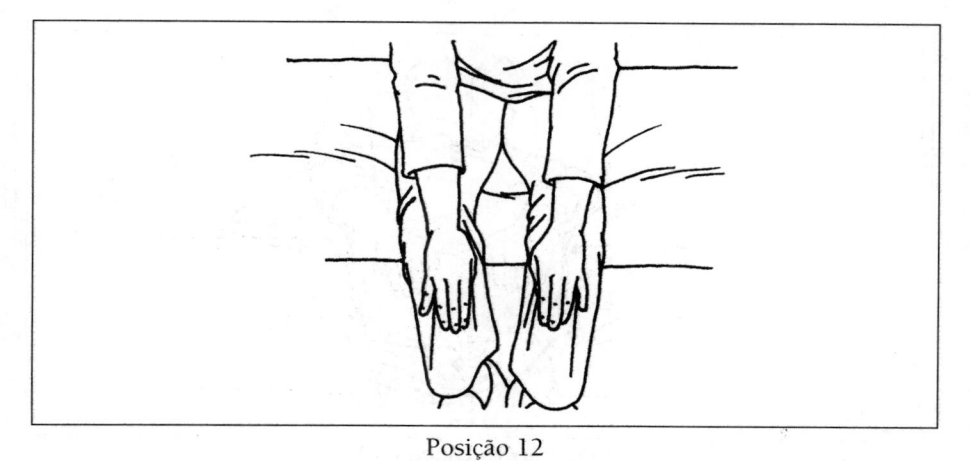

Posição 12

Figura 3: Posições das Mãos para Autotratamento (continuação)

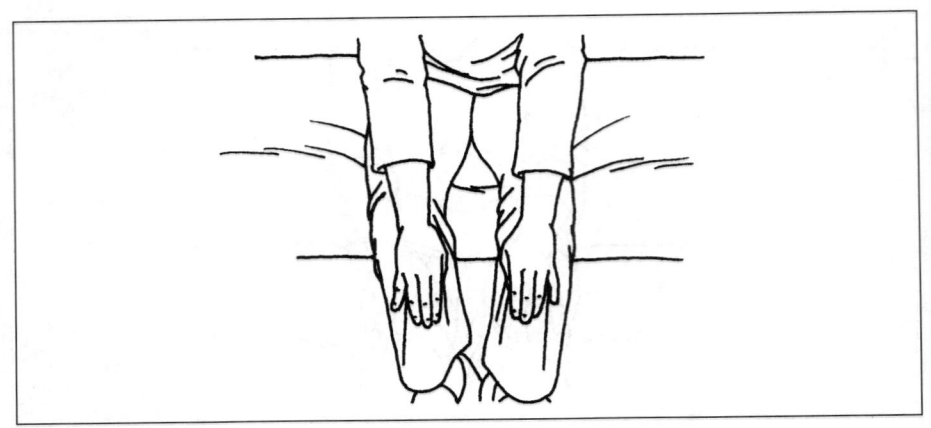

Posição 13

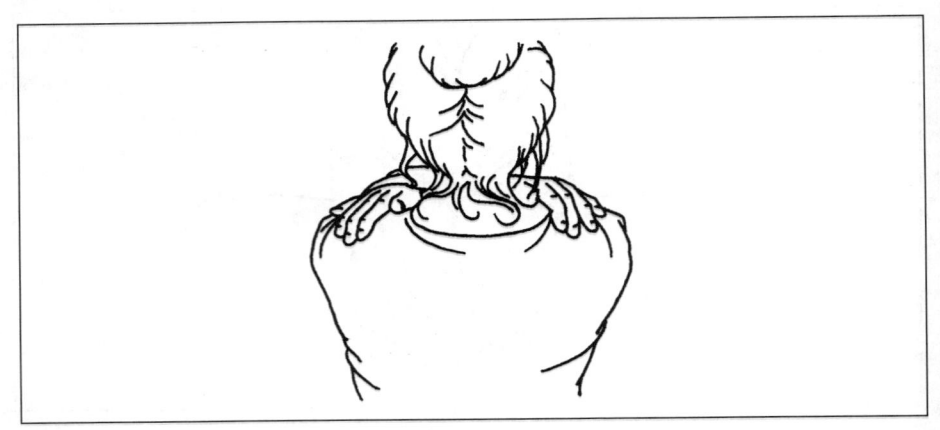

Posição 14 (opcional)

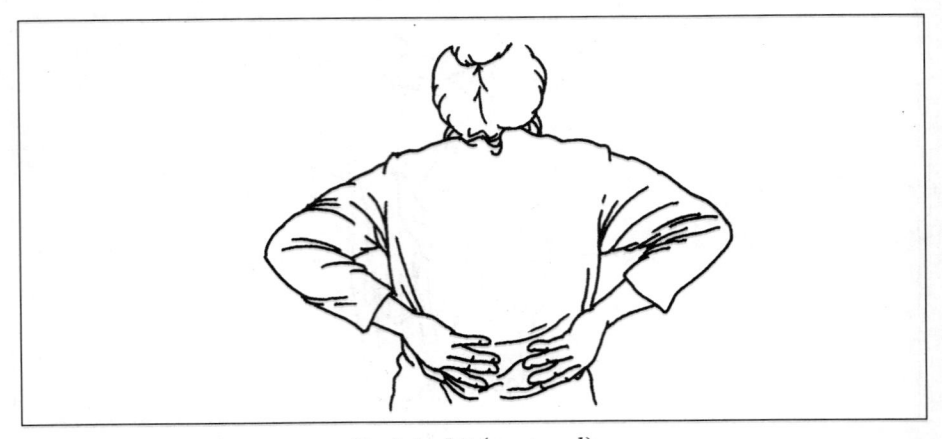

Posição 15 (opcional)

Figura 3: Posições das Mãos para Autotratamento (continuação)

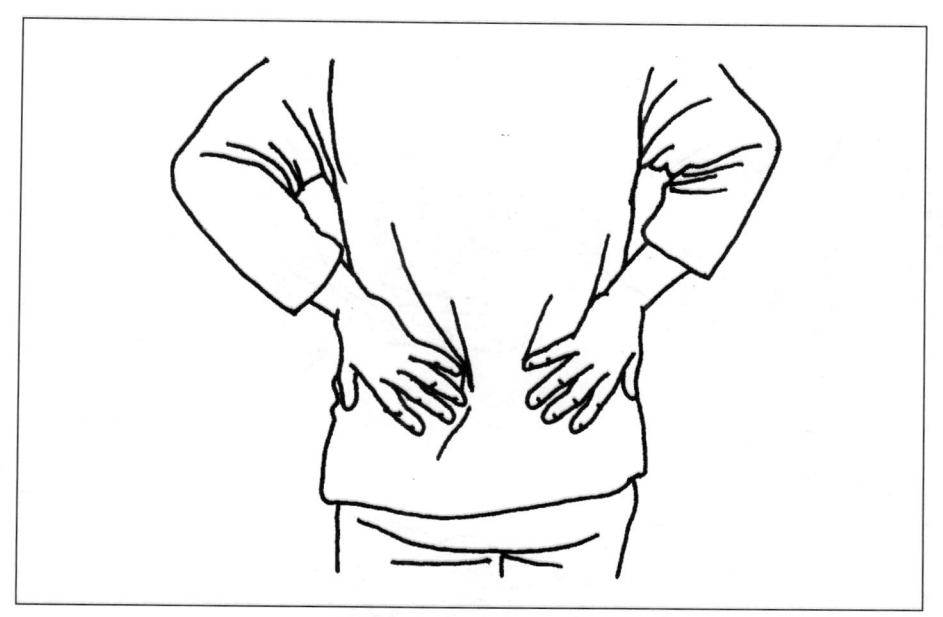

Posição 16 (opcional)

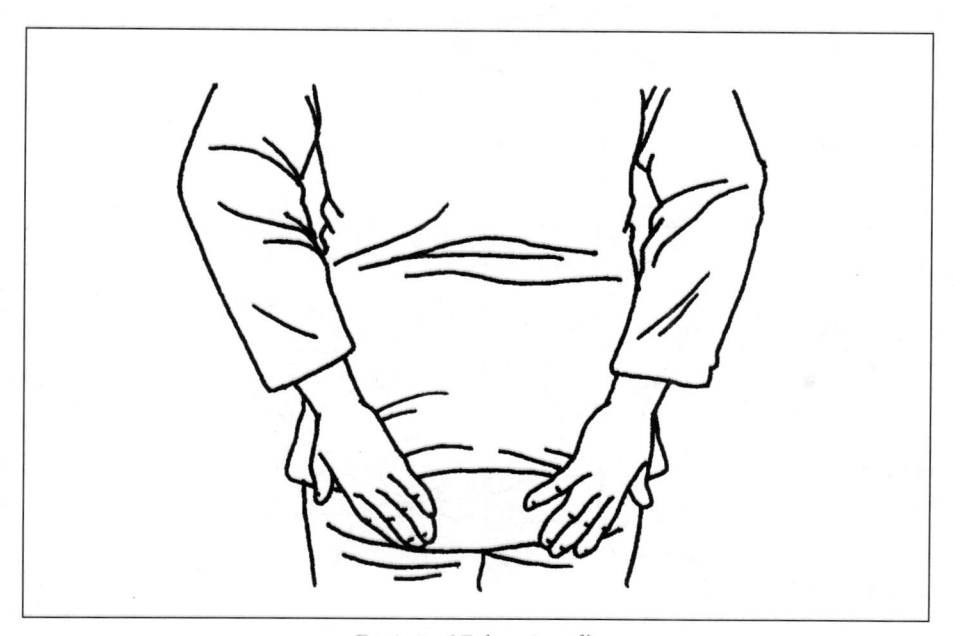

Posição 17 (opcional)

Figura 3: Posições das Mãos para Autotratamento (continuação)

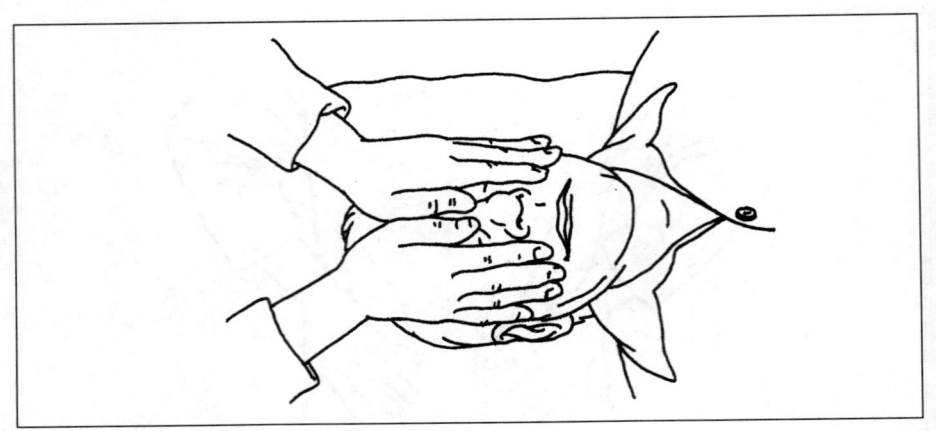

Posição 1

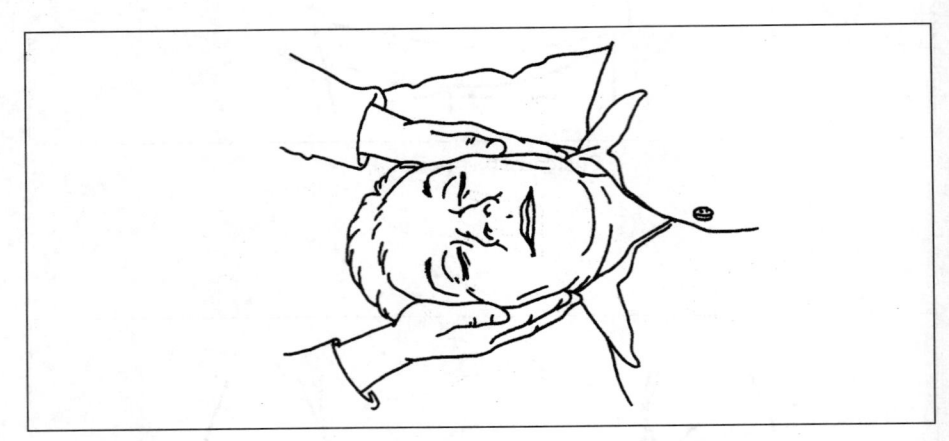

Posição 2

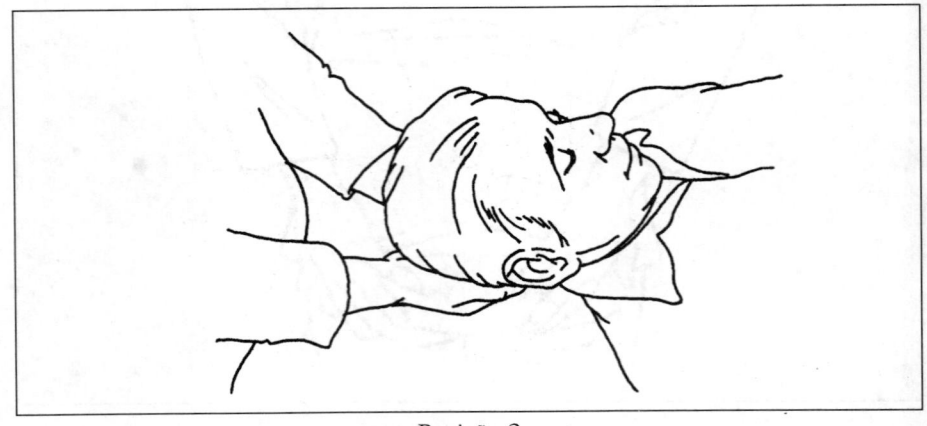

Posição 3

Figura 4: Posições das Mãos para Tratamento de Outros

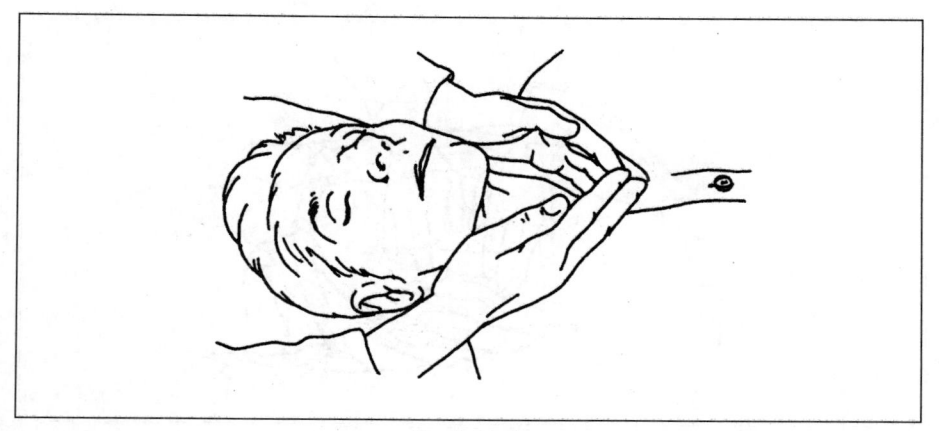

Posição 4

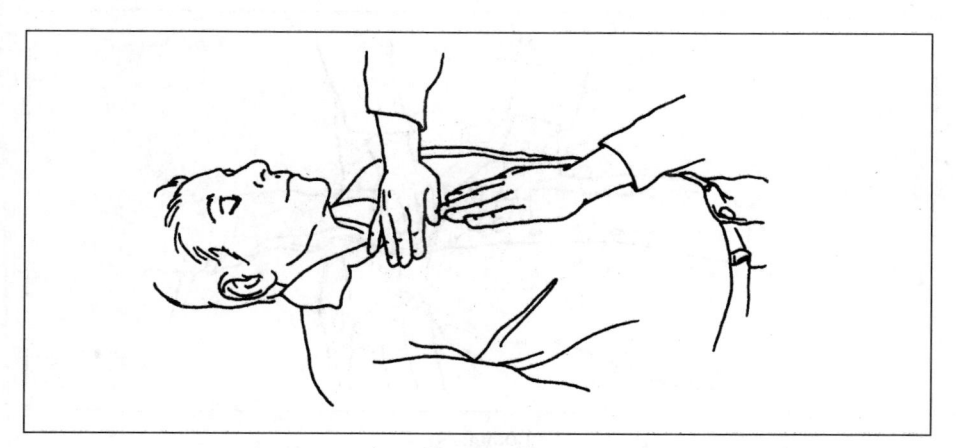

Posição 5

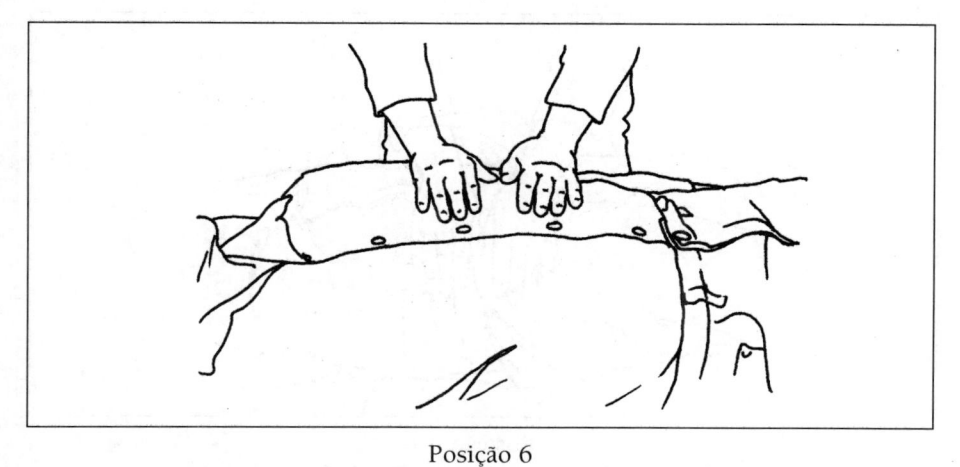

Posição 6
Figura 4: Posições das Mãos para Tratamento de Outros (continuação)

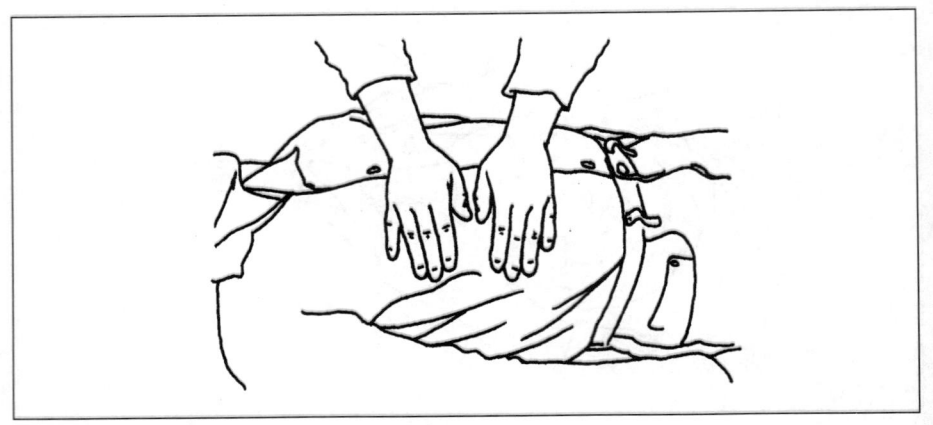

Posição 7

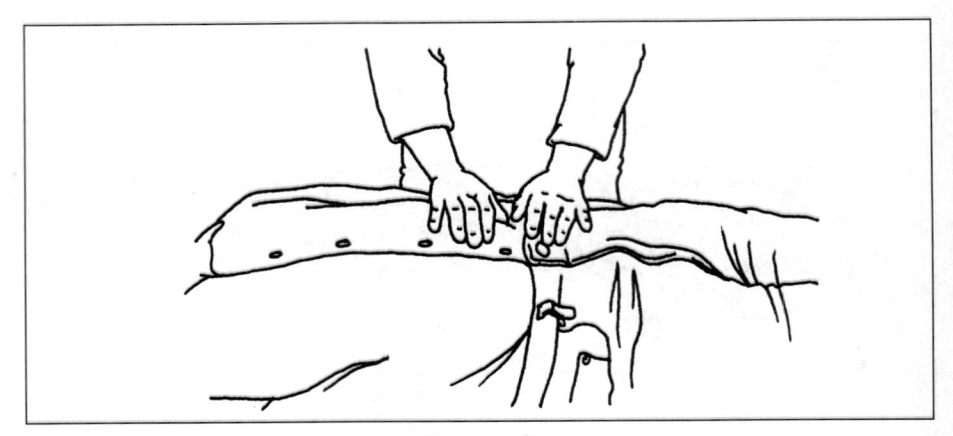

Posição 8

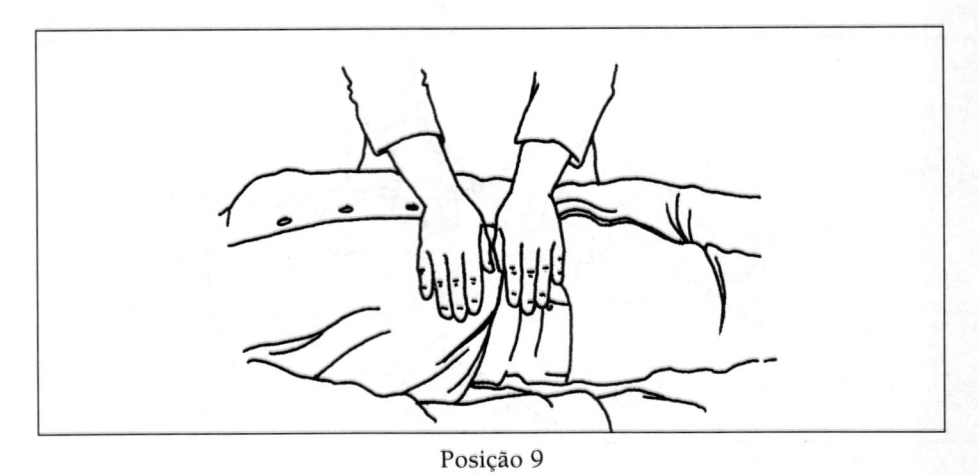

Posição 9

Figura 4: Posições das Mãos para Tratamento de Outros (continuação)

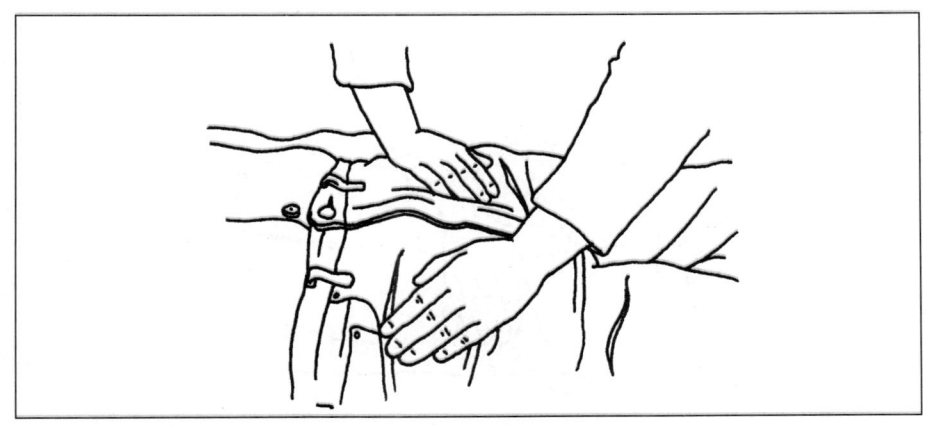

Posição 10

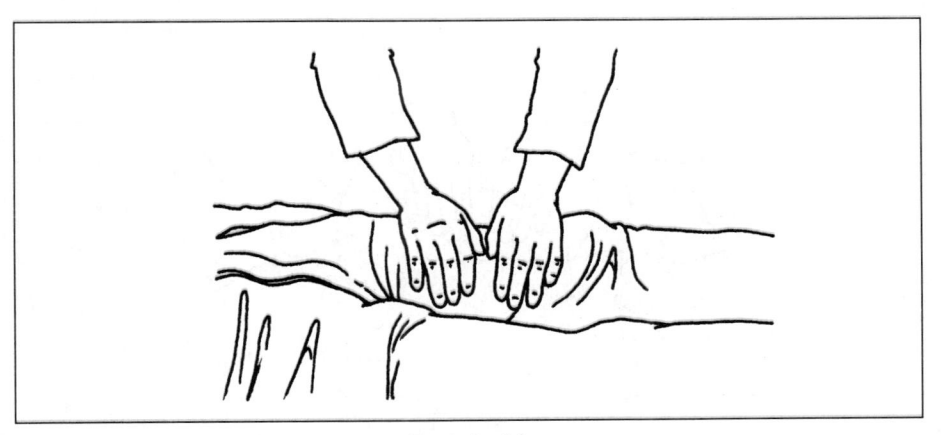

Posição 11

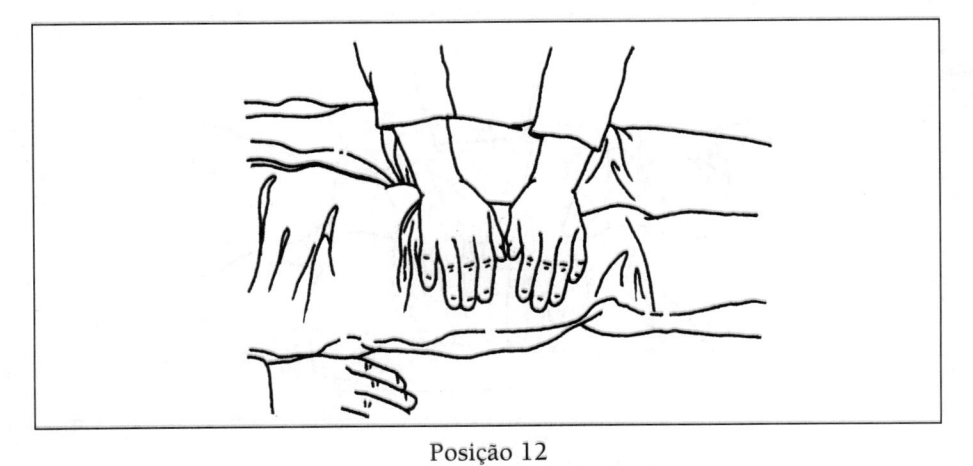

Posição 12

Figura 4: Posições das Mãos para Tratamento de Outros (continuação)

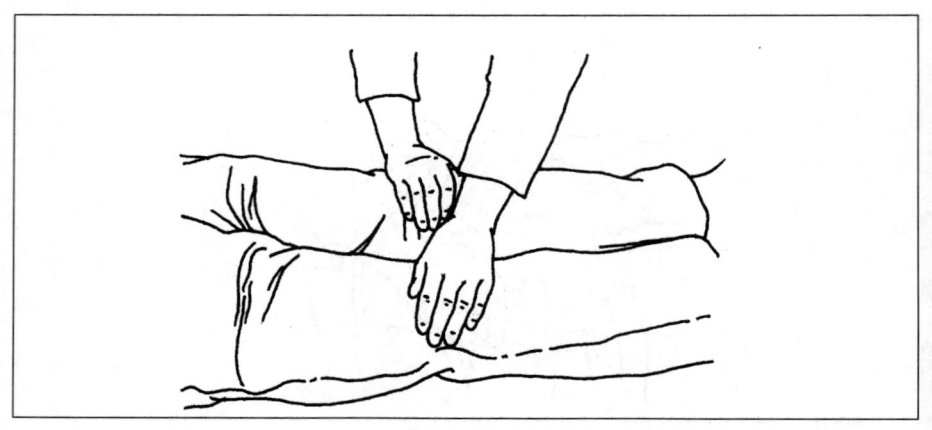

Posição 13

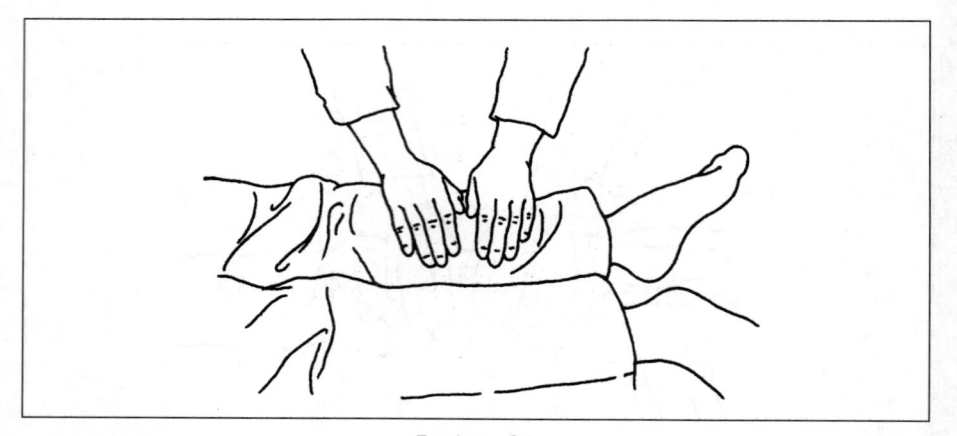

Posição 14

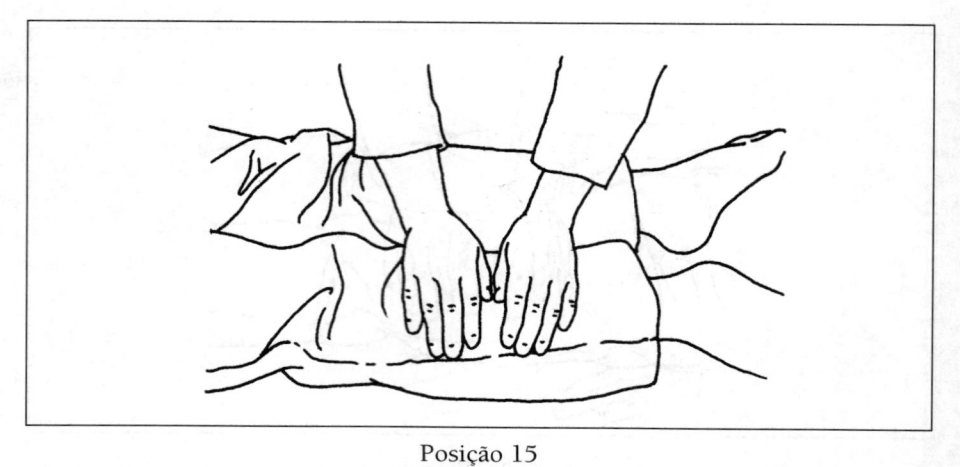

Posição 15
Figura 4: Posições das Mãos para Tratamento de Outros (continuação)

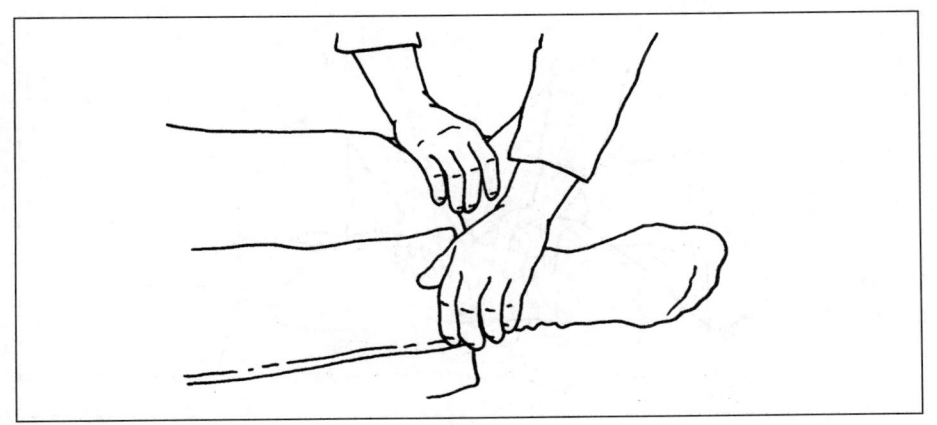

Posição 16

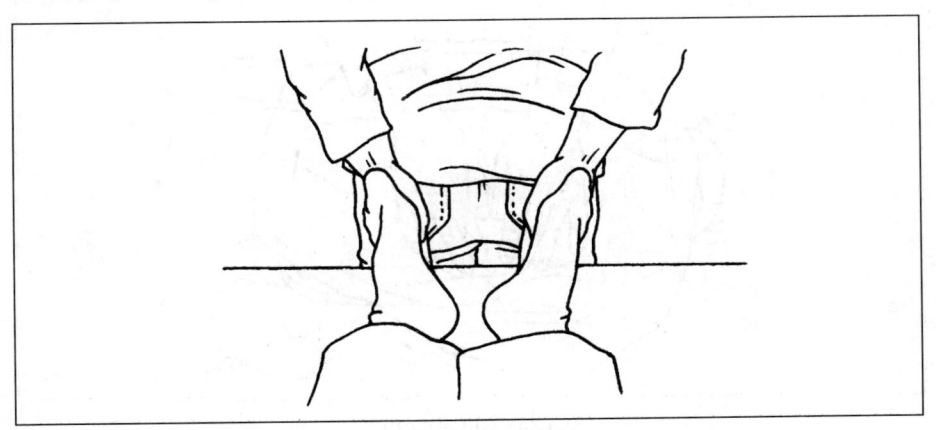

Posição 17 (opcional)

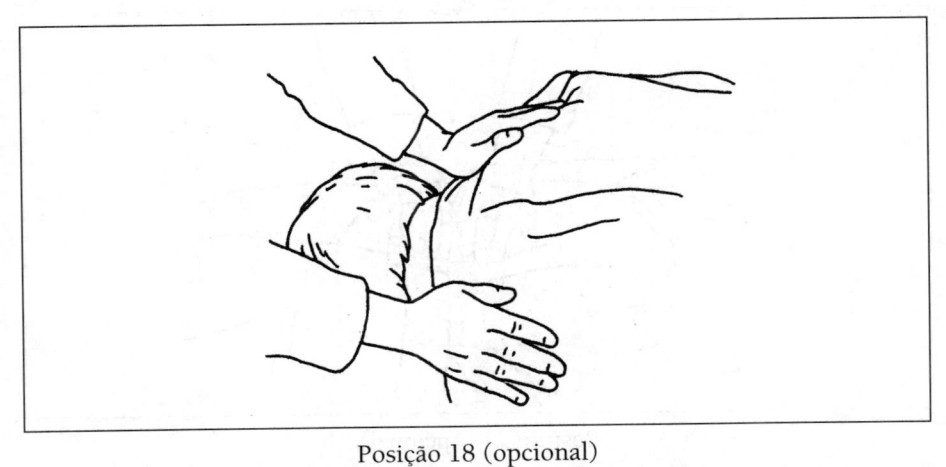

Posição 18 (opcional)

Figura 4: Posições das Mãos para Tratamento de Outros (continuação)

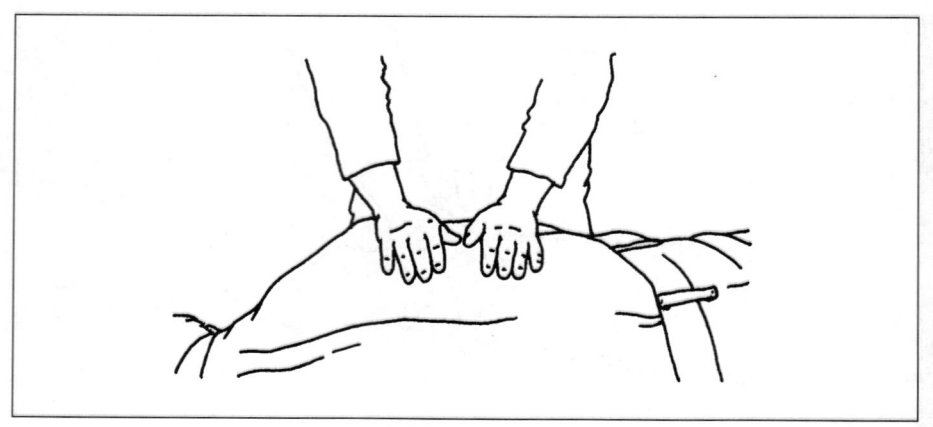

Posição 19 (opcional)

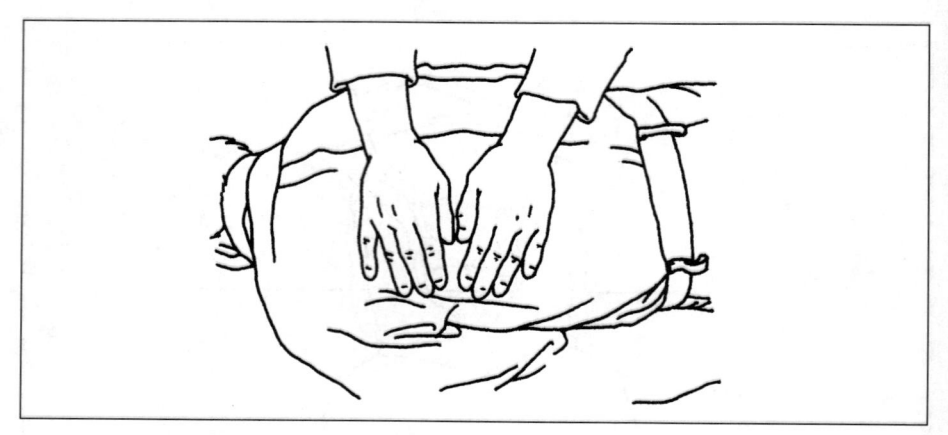

Posição 20 (opcional)

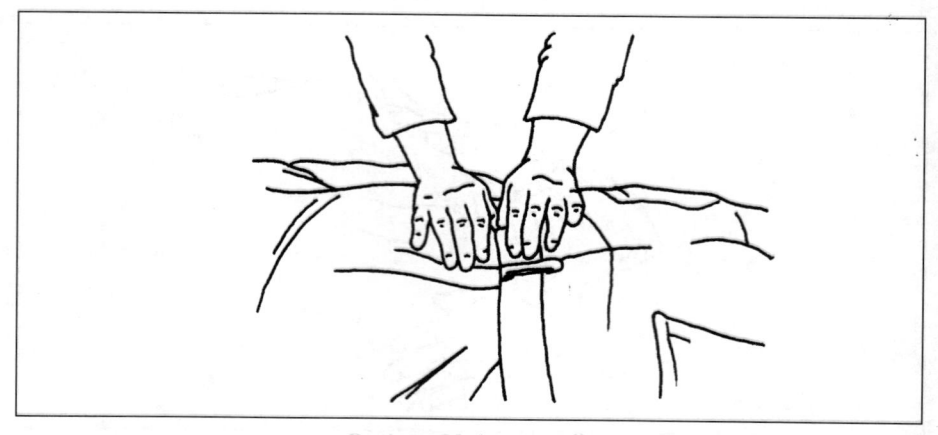

Posição 21 (opcional)

Figura 4: Posições das Mãos para Tratamento de Outros (continuação)

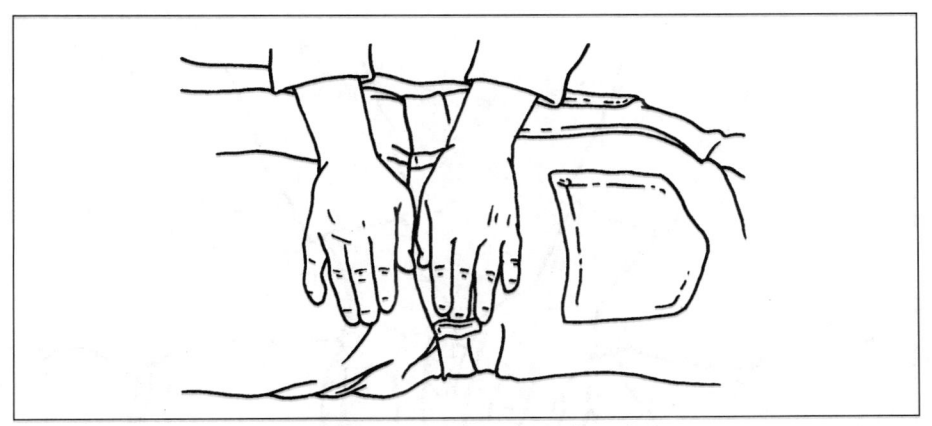

Posição 22 (opcional)

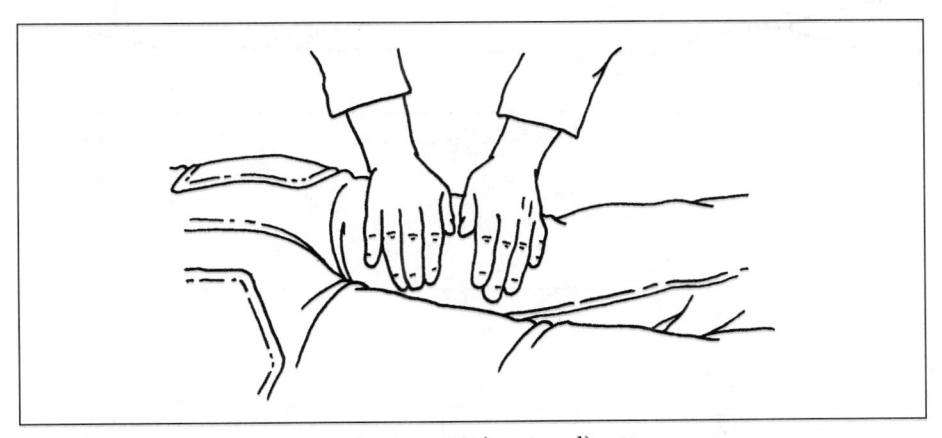

Posição 23 (opcional)

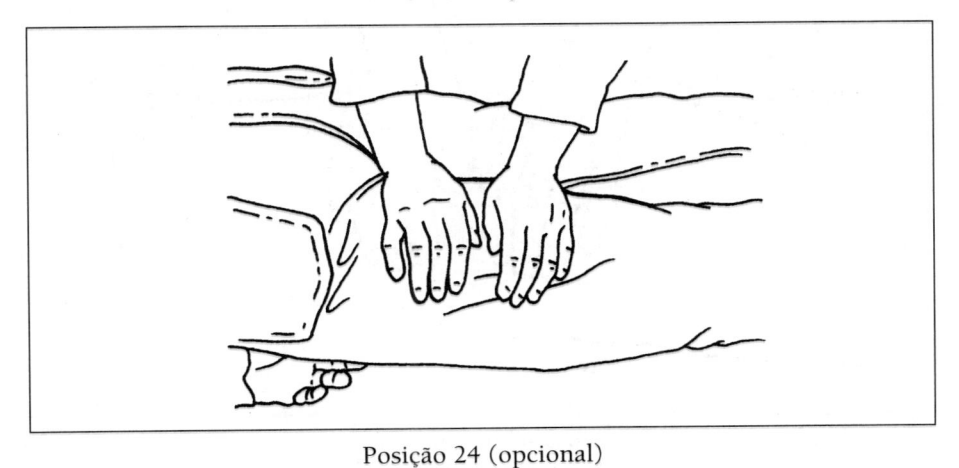

Posição 24 (opcional)

Figura 4: Posições das Mãos para Tratamento de Outros (continuação)

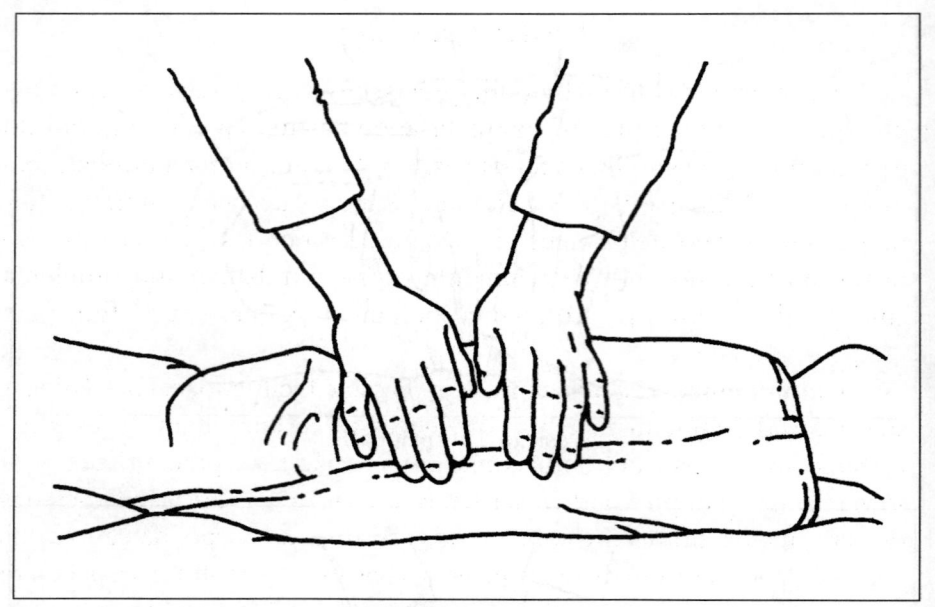

Posição 25 (opcional)

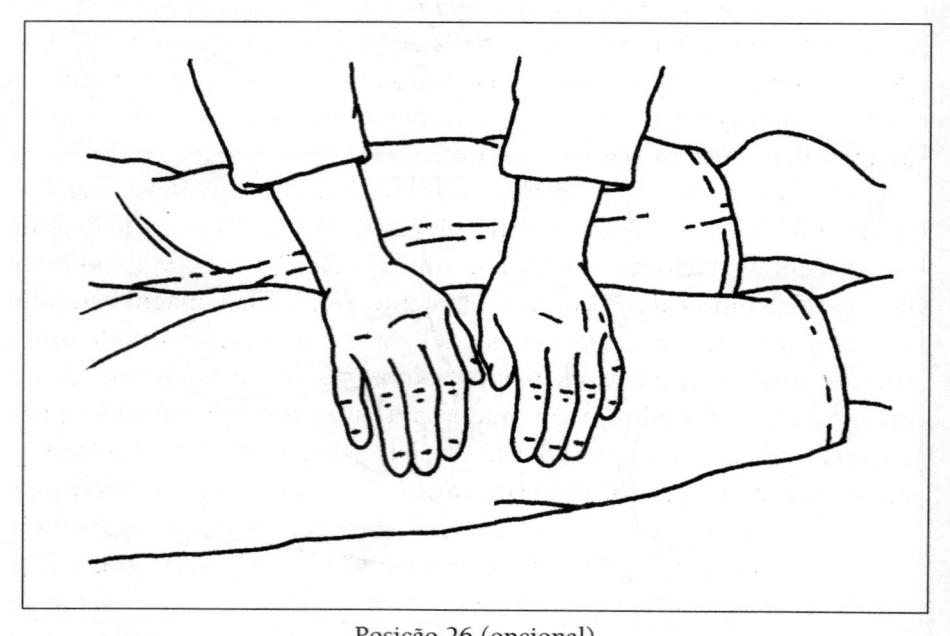

Posição 26 (opcional)
Figura 4: Posições das Mãos para Tratamento de Outros (continuação)

Posições das mãos

A energia Reiki flui para onde precisa ir, no corpo físico e nos corpos sutis. Se eu tiver uma região precisando de cura na parte inferior do meu corpo, por exemplo, os meus pés, e o Reiki for feito na minha cabeça, a energia fluirá para onde ela for necessária para o bem maior. Ela fluirá pelo meu corpo até os meus pés. Do mesmo modo, se fizer o Reiki para um machucado, mas eu realmente precisar trabalhar um problema emocional, ela fluirá para o meu corpo emocional em vez de fluir pelo meu corpo físico.

Durante uma sessão de cura, o processo é facilitado se você colocar suas mãos diretamente na região que necessita de cura. Para lesões e distúrbios específicos, você pode começar na região mais preocupante. Sessões rápidas e simples podem ser feitas apenas nessas áreas. Nas sessões mais formais, o praticante cobrirá todas as áreas do corpo, da cabeça aos dedos dos pés, usando diversas posições das mãos. Os alunos especulam se foi o dr. Hayashi quem criou as posições das mãos e recomendou posições específicas das mãos para distúrbios específicos.

Os praticantes de Reiki moderno normalmente começam por aprender as posições das mãos tradicionais, ou uma variação delas, mas depois permitem que a sua intuição os guie à medida que vão adquirindo confiança e ficando à vontade nas sessões de cura. Tecnicamente, você não precisa usar as diversas posições das mãos ou nem mesmo precisa mexer as mãos, mas elas ajudam a fornecer uma estrutura para a sessão quando do trabalhar em si mesmo ou nos outros.

De acordo com o conhecimento tradicional, o aluno deve ficar cinco minutos em cada posição antes de passar adiante. Eu normalmente espero sentir o ciclo de energia em minhas mãos. A energia Reiki pode ser sentida como calor, frio, formigamento, agulhadas, magnetismo ou vibração. Ela aumenta de intensidade e então arrefece. Ela pode durar trinta segundos ou, em casos mais extremos, mais de dez minutos. Quando sinto que ela diminuiu, eu mudo para outra posição, sabendo que a energia está baixa ou o corpo está "repleto" naquela posição. Se eu não me mexer, a energia passará para outro ciclo, talvez se dirigindo para uma outra parte do corpo, ou a energia simplesmente se desligará, portanto não vai haver prejuízo em nenhum dos casos. Se o Reiki fluir, é porque ele é necessário em algum ponto para o bem maior. Você não o controla, a inteligência divina faz isso. Assim, harmonize-se com ele e siga a sua orientação.

Tocar ou não tocar?

Embora eu tenha aprendido inicialmente que o Reiki é um modo de cura com a imposição das mãos, surgiu um novo movimento no mundo do Reiki chamado Reiki "sem toque". Por causa das questões legais tendo em vista questões de toque e privacidade do corpo, os praticantes de Reiki em certas regiões praticam o Reiki sem toque. Eles simplesmente mantêm as mãos acima do corpo. Pessoalmente, considero esse modo de aplicar o Reiki incômodo e realmente sinto o toque como um componente do processo do Reiki. Eu posso aplicar o Reiki sem tocar ou com as mãos ligeiramente levantadas em áreas sensíveis, como a garganta ou áreas privadas do corpo, mas a maioria das posições pode ser adaptada para contornar essas questões. No final, a decisão depende do praticante, mas eu definitivamente prefiro o Reiki com toque. As pessoas em nossa sociedade muitas vezes têm medo de tocar umas às outras, por isso eu incentivo essa troca de energia divina por meio do contato físico.

Quando praticar o Reiki

Você pode praticar o Reiki sempre que quiser. Algumas pessoas se sentem restritas ao espaço de uma sessão formal, mas um dos benefícios que eu descobri do Reiki *versus* ritual tradicional de magia é o acesso fácil que se tem à energia, sem se preocupar com desequilíbrio ou falta de concentração. As salvaguardas que acompanham a sintonização em Reiki me mantêm livre de preocupações desse tipo.

Nada está "errado" na sua prática de Reiki. Você não precisa estar diante de uma doença grave, pode ser um simples "ajuste" para deixar que a energia flua a fim de manter a saúde. Se a energia flui, então ela está servindo a um bem maior. Se não flui, então você não tem de se preocupar com isso.

Pode usá-lo quando tiver um desequilíbrio real, seja ele físico, mental, emocional ou espiritual. Aplico o Reiki para dores, doenças e em períodos de *stress*, conflito ou qualquer processo emocional que esteja revelando problemas e lições para mim. Eu tento aplicar o Reiki em mim mesmo todos os dias como parte da minha prática espiritual.

Todas as vezes em que estiver com uma mão desocupada, você pode aplicar o Reiki, em você mesmo ou em alguém que precise dele. Quando estou dirigindo o carro e uma das mãos está livre, eu coloco a palma contra a coxa e deixo o Reiki fluir. Acontece a mesma coisa quando assisto à televisão, quando estou no cinema, ou mesmo quando estou falando ao telefone. Quando estou com meu companheiro, podemos estar descansando no sofá ou na cama, mas se eu estiver com uma mão sobre ele e houver necessidade de energia, o Reiki fluirá. Normalmente, em primeiro lugar pedimos permissão, e eu informaria qualquer membro da família ou amigo que o Reiki está fluindo, mas já temos tantas trocas pessoais que não me preocupo com a compensação. Algumas vezes o fluxo de Reiki torna-se uma parte tão normal da vida que você quase nem o percebe. Os meus familiares me avisam quando sentem a energia Reiki quando nos tocamos. Eu ponho minhas mãos sobre o meu corpo quando eu medito, fazendo disso uma parte da minha prática espiritual. Aplico o Reiki mesmo quando estou dormindo, indo para a cama ou acordando, com minhas mãos sobre o meu corpo. Basta pôr minhas mãos sobre o meu corpo e o Reiki flui. Posso estar consciente e totalmente acordado, em meditação ou dormindo.

O Reiki pode ser aplicado em movimento, em qualquer situação em que você ache que será útil. Pode oferecê-lo no escritório, em casa, em qualquer lugar que esteja. Quando suas mãos tocam o Reiki funciona. Não há nenhum modo errado de aplicar o Reiki.

Sessões de Reiki

Embora o Reiki possa ser feito em qualquer lugar e a qualquer hora, para os que estão num contexto profissional, uma sessão de tratamento apresenta um formato para o oferecimento do Reiki. Esses formatos fornecem uma estrutura confortável tanto para o praticante quanto para o receptor. Os formatos variam com as tradições e com os praticantes. As técnicas que vêm a seguir são as que funcionam para mim e que eu aprendi na tradição do Reiki.

Pontos práticos

Assegure-se de que cuidou de todas as considerações práticas antes que a sessão comece. Verifique se a sala está preparada. Tenha uma mesa de massagem ou uma cadeira apropriada. Deixe o espaço confortável e limpo. Você pode purificá-lo com energia e perfumá-lo com óleos ou incenso. Troque sempre os lençóis, cobertores ou forros de papel que cobrem a sua mesa. Os pacientes também apreciam o hálito fresco. Se for precisar de água, deixe-a à mão. Tenha também um copo d'água pronto para o seu cliente, tanto antes quanto depois da sessão.

Conversação

Passe um tempo conversando com os pacientes, explicando o que é e o que não é Reiki e o que esperar numa sessão com você. Pergunte a eles por que vieram para uma sessão e o que esperam alcançar. Alguns praticantes de Reiki usam formulários legais de renúncia e liberação. Esse é o momento próprio para se examinar detalhadamente os acordos legais.

Intenção

Ajude o seu paciente a formar uma intenção clara para estabelecer o clima da sessão. Já que não controlamos o Reiki, o resultado pode ser diferente da nossa intenção, mas estabelecer uma intenção pode ajudar os pacientes a assumir responsabilidade pela sua própria cura. (Ver o próximo parágrafo para conhecer um método de estabelecer uma intenção.)

Exploração

A exploração pode ajudar a inspirar uma intenção no paciente. Os chakras das mãos são muito sensíveis depois da estimulação no processo de sintonização, embora muitas pessoas possam fazer este exercício sem uma sintonização em Reiki. Ponha suas mãos acima da coroa e movimente-as lentamente para baixo sobre os chakras. Observe qualquer diferença de sensação e onde se localiza essa sensação. As diferenças podem estar no calor, na temperatura, na resistência energética ou na densidade. Por meio da intuição, determine qual é a sensação "normal" para aquela pessoa que está naquele momento com você e que diferenças indicam uma anormalidade ou desequilíbrio. Observe quais as partes do corpo e chakras associados àquela área e discuta os conceitos espirituais associados com aquelas partes quando estiver formando uma intenção com o paciente. Muitas vezes, aquilo que o paciente pensa que o levou lá e aquilo em que o Reiki está pronto para trabalhar são duas coisas diferentes. A exploração pode nos dar uma idéia da saúde energética. No Japão, a exploração é chamada de Byosen.

Invocação

Embora não faça parte de uma sessão tradicional de Reiki, muitos praticantes usam uma invocação espiritual antes de fazer uma sessão, silenciosamente ou em voz alta, pedindo por uma orientação espiritual e ajuda para a sessão. Você pode estabelecer uma intenção geral ou invocar especificamente seres como guias espirituais, anjos, deuses ou figuras espirituais. Normalmente eu digo em voz alta: "Eu ofereço este Reiki para você para o bem maior, sem causar nenhum mal, em equilíbrio com a sua intenção. *So mote it be*". "*So mote it be*" significa "Assim seja" nas tradições Wicca. Não consigo resistir a acrescentar alguns elementos da minha formação Wicca às minhas sessões, já que muitos pacientes meus são bruxos, mas você pode dizer simplesmente "Assim seja", "Assim se faça", "Namaste" ou mesmo "Amém" no final da sua declaração. Use a expressão que o deixar mais à vontade na sua prática, ou fale silenciosamente.

Fixação

Um outro acréscimo ao Reiki é o conceito de fixação, encontrado na maioria das tradições metafísicas. Fixação é o ato de se pôr em seu corpo, centrado e estável. Se você se sentir fora do seu corpo, ou fora do seu centro, tonto, ou muito energizado, você pode não estar fixado. Embora as salvaguardas criadas pelo Reiki protejam você de energias indesejáveis de seus clientes, alguns praticantes ainda se sentem fora de centro ou indefesos durante a sessão. Para se fixar, imagine que seus pés são como as raízes de uma árvore, indo fundo em direção à energia da Terra, ancorando você aqui e agora. Ou imagine um raio luminoso, como uma âncora, descendo da base da sua espinha até o centro da Terra, prendendo você para baixo como se fosse um balão.

Tratamento

Faça com que o paciente fique o mais confortável possível na mesa de tratamento. Se ficar deitado não for confortável ou mesmo possível para o receptor, o Reiki pode ser aplicado no paciente sentado ou em pé, embora possa ser mais difícil e desconfortável para o praticante numa sessão que cubra o corpo inteiro. Assim que os dois estiverem preparados e a invocação tiver sido oferecida de algum modo, comece o tratamento usando as posições tradicionais ou intuitivas das mãos.

Varredura e alisamento

No final da sessão, os praticantes modernos irão movimentar rapidamente as mãos desde coroa aos pés do paciente, por aproximadamente três vezes. Eles estão varrendo energias indesejáveis, já que a sujeira energética foi trazida para a superfície. Eles a estão limpando. O movimento imita remover a sujeira e jogá-la no chão, aos pés do paciente. O espaço do chão é visualizado em uma clareira de luz branca ou violeta, ou se diz uma prece para pedir ao mundo que transforme a energia. Conheço um praticante que tem uma tigela de sal marinho e água na extremidade da mesa. O sal é conhecido por suas propriedades purificadoras. A energia prejudicial é automaticamente sugada por ele e absorvida por sua estrutura cristalina. O praticante então renova a água depois de cada sessão. O movimento final é alisar a aura e devolvê-la ao seu nível normal de abertura. Já que os chakras se abrem e a aura se expande durante a sessão, o processo de alisamento os traz de volta a um nível normal de vigília, ajudando a assentar o receptor.

Bênção e conversa final

As sessões acabam com uma bênção ou um agradecimento, silenciosos ou em voz alta, como se dá com a invocação. Seguindo uma sugestão dos meus professores, normalmente eu digo: "Nós dois estamos abençoados pelos dons do Reiki. Namaste." Algumas vezes eu introduzo sorrateiramente um "Abençoado seja" Wicca, quando sinto que o cliente fica à vontade com isso. Gosto então de conversar um pouco com o receptor, dividindo com ele minhas impressões e, o mais importante, ouvindo as impressões dele.

Exercício: Auto-exploração

Tente fazer uma exploração em si mesmo. Pode ser difícil, porque temos expectativas com relação à nossa saúde e, muitas vezes, não conseguimos enxergar melhoras ou problemas quando não esperamos encontrálos. Mas se você fizer isso com a mente aberta, pode receber boas informações antes que certas coisas se tornem um problema.

Entre em estado meditativo e tente uma dessas duas técnicas. A primeira possibilidade é calma e vagarosamente correr as mãos da coroa até a virilha, procurando sentir sensações diferentes, como faria com um paciente. A outra possibilidade, se você tiver facilidade de visualização, é segurar a intenção de se ver e a seus chakras no olho da sua mente, como se estivesse segurando um espelho, e então observar o que parece estar em equilíbrio e o que está desequilibrado.

Quando tiver acabado, você pode concentrar seus autotratamentos Reiki nas regiões do corpo que estão desequilibradas.

Estilo

Cada pessoa tem um estilo diferente, inclusive os praticantes de Reiki. Embora as diferentes tradições estabeleçam um formato e um conjunto de procedimentos como referências, cada praticante de Reiki tem seu próprio modo de execução. Alguns têm uma orientação mais mística e estabelecem o clima do ambiente com itens cerimoniais, incenso e velas. Como a minha orientação é mais mágica, eu fico mais à vontade usando imagens rituais e dirigidas e, muitas vezes, conduzo meus pacientes pelo relaxamento e meditação para ajudá-lo a se abrir para sua própria orientação espiritual interior. Outros praticantes são mais clínicos. Alguns gostam de falar antes e depois, enquanto outros aplicam apenas o Reiki, com pouca troca de palavras.

Algumas pessoas chegam às aulas de Reiki com algumas aptidões intuitivas ou mediúnicas. Os alunos muitas vezes relatam o desenvolvimento ou a abertura dessas habilidades depois de uma sintonização, mas essa não é uma intenção específica de iniciação, apenas um benefício paralelo ocasional. Pode ser difícil lidar com informações mediúnicas durante uma sessão. Alguns praticantes concentram-se nelas e fazem disso uma parte do seu estilo, enquanto outros as ignoram. Eu tenho a tendência de usar informações mediúnicas durante o processo de exploração e, então, relato minhas impressões e sensações depois da sessão. Tenho amigos praticantes que são muito voltados para o lado mediúnico, que fazem perguntas ao cliente durante a sessão para chegar ao âmago das questões. Eu prefiro dar aos clientes uma experiência interior em primeiro lugar e fazer as perguntas mais tarde. O estilo e a técnica variam entre os praticantes. Aprendi tanto quando estava recebendo sessões de Reiki aplicadas por outros quanto aprendi ao assistir às aulas e fazer tratamentos. Explore os múltiplos estilos de Reiki.

Você é um facilitador de cura, não um deus!

Uma das coisas mais importantes para se lembrar quando fizer Reiki é que você é um facilitador de cura. É fácil ser fisgado pelo título e papel de "curador". Eu uso essa palavra porque as pessoas se identificam com ela, mas em essência o que eu quero dizer é "facilitador de cura". Ninguém cura ninguém. Os curadores simplesmente dão uma oportunidade para alguém se ajudar e curar-se por meio do processo. Mesmo os modernos praticantes ligados à medicina, médicos e enfermeiros ajudam os outros a se curarem. Eles fornecem ao corpo a estrutura, a nutrição ou os remédios necessários para a cura, mas é o corpo que acaba curando a si mesmo. Como praticantes de Reiki, fornecemos a energia necessária e ajudamos os outros a chegar a uma compreensão, mas eles precisam se curar. Não podemos consertá-los ou fazer isso por eles, mesmo que seja esse o modelo que temos na comunidade médica. No final, ninguém consegue nos consertar. Precisamos resolver as raízes de nossos desequilíbrios ou eles voltarão para nos assombrar. Só porque você tem acesso ao sistema Reiki não significa que tenha necessariamente todas as respostas para seus clientes ou uma cura absoluta para aquilo que os aflige. Como muitos na profissão médica, é fácil extrair uma sensação de poder do seu trabalho e pensar que, de alguma maneira, somos melhores do que outros por causa disso. Afinal, o Reiki não se liga ao poder; trata-se de prestar um serviço.

Crise de cura

Anteriormente, neste capítulo, falamos sobre o processo de purificação do praticante depois da sintonização e da purificação do receptor. Quando descrevi pela primeira vez o processo de purificação para prováveis clientes, eu descrevi isso como uma "compreensão da cura". Mas quando você está na extremidade receptora dessa compreensão, ela é mais apropriadamente chamada de "crise de cura" pelos praticantes. Um professor de Reiki completo explora os conceitos de liberação, compreensão e crise com os alunos. Eu não tive essa retaguarda quando tive minha primeira crise de cura.

Inicialmente eu me envolvi com o Reiki para ajudar minha mãe por causa de uma dor que ela sentia na perna. Magia, bruxaria e cristais não estavam resolvendo, e um grande amigo nosso nos falou sobre o Reiki. Minha mãe não queria viajar para ter aulas, assim eu lhe disse que eu assistiria às aulas e então seria capaz de "fazer o Reiki" para ela.

No começo, os resultados foram fenomenais. A dor dela aliviou completamente por horas a fio. Mas quando o tratamento "venceu", a dor ficou mais forte do que estava anteriormente. O único conselho que eu tinha recebido de outras pessoas era para continuar a aplicar o Reiki, e era um bom conselho. O corpo e a energia dela, subconscientemente, estavam se agarrando ao bloqueio de energia. Todos nós nos apegamos a coisas que nos são familiares. Embora possamos conscientemente querer nos curar e transformar, pode ser uma perspectiva assustadora, assim partes de nós resistem ao desconhecido. A energia vai descarregar a "lama" quando ela estiver pronta para sair. Tudo o que você tem a fazer é tornar essa energia disponível e ajudar o receptor a examinar pensamentos e sentimentos que ele possa estar retendo no processo.

Não estando versado em pensamentos e sentimentos que poderiam surgir durante uma sessão de cura, mas apenas nos aspectos físicos do Reiki, eu pensei que estivesse causando dor à minha mãe. Naquela época, as pessoas ligadas à comunidade médica não estavam tão familiarizadas com o Reiki como estão agora. Quando procuramos por auxílio médico, a enfermeira disse mais ou menos isso: "Humm... Reiki. Não sabemos muito a respeito disso. Pode estar prejudicando mais do que ajudando. Nós simplesmente não sabemos o suficiente sobre isso, ou como funciona." Ela me assustou e eu parei de aplicar o Reiki, e o bloqueio permaneceu por mais um tempo.

Em resumo, eu deveria ter continuado a aplicar o Reiki e permitido que o processo se resolvesse. Mas ambos deixamos que o medo nos conduzisse. Se eu estivesse familiarizado com o conceito de crise de cura nos níveis físico, emocional, mental e espiritual, teria sido diferente. Agora, tendo consciência disso e ao esclarecer os meus clientes a esse respeito, podemos levar a cura a níveis mais profundos e trabalhar com nossa energia em todos os níveis de percepção.

Linhagem Reiki

O último aspecto do Primeiro Grau é compartilhar a linhagem Reiki. De alguma maneira, o Reiki é como uma família e todos nós nos remetemos ao mesmo antepassado espiritual, o dr. Usui. Todos os praticantes de Reiki neste sistema podem remontar sua conexão ao dr. Usui. Como muitas ordens e convenções de magia, os praticantes muitas vezes sentem que é importante saber onde a energia da linhagem teve origem, e quem a iniciou. Outros realmente não se importam de onde veio o Reiki, porque Reiki é simplesmente Reiki, não importa a sua fonte. Eu gosto de saber onde as coisas se originaram para o meu conhecimento pessoal e para poder dividir a informação com meus alunos, mas, no final, eu concordo: Reiki é simplesmente Reiki, e isso é a coisa mais importante para mim.

O Segundo Grau: Reiki Dois

Enquanto o primeiro nível de instrução Reiki é dirigido para as bases terrenas e as práticas de imposição das mãos do Reiki, o segundo nível acentua um componente mais mental e emocional. Neste nível, não só há conceitos por trás da abordagem tradicional voltada para a pessoa já apresentada, mas também são postas em prática técnicas baseadas nesses conceitos mais esotéricos. Com ênfase no conceito de símbolos sagrados transmitindo o poder do Reiki e a possibilidade de curar além dos limites do espaço e mesmo do tempo, os professores muitas vezes perdem o aluno convencional, que não é místico. Mas, para aqueles interessados em explorar esses domínios, o Reiki Dois abre um mundo inteiramente novo.

Na minha experiência com o Reiki Dois, eu realmente despertei para a energia como parte do meu caminho espiritual e não apenas como um simples instrumento ou técnica para tentar quando minhas outras aptidões de cura mágicas falhassem ou não fossem aplicáveis. Percebi que os conceitos por trás do Reiki eram semelhantes às minhas próprias experiências nas tradições da magia, e pude apreciar mais o Reiki por ter passado por um treinamento mágico prévio. Também, o Reiki Dois ajudou a desfazer o meu sentimento de que há um mistério desconhecido que envolve o Reiki, o qual é reservado apenas para os Mestres em Reiki, e me deixei sentir que eu realmente fazia parte da tradição. Penso que isso ocorreu graças à natureza aberta e acolhedora da minha professora nem um pouco tradicional assim como pelo material apresentado no Reiki Dois.

Os símbolos sagrados

Uma parte importante do nível dois de instrução é o conceito dos símbolos do Reiki. Os símbolos do Reiki são como chaves que são usadas para transportar a energia do Reiki para os clientes durante as sessões de cura e também para sintonizar e transmitir a energia do professor para o estudante no processo de ensino.

Pense em cada símbolo como uma chave, ou portal, para um aspecto da força vital universal. Quando você ativa o símbolo, está invocando aquele aspecto da energia. Cada símbolo tem caráter próprio ou um quê particular, além de uso e objetivos próprios na arte do Reiki.

Um praticante pode ativar os símbolos de diversas maneiras, inclusive desenhando-os, visualizando-os, projetando ou cantando. As diversas tradições ensinam caminhos específicos para ativar os símbolos usando uma combinação dessas técnicas, mas no final a intenção é o componente mais importante.

Por meio do uso dos três símbolos do praticante ensinados no Reiki Dois, a pessoa pode alcançar uma variedade de efeitos, como impulsos de energia, equilíbrio emocional e mental, cura a distância e cura do passado. Esses símbolos abriram para mim uma ligação com a magia. Tanto a magia quanto o Reiki usam símbolos para ativar intenções específicas. Nas tradições mais modernas, os símbolos são usados ritualisticamente para uma variedade de propósitos que não são exatamente dirigidos à cura, como a purificação da energia de um ambiente ou para manifestar uma intenção pessoal.

"Sagrado" igual a "secreto"?

Aqui tratamos de uma das partes mais controversas da história do Reiki, sobre a qual eu refleti muito antes de escrever este livro. Nas linhagens mais tradicionais, os símbolos são considerados como assunto muito sério e não devem ser discutidos com ninguém fora da linhagem Reiki, mesmo com os iniciantes que estão abaixo do segundo nível. Os nomes tradicionais não devem ser pronunciados, só os nomes dos objetivos, como o símbolo do Poder ou símbolo da Cura a Distância. Eles não devem ser mostrados às outras pessoas.

Tradições extremadas não permitem que os símbolos sejam escritos, e quando eles são desenhados para serem aprendidos em aula prática, os papéis são recolhidos e queimados ritualisticamente tão logo os símbolos sejam memorizados. Em razão dessa prática, os símbolos mudaram de forma ao longo dos anos e, sem nenhum modelo definitivo disponível, existem muitas variações dos símbolos. Depois da morte de Hawayo Takata, os seus alunos candidatos a Mestre em Reiki descobriram que tinham diferentes versões dos mesmos símbolos. Cada versão funcionava, provando que a intenção e o significado por trás dos símbolos são mais importantes que os próprios símbolos. Tradições menos extremadas permitem que sejam tiradas cópias dos símbolos, mas eles não devem ser mostrados nem reproduzidos com tinta. Só devem ser desenhados no ar, no céu da boca com a própria língua, ou com os olhos. As tradições mais modernas não se preocupam como são usados os símbolos, desde que sejam lembrados e usados nas sessões de cura.

O núcleo da discordância com relação ao uso do símbolo é a velha questão "*Sagrado* significa *secreto*?" Os símbolos permaneceram escondidos em respeito à sua sacralidade, mas o esforço exigido para mantê-los escondidos e o preço que lhes foi atribuído fizeram as pessoas de algumas tradições do Reiki questionarem a prática do segredo absoluto. Parece que o segredo absoluto dos símbolos aumentou o valor financeiro deles, e algumas pessoas estavam cobrando altas taxas pelo treinamento que revelasse esses símbolos. Só porque alguma coisa é revelada a outros isso não a deixa menos sagrada. Alguma coisa pode ser conhecida e ainda ser tratada com respeito. Se o Reiki é universal, não deveríamos todos ter acesso a ele?

Se você não estiver sintonizado com a energia Reiki por um Mestre em Reiki, os símbolos não vão funcionar para você. Se olhar os símbolos, você pode pensar que tem a sintonização do sistema Reiki, mas não terá as salvaguardas que a acompanham. Algumas pessoas então tentam ministrar a cura usando os símbolos diretamente ou acreditando que, por terem visto os símbolos, estão sintonizadas. Já que não estão sintonizadas ao Reiki, ou não têm o conhecimento de outras tradições de garantia e eficácia da cura com a imposição das mãos, elas acabam por usar a sua própria energia na cura e ficam enfraquecidas e suscetíveis de contrair doenças. Concordo que existe um perigo potencial nesse quadro, mas não vejo nenhum mal inerente ao permitir que outras pessoas vejam os símbolos. De fato, eles produzirão um efeito promissor ou nenhum efeito. Alguns praticantes que conheço dão os símbolos aos clientes para meditarem nos intervalos das sessões. O dr. Usui não foi sintonizado por um Mestre em Reiki. Ele estudou os símbolos e durante o seu retiro fez uma troca pessoal e meditativa com a energia que os símbolos corporificam. Não espero que muitas pessoas cheguem à experiência do dr. Usui, mas não pretendo ter a última palavra sobre isso.

Uma outra preocupação é que os símbolos do Reiki poderiam ser mal utilizados ou usados para prejudicar, como algumas pessoas alegam que tenha acontecido no mundo antigo, tal como aparece em algumas versões da história da Atlântida. Eles foram então mantidos em segredo por serem tão poderosos. Bem, você prestou atenção ao primeiro argumento e sabe que os símbolos não produziriam nenhum efeito na pessoa que não foi sintonizada por um Mestre em Reiki. Se a pessoa foi sintonizada, então todas as salvaguardas estão a postos para a pessoa ser guiada pela vontade superior, tornando o mau uso impossível. Se eles são símbolos de um sistema de cura guiado pela vontade superior, então como podem ser usados para prejudicar? Na minha opinião, não podem. A energia pode ser usada para prejudicar, mas não quando se tem acesso a ela por intermédio dos símbolos do Reiki. Essa preocupação surge nas pessoas que têm medo de perder o controle de alguma coisa que, em primeiro lugar, eles nunca realmente controlaram.

Mesmo agora que os símbolos já foram revelados em outros livros e *websites*, eles ainda continuam sagrados e ainda funcionam. Os Mestres em Reiki não observaram nenhuma diminuição da energia Reiki. Na verdade, ocorreu o contrário: o fluxo parece estar se tornando mais forte à medida que mais pessoas no mundo o sintonizam para curar.

Como você deve ter adivinhado, eu concordo com o lado que acredita que o sagrado não significa necessariamente secreto, e vice-versa. Há muitos textos sagrados que estão disponíveis para o público em geral, e isso não diminui em nada a sua sacralidade. Por exemplo, a Bíblia é sagrada para muitas pessoas e está disponível para a leitura em muitas línguas.

Vivemos numa época em que os segredos estão sendo revelados para todos. Informações sagradas que antigamente eram mantidas em segredo, particularmente no Ocidente, estão mais acessíveis. Na nossa cultura, temos um afluxo de conhecimento esotérico que está se tornando público. Verifique em qualquer livraria e vai descobrir o conhecimento que antes era mantido oculto sobre meditação, cura, yoga, artes marciais, astrologia e outras artes e ciências esotéricas.

Os símbolos do Reiki Dois

Nesta sessão é apresentado o modo tradicional de desenhar cada um dos três símbolos. Variações sobre o modo "correto" de desenhá-los são tão numerosas quanto as variações dos próprios símbolos. Embora eu os ensine do modo que os aprendi, se descobrir um modo que seja melhor para você, use-o.

Desenho símbolos com o primeiro e o segundo dedos. Eu aprendi desse modo para manter uma polaridade equilibrada, e eu gosto assim, mas sei que muitos os desenham com apenas um dedo. Normalmente eu desenho os símbolos primeiro com o meu dedo, usando as instruções de desenho tradicionais. Eu então ativo o símbolo cantando seu nome três vezes, em silêncio ou em voz alta, enquanto empurro três vezes o símbolo para dentro do corpo com meus dedos enquanto canto. Você também pode desenhar os símbolos com seu punho inteiro, com movimento dos olhos, ou com a língua no céu da boca, ou pode simplesmente visualizá-lo inteiro. Se usar uma variação dos desenhos tradicionais mostrados aqui, acho que ainda será eficaz, embora alguns professores acreditem que desenhá-los nos padrões corretos é a única técnica efetiva. Eu os ensino da maneira que os aprendi, mas há muitas variações. Ninguém pode dizer que um determinado modo é absolutamente correto. Você pode cantar os nomes dos símbolos com intenção e não desenhá-los especificamente no ar, embora os praticantes das tradições mais conservadoras do Reiki possam achar essa idéia inaceitável.

Agora, sem mais demora, eu compartilho com vocês a energia mágica dos três símbolos do Reiki Dois.

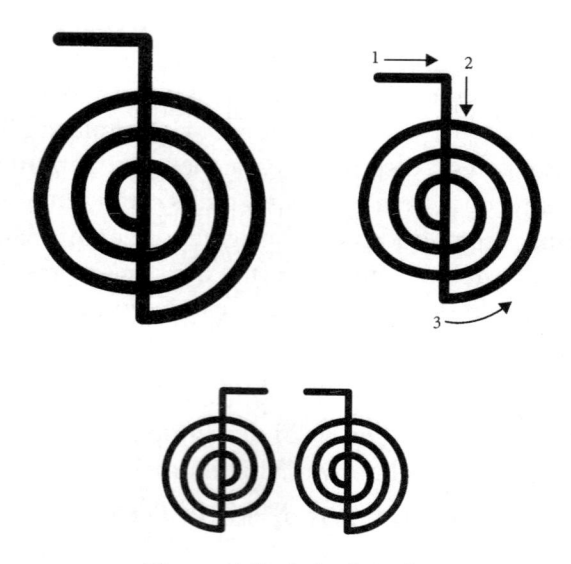

Figura 5: Símbolo do Poder

Símbolo do Poder

Cho-Ku-Rei (pronuncia-se "tcho-cu-rei") significa literalmente "Ponha o poder aqui" ou "Aumente o poder". Penso nele como um interruptor para ligar o Reiki. Os Mestres em Reiki Tradicional japonês traduzem este símbolo com a significação de "Foco". Os praticantes sempre dizem o nome dele silenciosamente antes de todas as aplicações de Reiki, ou o desenham em suas mãos antes de todas as sessões. Eu faço isso algumas vezes, mas não sempre.

O Cho-Ku-Rei aumenta o poder e o fluxo de Reiki sempre que é usado. Pode ser desenhado com a espiral em sentido anti-horário, sua forma original, ou no sentido horário. Os praticantes que são magos muitas vezes sentem a versão no sentido horário como mais poderosa, ou que acrescenta mais poder, enquanto a versão anti-horário dispersa a energia indesejável; mas se a intenção é aumentar o poder, qualquer uma das versões funcionará. O movimento no sentido horário, chamado *deosil* em Wicca, é usado para aumentar ou criar energia. O movimento anti-horário, chamado *widdershins* em Wicca, é usado para diminuir ou dispersar energia. No treinamento mágico, o movimento em sentido horário segue o movimento do Sol conforme ele lança uma sombra. Seguir o movimento do Sol simboliza saúde e crescimento. Movimentar-se contra o movimento do Sol serve para diminuir. Embora esse seja um conceito mágico útil, não faz parte inerente do Reiki. Alguns magos praticantes de Reiki usam mentalmente as duas diferentes versões de Cho-Ku-Rei com as intenções sentido horário/sentido anti-horário. Use sua intuição no que se refere à escolha da versão que deve usar. Nenhuma pode causar qualquer mal. Use este símbolo quando desejar durante a sessão, em um ponto específico do corpo ou pode desenhá-lo no corpo. Eu desenho a linha vertical sobre o

Figura 6: Símbolo Mental/Emocional

chakra da coluna, com a bandeira na coroa e a extremidade final da linha vertical na raiz. Desenho então a espiral em volta do corpo. Muitas vezes eu começo e encerro a sessão com o Cho-Ku-Rei.

Símbolo Mental/Emocional

Sei-He-Ki (pronuncia-se "sei-rei-qui") ativa sua presença divina. Use este símbolo para equilibrar sua mente e suas emoções, as energias masculina e feminina e os lados direito e esquerdo do cérebro, especialmente quando desenhado duplamente sobre a cabeça ou ao longo do corpo inteiro, em uma imagem espelhada (ver a figura 6). A versão simples é também muito poderosa para o equilíbrio. O Sei-He-Ki cura a raiva, a depressão, a tristeza, o medo e os vícios — quaisquer sentimentos ou pensamentos difíceis. Quase todas as doenças têm origem mental/emocional, por isso é um símbolo poderoso para chegar à raiz de um problema. Use o Sei-He-Ki para ativar a mente inconsciente, para fortalecer as afirmações diárias e para achar objetos perdidos. Este símbolo, como o Cho-Ku-Rei, dissipa a energia indesejável. Quando estou fazendo um tratamento de corpo inteiro, eu converso com o cliente sobre uma boa afirmação antes de começar. Durante a sessão, eu imagino uma porta que conduz ao subconsciente e tem o Sei-He-Ki desenhado nela. Eu abro então a porta e ponho qualquer afirmação na mente, cantando: "Sei-He-Ki, (Afirmação), Sei-He-Ki", três vezes. Os praticantes de Reiki Tradicional japonês o chamam de Símbolo da Harmonia.

Símbolo da Cura a Distância

Hon-Sha-Ze-Sho-Nen (pronuncia-se "rone-tcha-zei-tchou-nen") cura além do espaço e do tempo, trabalhando em todos os níveis e dimensões. Todo tempo é um tempo, e a cura Reiki vai além do nosso tempo linear. Este símbolo é o foco para tratamentos a distância, criando uma ponte que cruza o tempo e o espaço, para enviar energia com segurança, mas também pode ser usado em tratamentos diretamente na pessoa com grande eficácia. Desenhe o Hon-Sha-Ze-Sho-Nen da cabeça aos dedos dos pés para enviar a cura atravessando o espaço e o tempo, assim não se limita ao tempo de sua sessão individual. A cura vai se mover para se completar, além dos limites da sessão física. Muitos declaram que ele ajuda a curar o karma do cliente. Eu não penso em karma como alguma coisa que precise ser curada, mas o símbolo pode trazer o conhecimento e a compreensão do passado para realizar a cura no presente e no futuro.

Tratamento a distância

À parte dos símbolos de Segundo Grau, o principal objetivo deste nível é aprender a arte dos tratamentos Reiki a distância. O conceito por trás da cura a distância é que a força vital universal é um campo de energia, ligando todas as coisas. Não há distância no campo de vida universal. Somos todos um só. Para os místicos orientais, a separação é a ilusão, a Maia.

A verdade é que somos todos um só, estamos todos ligados, e a iluminação é o processo de enxergar além da ilusão e viver a partir da verdade. Para os magos ou bruxas ocidentais, o mesmo conceito está contido no Princípio Hermético do Mentalismo. Somos todos pensamentos dentro da mente divina. Somos todos partes menores de um todo maior,

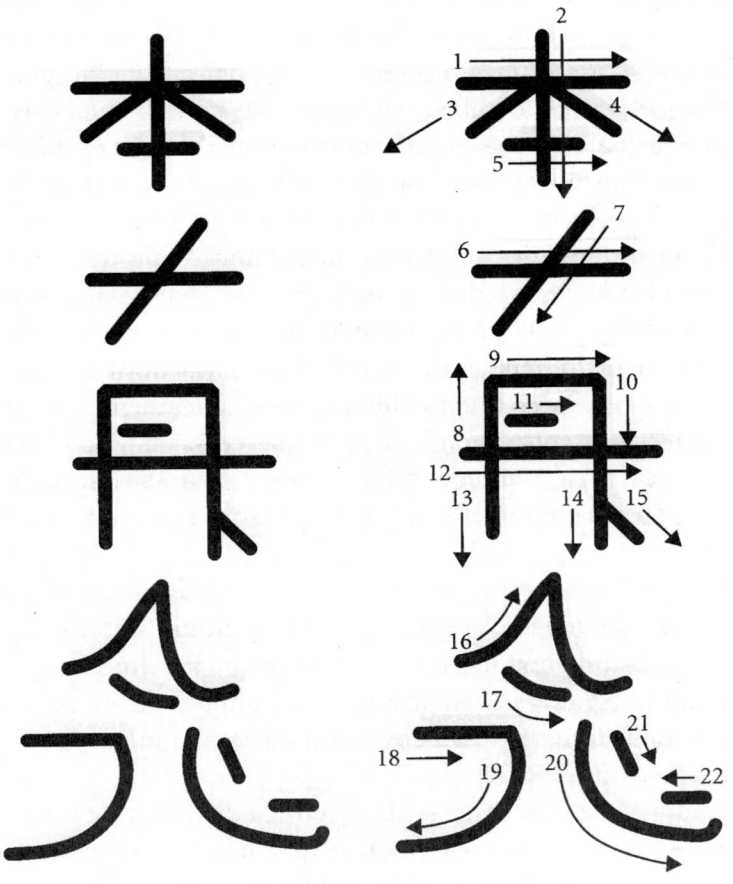

Figura 7: Símbolo de Cura a Distância

nunca separados. Nossos próprios pensamentos parecem individuais para nós, mas eles são uma parte de um corpo mental maior. Nós também parecemos ser individuais, mas fazemos parte de um ser divino maior — Deus, Deusa, Grande Espírito, como você preferir chamá-lo. Os cientistas chamam isso de o modelo holográfico do universo.

Na teoria, este campo da força vital universal não só quebra as barreiras da distância, mas também todas as barreiras do tempo, e a técnica de cura a distância pode ser usada para curar através do tempo, chegando ao passado. O símbolo usado nesta técnica, Hon-Sha-Ze-Sho-Nen, é normalmente traduzido como "Sem passado, sem presente, sem futuro", o que significa "Sem tempo, sem espaço. Tudo é uno".

A técnica de cura a distância no Reiki é admiravelmente fácil de aprender. O que eu realmente amo nesta técnica, em comparação com outras técnicas de cura mágica ou mediúnica que aprendi, é sua simplicidade. Você não precisa ter grandes habilidades em visualização, para sentir a energia ou fazer feitiços para usá-la. Muitas pessoas erroneamente pensam que só praticantes "especiais", "magos" ou "mediúnicos" conseguem fazer esse tipo de trabalho de cura. Mas no Reiki Dois, os alunos aprendem que qualquer pessoa sintonizada com a energia Reiki pode ministrar a cura a distância com o símbolo e a técnica para isso. Por meio do elo energético criado pelo símbolo de Cura a Distância eles, muitas vezes, captam impressões intuitivas ou psíquicas, mesmo que não se considerem portadores de dons psíquicos especiais. Pela confiança na energia e na técnica Reiki, a autoconfiança e as habilidades deles se expandem. Por meio do Reiki, todos nós podemos descobrir que somos especiais, mágicos e especialmente dotados mediunicamente.

Como todas as coisas mágicas e todas as coisas no Reiki, há variações na técnica entre tradições individuais e professores. Mais tarde, nesta seção, eu apresento as versões que ensino e uso em minha própria prática.

Certas tradições dizem que esta técnica de cura a distância não funciona a menos que a pessoa tenha tido uma segunda sintonização, mas eu sinto que ela funciona mesmo só com a primeira sintonização. Você tem o símbolo de Cura a Distância no seu campo de energia depois da primeira sintonização, por isso em teoria ele deve funcionar depois de qualquer sintonização Reiki.

Antes que você faça uma sessão de cura a distância, se for possível, peça permissão ao receptor. Você pode explicar ao receptor o que é uma sessão de Reiki a distância como você quiser. Alguns a descrevem tão simplesmente quanto possível, enquanto outros a descrevem como uma espécie de "oração" de cura. Se não puder ter uma permissão consciente e ainda se sentir chamado a fazer uma sessão de Reiki a distância, você pode pedir permissão ao eu superior do receptor no momento em que começa a sessão de cura a distância.

Sente-se confortavelmente e respire profundamente para se concentrar. Você não precisa estar em estado meditativo ou completamente tranqüilo para fazer isso. A energia Reiki flui através de você. Você não está usando sua própria energia para curar, mas um pouco de concentração ajuda você a se lembrar da técnica.

Pense na pessoa para quem você quer mandar a energia Reiki. Não precisa visualizar o receptor, embora isso não faça mal. Algumas das técnicas dão ênfase à visualização, o que torna impossível para o praticante enviar o Reiki para alguém sem uma idéia clara da aparência da pessoa, mas eu acho isso desnecessário. A intenção é a coisa mais importante. Você não precisa dizer o nome do receptor, embora isso possa ajudar a estabelecer uma ligação. Simplesmente pense na pessoa. Mantenha a intenção de que você gostaria de enviar Reiki para essa pessoa.

Desenhe o símbolo de Cura a Distância no ar à sua frente, como se estivesse desenhando numa lousa. Desenhe o símbolo e, em seguida, ative-o pronunciando o nome dele (Hon-Sha-Ze-Sho-Nen) em voz alta ou silenciosamente, três vezes. Isso cria uma passagem entre você e o receptor, atravessando o tempo e o espaço. Pense no receptor. Isso é tudo de que se precisa para fazer a ligação.

Se você não tem a permissão consciente do receptor, peça-a ao eu superior do receptor. O eu superior refere-se ao ser espiritual, divino. As tradições cerimoniais da magia o vêem como um ser angélico, chamando-o de Anjo da Guarda. Essa é a parte da pessoa que está sintonizada com a mente divina e o caminho individual. Se a pessoa estiver doente ou machucada, e se a doença ou lesão estiver servindo para um bem maior, então o Reiki não afetará a doença e você receberá um "não" como resposta ou a energia irá para a cura emocional, mental e espiritual da pessoa.

Diga para si mesmo: "Pedi ao eu superior de (nome do Receptor) permissão para ministrar essa cura Reiki." Siga simplesmente o seu instinto para perceber se recebeu um sim ou um não como resposta. Alguns praticantes de Reiki usam um pêndulo ou uma prova muscular, mas eu uso minha intuição. Se estiver inseguro quanto à resposta, ou achar que posso estar deixando meu ego (aquilo que eu quero) responder em vez do bem maior, eu seguro esta intenção: "Peço que este Reiki seja usado para o bem maior e, se não for para o bem maior de (nome do Receptor), peço que vá para onde houver necessidade dele, ou para a própria Terra."

Em seguida apresento diferentes modos de realizar uma sessão de cura a distância. Os praticantes devem ser versados em todos eles, mas normalmente dão preferência a um ou dois em sua prática pessoal.

Substituição

Eu imagino a energia ou a imagem do receptor, do tamanho de uma boneca, chegando por meio da "lousa" onde desenhei um símbolo de Cura a Distância. Então eu ponho a energia num substituto, como um travesseiro ou um bicho de pelúcia. Então eu aplico Reiki nesse cliente em miniatura. Eu encaminho a sessão como uma sessão normal, explorando e usando os símbolos. Posso não fazer todas as posições das mãos, já que minhas mãos ficam maiores em relação a esse substituto, mas durante a sessão a distância o fluxo de energia das minhas mãos pode permanecer mais tempo numa única posição do que aconteceria durante o tratamento feito diretamente na pessoa. Aplico o Reiki no corpo inteiro com apenas algumas posições. Quando acabo, eu varro para longe a energia indesejável liberada e neutralizo-a. Imagino então retirar a energia do substituto e enviá-la por meio da lousa e de volta para o cliente. Então, eu apago o símbolo de Cura a Distância da lousa imaginária e digo uma bênção final, como faria numa sessão normal.

A substituição em si mesmo

A substituição feita em si mesmo é igual à técnica anterior, só que em vez de pôr a energia do cliente num travesseiro ou num bichinho de pelúcia, ela é colocada no corpo do praticante. Você pode dispor uma imagem em miniatura do seu cliente na sua perna, imaginando a cabeça da pessoa no seu joelho e os pés nos seus quadris. Você pode também imaginar o receptor no seu corpo inteiro. Enquanto faz um "auto" tratamento, na verdade você está enviando Reiki para o recipiente a distância, usando o seu próprio corpo como um boneco gigante. As pessoas ficam preocupadas com esta técnica porque muitas tradições de cura advertem o praticante com relação a assumir a doença ou as emoções do cliente. Eu concordo com isso, mas a energia Reiki flui numa só direção. Você não consegue carregar para si a doença alheia por meio desta técnica, usando o símbolo de Cura a Distância. Você está apenas usando o seu corpo como um lugar para pôr suas mãos para enviar energia.

Visualização

As técnicas de visualização podem ser feitas de muitas maneiras. Muitas vezes eu uso a visualização em conjunção com a técnica de substituição. Se eu não tiver um travesseiro ou outro recipiente disponível, eu visualizo uma imagem do receptor do tamanho de uma boneca entre minhas mãos, flutuando no ar. Eu prefiro a visualização à técnica de substituição em si mesma, mas esta é uma opção minha, já que ambas funcionam. Eu usava esta técnica de visualização com um amigo que estava agonizando no hospital. Os parentes queriam ficar junto dele; assim, mesmo que não pudesse tocá-lo, ainda podia aplicar o Reiki. Você também pode visualizar que está trazendo o receptor até você, para a sua mesa de Reiki, ou para uma sala de Reiki no olho da sua mente, onde você faz a sessão. As duas maneiras funcionam, embora alguns praticantes sintam que não conseguem aplicar esta técnica se não conseguirem visualizar o "alvo" pretendido.

Símbolos

Uma vez que tenha aberto uma passagem entre você e o receptor, você pode simplesmente desenhar e ativar várias combinações de símbolos do Reiki, seguindo a sua intuição, no substituto, exatamente como faria se estivesse lá pessoalmente. Você faz isso sem impor as mãos sobre nada, nem mesmo visualizando as técnicas de imposição. Você apenas usa os símbolos.

Irradiação

A irradiação é o processo de enviar o Reiki a distância, mas por meio de uma linha de visão, visualizando uma irradiação de Reiki como luz emanando das mãos, do coração ou dos olhos para o receptor. Esta técnica não requer a criação de uma passagem por meio dos símbolos de Cura a Distância.

Intenção/oração

Quando não puder fazer uma sessão completa a distância, você pode simplesmente ter a intenção de, por meio de uma prece e de um desejo direcionado, mandar energia Reiki ao receptor, sem qualquer técnica imaginativa, símbolos ou posições das mãos. Embora esta técnica funcione, eu a uso como última opção porque eu gosto de criar uma ligação e ter uma experiência com o receptor e depois poder compartilhar minhas impressões.

Quando estão fazendo uma cura a distância, os praticantes muitas vezes marcam uma "hora", na qual o receptor ficará num lugar calmo, dispondo-se a receber a cura. Embora seja muito bom que o receptor se comprometa a estar consciente e a conservar suas próprias intenções de cura, isso não é necessário. Os praticantes falam a respeito de como pode ser perigoso enviar Reiki se não souberem o que o receptor está fazendo. Eles temem que se a pessoa estiver dirigindo, o Reiki poderia fazê-la relaxar tanto que haveria um acidente. Que eu saiba, isso nunca aconteceu. O Reiki não pode ser usado para prejudicar, por isso se o eu superior do receptor sentir que isso seria prejudicial, a recepção será adiada até um momento mais propício. O Reiki se movimenta pelo tempo do mesmo modo que pelo espaço.

Você pode fazer o Reiki a distância em animais, plantas, cidades, países, áreas de catástrofes e mesmo no mundo inteiro. Sem passado, sem presente, sem futuro, sem limites!

Desligamento

O desligamento é um dos maiores presentes que já recebi no Reiki, e eu acentuo a sua importância no Segundo Grau. Por meio do Reiki não ficamos presos ao resultado ou às consequências. Podemos ter uma intenção, mas não precisamos nos sentir responsáveis pelas consequências. Oferecemos o nosso tempo para servir como recipiente para a energia. Nós nos tornamos uma flauta para ser tocada pelo divino, a mão invisível. Ao aplicar certos aspectos do desligamento para a vida diária, você pode ver como o Reiki pode ser uma grande bênção em todas as áreas, mesmo além da cura.

Quando um praticante fica realmente preso ao resultado de uma sessão de Reiki, a energia parece não fluir tão facilmente. Algumas vezes, quanto menos atenção o praticante presta, mais fortemente a energia flui. Fiquei espantado quando minha professora disse que suas melhores sessões ocorriam quando ela estava fazendo mentalmente sua lista de supermercado ou pensando em fazer a lista. Eu pensava que um praticante deveria estar totalmente presente e preocupado com seu cliente. Mas ela não ficava preocupada. Ela deixava o Reiki fazer sua parte. Ela estava presente tanto quanto era necessária ali, mas desligada daquilo que achava que deveria ser o resultado. Ela não se prendia ao resultado final e apenas deixava o Reiki fluir. Agora, em minha própria prática, preciso confessar que concordo com ela. Algumas das minhas melhores sessões para o cliente foram as em que me desliguei mais.

Para ajudar no desligamento no processo de cura pessoal, eu sugiro ao aluno para fazer uma sessão de Reiki a distância nele mesmo. O processo de aplicar Reiki em si mesmo a "distância" pode ajudá-lo a obter uma nova perspectiva e enxergar seus problemas de um modo mais desligado e menos pessoal. Ajuda também se você desenvolver um amor mais incondicional e compaixão por si mesmo, sem uma ligação pessoal.

Desenvolver-se como facilitador de cura

Eu sempre encerro meu curso de Reiki Dois com uma discussão a respeito de como se tornar um facilitador de cura, concentrando-me nos componentes mentais e emocionais do praticante. Aprofundamos a discussão sobre a liberação emocional, que vai do choro intenso ao riso solto enquanto um cliente está na mesa. Falamos também sobre o uso do trabalho de respiração para relaxar o cliente. Quando você enfatiza excessivamente a sua respiração, em geral o cliente, subconscientemente, vai ritmar a respiração dele com a sua. Se você perceber que alguém está ficando tenso ou em vias de liberar algo, pode ajudá-lo nesse processo com a respiração profunda. Tratamos também de técnicas de fixação, como trabalho de energia, visualização orientada e pedras de fixação como quartzo enfumaçado e hematita, para trazer o cliente de volta ao presente.

Outras modalidades de cura, combinadas com o Reiki, como massagem, cura pelos cristais, essências florais, aromaterapia, harmonização, meditação e hipnoterapia, são tratadas como técnicas complementares. Trabalho também com guias espirituais e exame de auras e aprofundo esses temas com meus alunos. Essas técnicas e instrumentos serão examinados nos últimos capítulos como parte da visão mágica expandida do Reiki. Como uma aula, trabalhamos técnicas de entrevista e discussão para lidar com os clientes. Durante todo o processo, a intenção é orientar o aluno de Reiki para longe da reflexão exclusiva sobre o corpo e a cura física e levá-lo a ter mais consciência dos aspectos mentais e emocionais da cura com outras pessoas. No Reiki, aprendemos a honrar a pessoa em sua totalidade, não apenas o seu corpo.

O Terceiro Grau: Mestre em Reiki

Enquanto o Reiki Um tem uma ênfase física e o Reiki Dois tem um componente mental e emocional, o Reiki Três enfoca o caminho espiritual do Reiki. Normalmente denominado de nível do Mestre, aqui o iniciante adquire um conhecimento maior do Reiki, o caminho espiritual e os princípios abrangidos por ele, e o caminho para servir aos outros, como praticante mais experiente e como professor, ajudando a fortalecer outros praticantes.

O que é um Mestre em Reiki?

O que é um Mestre em Reiki? Faça a um Mestre em Reiki esta pergunta e provavelmente você vai receber tantas respostas diferentes quantos Mestres em Reiki houver. A experiência e a prática do terceiro nível variam entre as tradições e os professores — é um processo muito individual —, mas, ao longo do estudo, você vai descobrir duas escolas de pensamento distintas no que diz respeito ao título Mestre em Reiki.

Nas tradições originais do Reiki de Usui, a prática é dividida em três níveis: dois níveis de praticante e o nível final de Mestre. A palavra mestre significa literalmente "professor", segundo a tradução do japonês. Quando diz Mestre em Reiki, você quer dizer mais precisamente professor de Reiki. Um Mestre em Reiki não sabe apenas o material e o incorpora à vida para apresentá-lo aos outros, mas também precisa ter o conhecimento e a capacidade de passar sintonizações energéticas aos alunos, para que assim eles possam ser iniciados no Reiki.

O último nível de treinamento em Reiki exige um grande investimento financeiro além de um nível de dedicação que exige dos novos Mestres em Reiki quase dedicação integral. Já que cada sintonização é acompanhada de um despertar espiritual ou de purificação, assim como de uma crescente capacidade de canalizar energia, os alunos queriam receber a energia do terceiro nível, mas não desejavam ensinar ou passar sintonizações. Os Mestres em Reiki ocidentais dividiram o nível de Mestre em dois subníveis para acomodar esse desejo.

O primeiro subnível abrange a iniciação de Mestre e treinamento naquilo que é conhecido como técnicas "avançadas", que vão desde o xamanismo e a operação mediúnica à cura com cristais. O primeiro subnível é chamado de Reiki IIIa ou Treinamento Avançado de Reiki, entre outros títulos. O Reiki IIIb tornou-se o treinamento de professor e geralmente abrange mais uma iniciação de Mestre, treinamento no processo de transmitir iniciações, currículo de ensino, prática de negócios e muitas vezes um programa de aprendizado.

Faz parte da natureza humana o desejo das pessoas de possuírem um título para acompanhar o nível de realização que alcançaram. Algumas pessoas formadas do primeiro subnível eram chamadas Praticantes de Reiki III, mas de algum modo, afinal, foi usado o título Mestre em Reiki, e os formados em Reiki IIIb foram distinguidos com o título de Mestres/Professores de Reiki. Na realidade isso é o mesmo que dizer Professor/Professor de Reiki. Infelizmente, muitos que estavam no nível IIIa confundiram o que realmente era um Mestre em Reiki, à medida que ocorreram mudanças nos ensinamentos de Usui com o misticismo Nova Era. Não acho que haja nada de errado com essa associação; eu mesmo me beneficiei muito com ela, mas acho que um bom professor, e a tradição, deixa claro o que é o Reiki tradicional e o que é um "acréscimo" à prática tradicional.

Um pequeno número desses novos "Mestres" em Reiki confunde às vezes o título que era para significar "professor" com "mestre espiritual" ou "mestre ascensionado", com o significado de uma pessoa que transcendeu as polaridades do karma do conhecimento humano normal e passou para um outro nível mais iluminado de conhecimento. Ouvi pessoas dizendo que a iniciação em Reiki "fixou" seus karmas e que tinham plena consciência como mestres iluminados. A terceira iluminação é muito espiritual e pode despertar o receptor para um mundo inteiramente novo, mas não é uma embalagem instantânea, fácil de abrir, para a iluminação. Quando muito, a purificação do Reiki Três pode trazer uma porção de questões que precisam ser curadas. Pode ser muito difícil, um processo pesado que pode durar meses ou anos e que não resulta em iluminação automática. Se for para relacionar a palavra Mestre a mestre espiritual, o título deve lembrar o professor de Reiki a continuamente aspirar a chegar a mestre espiritual, mas ele não confere essa condição instantaneamente.

Mesmo quando não se vai a esse extremo, o conceito de Mestre em Reiki como professor é algumas vezes muito mal entendido. Eu tive uma experiência disso quando alguém me perguntou qual era o meu nível de treinamento em Reiki. Quando eu respondi "Mestre em Reiki", ela me disse: "Ah, então você não ensina, é apenas um Mestre em Reiki." Uma outra pessoa falou a um Mestre em Reiki, recentemente graduado, da minha tradição que ele tinha sido roubado por mim, porque é de conhecimento geral que há na verdade quatro níveis de Reiki, não apenas três. Já que o terceiro nível foi quebrado em dois níveis por tantas tradições sem que tenham sido feitas distinções claras, nós como uma comunidade podemos precisar repensar nossa escolha de palavras e títulos.

Não sou muito pretensioso com títulos em geral e, muitas vezes, retiro a palavra Mestre em favor da de professor de Reiki. A palavra professor não vem com tanto peso quanto a palavra Mestre e eu não estou realmente ligado a uma identidade como Mestre em Reiki. Na tradição de Reiki Shamballa, o nível três é chamado Mestre-Curador ou Mestre-Praticante. O nível seguinte é diferente, chama-se nível quatro e recebeu o título Mestre-Professor. A palavra Mestre é reservada para aqueles que querem usá-la, mas é feita uma distinção clara entre um praticante e um professor. No final, títulos, certificados e linhagens não têm tanta importância quanto o trabalho que as pessoas fazem com a própria energia.

Os misteriosos símbolos de mestre

Os símbolos de Mestre são colocados separadamente dos três primeiros símbolos do praticante porque eles são essenciais no processo iniciático. Alguns Mestres em Reiki só os usam em processos iniciáticos. Eu os acho poderosos tanto nas iniciações quanto nas sessões e na minha vida pessoal. O objetivo dos símbolos de Mestre é abrir os corpos físico e espiritual para a energia Reiki e abrir a mente do receptor para a vontade divina, a mais elevada orientação divina que dirige a energia Reiki.

O símbolo tradicional de Mestre

O símbolo tradicional de Mestre no sistema Usui de Reiki é chamado Dai-Ko-Myo (pronuncia-se "dai-coe-mi-oh"). Consistindo de um escrito japonês kanji estilizado, Dai-Ko-Myo é normalmente traduzido como "Casa de tesouro de grande luz brilhante, grandes Sol e Lua brilhantes, brilhem sobre mim" ou "Grande Ser do Universo, brilhe sobre mim, seja meu amigo". Sempre achei a segunda tradução curiosa, já que em algumas correntes de cura metafísica você faz contato com um guia espiritual de cura ou um anjo, e esse espírito age como a fonte da sua energia curadora, em vez de sua energia pessoal. Poderia o Reiki caber no mesmo conceito, mas com um ser mais universal? Talvez.

Há muitas variações deste símbolo. Ele é usado basicamente em iniciações para ligar o receptor à energia Reiki e ao ser mais elevado. Pode também ser usado em sessões de cura, desenhado num lugar específico que esteja necessitando de cura, ou ao longo do corpo, para facilitar o processo de cura do Reiki. Para diferenciá-lo do símbolo seguinte, eu aprendi a cantar este símbolo de Mestre como "Usui Dai-Ko-Myo" para ativá-lo.

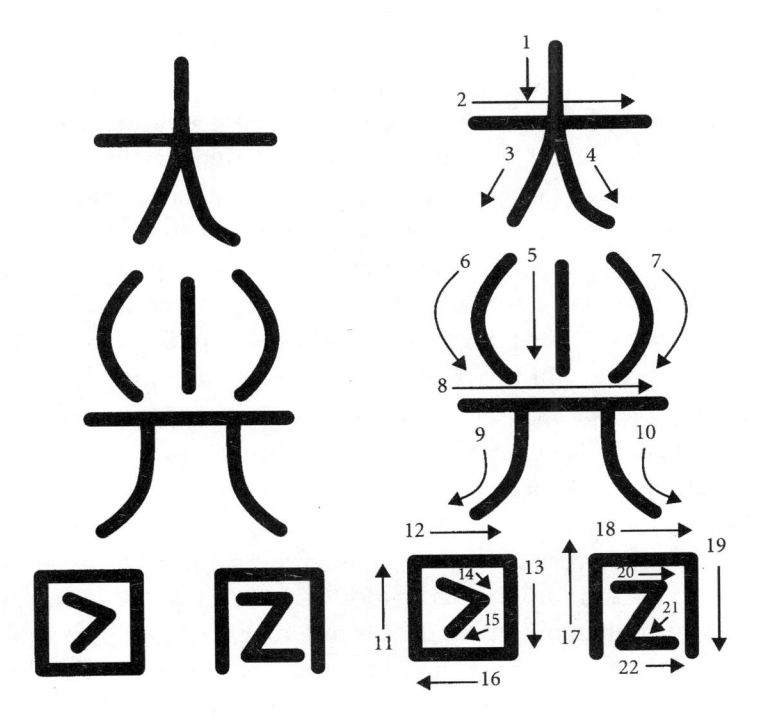

Figura 8: Símbolo Tradicional de Mestre

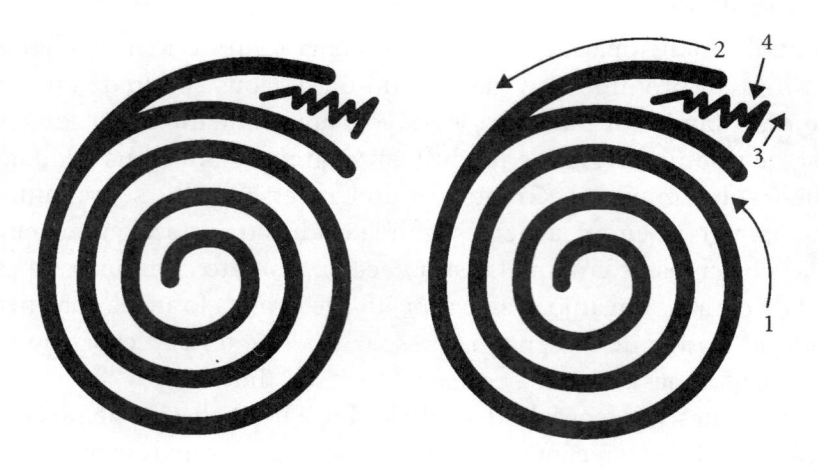

Figura 9: Símbolo Tibetano de Mestre

Símbolo Tibetano de Mestre

Dai-Ko-Myo ou Dai-Ko-Mio é considerado o símbolo Tibetano de Mestre, embora haja relatos conflitantes de como ele chegou às tradições modernas do Reiki. Na tradição Shamballa do Reiki, ele é chamado de símbolo Atlante de Mestre. É também mencionado como Dumo. Existem duas versões básicas e eu, pessoalmente, uso a primeira (figuras 9 e 10). A forma deste símbolo se parece muito mais com a natureza original dos símbolos do Poder e do Mental/Emocional do que a estilização japonesa dos símbolos de Cura a Distância e Tradicional de Mestre. De várias maneiras, ele se parece com uma combinação do símbolo do Poder e o símbolo de Fixação, que será apresentado mais adiante neste capítulo. Na tradição tibetana do Reiki, este símbolo é usado como parte dos processos iniciáticos de Respiração Violeta/Respiração do Dragão, descritos mais adiante neste capítulo. Como na versão tradicional do símbolo do Mestre, ele pode ser usado tanto nas iniciações como nas sessões de cura. Eu o uso em todos os chakras, para alinhá-los com a mente mais elevada e comigo. Parece agir como um "desentupidor" espiritual, limpando todos os pontos de energia e desfazendo todos os bloqueios. Quando você medita sobre o símbolo, ele se assemelha a um vórtice de energia afunilado como um raio de luz ligando os céus e a terra. Muitos professores substituíram completamente o símbolo tradicional pelo símbolo tibetano, porque este último é mais fácil de ser desenhado e lembrado.

Praticantes de certas tradições do Reiki declaram que este símbolo não deve ser usado na cura. Ele funciona, mas o curador então assume a responsabilidade pela saúde do receptor. Isso não tem sentido. Quando você considera os princípios metafísicos envolvidos no Reiki, essas afirmações não podem ser verdadeiras.

Figura 10: Símbolo Tibetano de Mestre Invertido

Figura 11: Símbolo Tibetano de Mestre Alternativo

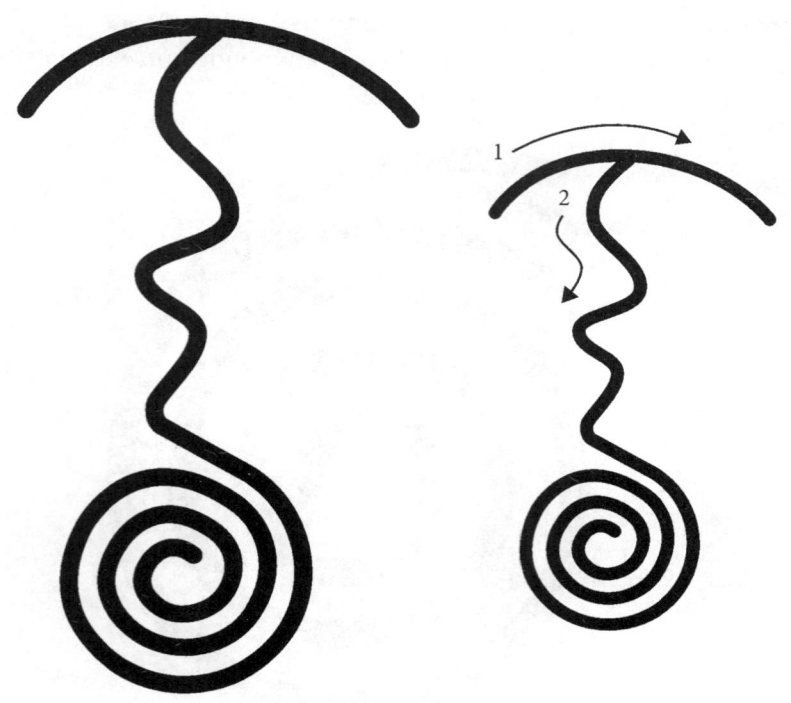

Figura 12: Serpente de Fogo

Serpente de Fogo

Nin-Giz-Zida (pronuncia-se "nin-dgiz-zi-da") é um outro símbolo atribuído ao Tibete. Chamado de Serpente de Fogo, ele é usado para alinhar os chakras e o sistema de energia para preparar o aluno para a sintonização, ou para preparar o cliente para a sessão de cura. A imagem da serpente é uma reminiscência da Kundalini, a energia da serpente ardente das tradições hindus. Considera-se que esta energia está enroscada no chakra da raiz para ser despertada no caminho espiritual, depois sobe os degraus dos chakras e traz conhecimento. O símbolo é desenhado a partir da coroa, seguindo ao longo da espinha, na frente ou atrás, para limpar e abrir o canal. Alguns dizem que ele realmente ativa a Kundalini, elevando o metabolismo físico quando o corpo está energeticamente exaurido, do mesmo modo que alinha os chakras. Ele é desenhado para começar muitos processos iniciáticos. Para ativá-lo, canta-se "Nin-Giz-Zida", "Serpente de Fogo" ou "Serpente Tibetana".

Figura 13: Símbolo de Fixação

Símbolo de fixação

Chamado Raku, este símbolo que representa um raio luminoso é também desenhado da coroa à base ou pés, para fixar o receptor da iniciação e separar as auras do professor e do estudante. É também usado para assentar o cliente no final da sessão. Conheço um professor que ensina este símbolo no Reiki Um somente com esse objetivo. O Raku simboliza a conclusão e é usado no final das iniciações e das sessões. Anteriormente, eu disse que ele é usado para separar as auras do professor e do aluno durante o processo iniciático. Algumas pessoas o usam com esse objetivo, mas ele também pode ser usado no contexto de uma sessão de cura para separar as pessoas em um relacionamento doentio, ou separar alguém de suas ligações doentias e maus hábitos. Ele não acaba necessariamente com o relacionamento ou rompe completamente os vínculos ou hábitos; ele estabelece uma "distância" entre a pessoa e o objeto de sua ligação doentia. O símbolo do Raku é como o raio luminoso que o dr. Usui recebeu no alto da montanha no final da sua busca. Embora eu o tenha aprendido como um símbolo de separação, e use-o desse modo, alguns o sentem como uma variação da Serpente de Fogo e atribuem suas origens ao Tibete. O que o símbolo transmite e seus usos são diferentes daqueles da Serpente Tibetana. Eu acho que o poder do Raku ainda está sendo descoberto.

Antahkarana

Antahkarana ("an-ta-ka-ra-na") é o último símbolo ensinado em muitas tradições do Reiki. A palavra antahkarana significa "órgão espiritual" na sabedoria védica, talvez se referindo à mente ou à essência invisível. De acordo com o ensinamento da autora Alice Bailey, o Anthkarana indica uma coluna de luz descendo no chakra da coroa e está associado com a coluna central que liga os chakras, chamada Sushuma nas tradições hindus. Atualmente a palavra é associada com um símbolo visual. Essa imagem não pode ser desenhada da maneira tradicional e não é usada no processo iniciático tradicional, mas muitos praticantes de Reiki mantêm uma figura dela na sala de cura ou sob a mesa. A tradição Shamballa usa este símbolo no processo iniciático por meio de visualização e canto.

Os poderes atribuídos a este símbolo são muitos. Diz-se que se alguém olhar para ele por um curto espaço de tempo, o símbolo automaticamente vai conectá-lo ao seu eu superior, começará a órbita microcósmica (que será descrita mais adiante neste capítulo), vai abrir e purificar todos os chakras, induzirá ao estado meditativo e ligará a pessoa com seus guias e anjos. O símbolo purificará os cristais e as jóias que forem colocados sobre ele ou entre duas imagens de Antahkarana. Não sinto vontade de desenhá-lo com freqüência, embora pense realmente que ele tem poder. Minha professora sugere como orientação que ele só deve ser usado em situações críticas de emergência. Caso você se decida usá-lo, pegue uma foto dele, olhe-a, cante o nome dele ou simplesmente visualize-o. Por intermédio de informações mediúnicas, ele é considerado como um antigo símbolo chinês, atlante, da Lemúria e, é claro, tibetano. Uma história folclórica da comunidade Reiki refere-se à sua origem tibetana. Os Mestres em Reiki de tradição tibetana levaram recentemente o símbolo a grupos de monges tibetanos que estavam viajando pelos Estados Unidos, esperando aprender a sua verdadeira origem e poder. Quando foram interrogados, os monges responderam: "Ele é muito bonito, mas nós nunca o vimos antes."

Para mim, o símbolo Antahkarana é um remanescente do símbolo céltico Triskallion, que freqüentemente é considerado pelos pagãos modernos como um símbolo da deusa tríplice. A imagem tripla equilibra a mente, o corpo e o espírito, além de simbolizar os princípios de geração, organização e destruição. As três hélices também simbolizam os três trimestres da gravidez.

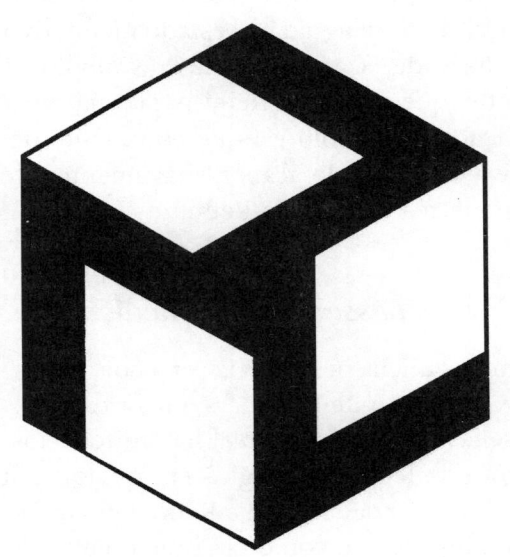

Figura 14: Antahkarana

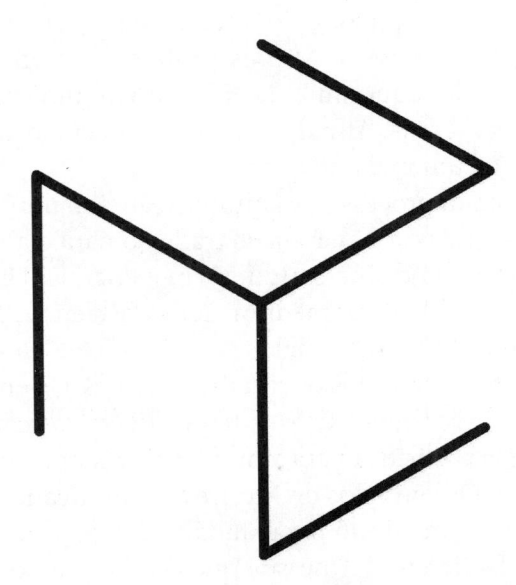

Figura 15: Triskallion

Exercício: Meditação sobre um símbolo

Escolha um símbolo ao qual você deseje se conectar num nível profundo, seja ele do Reiki Dois ou do nível de Mestre. Decore-o. Relaxe a mente e o corpo, entrando num agradável estado meditativo. Visualize o símbolo o melhor que puder. Cante o nome do símbolo silenciosamente ou em voz alta. Convoque a energia Reiki para guiar você. Imagine-se entrando na vibração do símbolo e fique consciente de sua experiência, qualquer que seja ela. Quando acabar, suavemente retorne desse estado meditativo e agradeça à energia do Reiki.

A passagem das iniciações

A passagem das iniciações parecia ser a coisa mais mágica para mim quando me envolvi com o Reiki, tal era a mística que a envolvia. Embora eu já estivesse fazendo a mágica real há muitos anos, qualquer pessoa àquela altura poderia ler sobre mágica em qualquer livraria, mas realmente não se encontrava nada sobre o Reiki, pelo menos nada que explicasse o que era a iniciação e como ela funcionava. Na minha turma de Reiki Um, meu professor não podia ou não queria explicar o que era a iniciação. Tudo o que me foi dito era que o Reiki sintoniza seus chakras com a força vital do universo. Evidentemente perguntei como isso se fazia, mas não obtive resposta. Muitos professores tradicionais de Reiki nem ao menos revelam que símbolos constituem uma parte do Reiki até você chegar no nível dois. Afinal, o processo iniciático acabou por transformar-se em mais um ritual mágico.

A iniciação é um processo de sintonização. Em muitas tradições mágicas, um professor passa a energia da tradição para o aluno por meio de um ritual que desperta e abre o aluno para a energia. Um sentido maior de poder mágico, capacidade mediúnica e consciência espiritual é muitas vezes um subproduto do ritual.

Como acontece em todos os rituais, a intenção, a energia e o simbolismo fazem parte do ritual. O Mestre em Reiki basicamente cria uma "carga" de energia e a utiliza para sintonizar a energia do aluno a essa vibração específica. Os símbolos do Mestre e do praticante são desenhados diretamente na aura do aluno para ajudar a dirigir, estabilizar e passar a energia suave e facilmente. A pessoa que está passando a iniciação nem mesmo precisa ter consciência da energia. Qualquer pessoa iniciada no nível de Professor de Reiki, seguindo a fórmula da iniciação, pode passar a energia. Nenhuma capacidade mediúnica é realmente necessária.

Um outro professor de Reiki me apresentou uma ótima analogia para o processo de iniciação, particularmente para aqueles que não estão familiarizados com iniciações rituais. O Reiki é como uma freqüência, e o Mestre em Reiki é aquele que sabe como sintonizar o nosso rádio interior à freqüência. O processo de iniciação permite que nos sintonizemos à freqüência sempre que isso for necessário, levantando a nossa "antena" interior para recebê-la. Cada nível de treinamento em Reiki levanta um pouco mais alto a antena e limpa a estática, deixando que o sinal chegue mais forte. Mesmo que você só tenha tido uma iniciação, quanto mais usar o Reiki, mais claramente vai sintonizar e elevar sua antena. É preciso apenas a primeira iniciação para começar o processo.

Alguns praticantes pensam que o processo iniciático é como uma ciência espacial ou química; se você não tiver a fórmula precisa, vai confundir tudo e nada vai funcionar. De fato, onde eu moro, um Mestre em Reiki muito conservador incentivou essa linha de pensamento a fim de usar o medo para manter os alunos na sua tradição. Terríveis conseqüências adviriam para aqueles que não fossem iniciados com a fórmula exata de Usui e correriam perigo de arrastar seu próprio Ki e machucar-se de maneira irreparável. Mas, por experiência própria, sinto que o Reiki, como a maioria dos rituais mágicos, assemelha-se mais à culinária do que à química. Os rituais de iniciação foram mudados. Os símbolos tibetanos foram acrescentados. Novas tradições são criadas como novas receitas, e todo mundo sabe que está tudo bem. Os professores fazem o processo mais complicado ou simples apenas para adaptá-lo a seus paladares e necessidades.

Embora eu vá apresentar aqui o método de iniciação que aprendi originalmente, já percebi que as iniciações são tão exclusivas como as pessoas que as estão recebendo. Sim, eu segui essa fórmula básica, uma combinação entre os métodos de Diane Stein e do Centro de Treinamento em Reiki, mas descobri que me inclino a variar o processo à medida que eu o faço; assim, as iniciações não são exatamente iguais. Por exemplo, o intervalo entre as etapas pode ser diferente, ou a minha impressão mediúnica pode ser diferente. Ou, às vezes, os símbolos surgem numa ordem diferente daquela que eu havia planejado.

A preparação para o processo de iniciação

A coisa mais importante para ser lembrada no processo iniciático é a intenção. As técnicas descritas aqui ajudam a transmissão de energia, mas não são absolutamente vitais. Alguns professores giram a iniciação em torno desses dois exercícios, enquanto outros os deixam de lado completamente. Já assisti iniciações de ambos os tipos. Considero-os uma prática benéfica tanto para a saúde energética como para servir como um importante enfoque para o ritual de iniciação.

A primeira técnica é chamada de posição Hui Yin e tem causado um grande alvoroço entre os aspirantes a professor de Reiki. Na verdade ela é muito mais fácil de fazer do que você poderia pensar, mas é muito difícil de se descrever em palavras. Este é um dos momentos em que eu verdadeiramente entendo a necessidade de um professor que esteja fisicamente presente, em pessoa, para ter a certeza de que o aluno vai compreender o processo, mas apesar disso eu vou me esforçar para explicá-lo.

O Hui Yin é considerado um circuito aberto no sistema de energia. Nesse ponto em particular a linha de energia é quebrada e só pode ser religada por meio da intenção e de contração muscular. O músculo usado é o do períneo, que é o mesmo músculo usado para urinar. Muitas pessoas estão familiarizadas com ele pelos exercícios Kegel. Você pode praticar mantendo e liberando essa contração regularmente, para realmente sentir o músculo e criar resistência e coordenação.

O circuito inteiro não fica completo apenas com a posição Hui Yin. Embora a maioria dos agentes de cura imagine que a energia flui dos chakras como uma coluna central, muitas vezes com uma dupla hélice de dois outros circuitos, correndo pelo centro do corpo ou pela espinha, o circuito particular de energia desta técnica Reiki é diferente. Aparentemente repousa do lado de fora do corpo, ou perto da superfície da pele. O circuito segue para cima pelas costas e espinha, passa por sobre o crânio, desce para a testa e o rosto, ao longo da língua, por dentro do pescoço, peito e abdômen, segue até a virilha e chega de volta ao ponto Hui Yin, para começar novamente. Algumas visualizações disso estendem o fluxo para a parte de trás das pernas, sobre os pés e então pela frente das pernas, de volta ao Hui Yin, então se movendo para cima nas costas, para criar a figura do oito em vez de um circuito completo. Mas, para completar o circuito, a pessoa precisa pressionar a língua no céu da boca, atrás dos dentes, para que a energia possa fluir para baixo, enquanto segura simultaneamente o Hui Yin. A prática de fluir energia através desse circuito é chamada de Órbita Microcósmica.

Exercício: Órbita Microcósmica

Contraia a posição Hui Yin e ponha a língua no céu da boca. Muitas pessoas pensam que o Hui Yin precisa ser travado, mas uma simples contração é mais do que o suficiente, já que você vai ficar se movimentando durante o processo de iniciação. Simplesmente incline-se ligeiramente para a frente e projete as nádegas para fora. À medida que for se endireitando contraia ligeiramente as nádegas, juntamente com o períneo. Esse é o volume de pressão necessário exercido pelo períneo. Agora já pode relaxar as nádegas. Você pode contrair mais, mantendo bem apertado, mas a decisão é sua. No final, creio que a intenção é a parte mais importante. Se você não conseguir manter a contração, isso não vai impedir a energia de fluir se você desejar que ela flua.

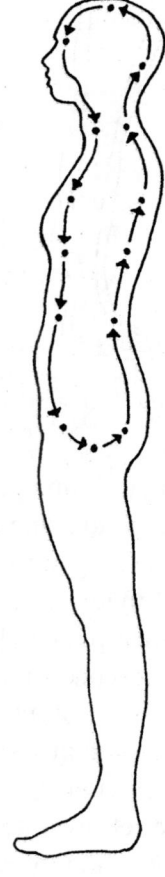

Figura 16: Órbita Microcósmica

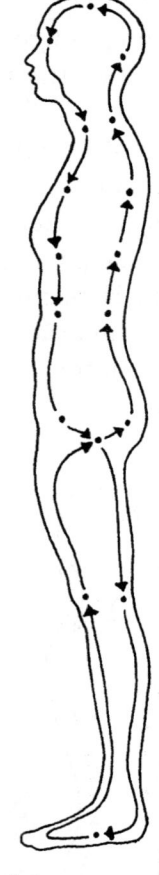

Figura 16: Órbita Microcósmica Expandida

Assim que estiver posicionado, imagine criar uma bola de energia perto do umbigo. Deixe que ela se forme, visualize-a e ela será uma realidade. Segure a bola de energia enquanto ela aumenta de intensidade. Sinta-a ficando mais pesada. Então deixe a bola cair na passagem da Órbita Microcósmica. Sinta-a fluir para o Hui Yin, passar por ele e subir pelas costas. Sinta-a subir pelo pescoço e pela cabeça, pelo rosto e ao longo da língua. Mova a bola para a garganta, o peito e de volta para o abdômen. Repita, no seu ritmo. (Assim que se sentir mais à vontade com o exercício, você pode tentar a Figura do Oito da Órbita Microcósmica expandida.) A bola pode até ser indefinível, tornando-se uma longa corrente de energia. A visualização não é tão importante como sentir a corrente ao longo desses circuitos.

Repita várias vezes. Você pode meditar nesta órbita, ou deixá-la desaparecer gradualmente da sua consciência, absorvendo a energia de volta no seu sistema conforme vai liberando o Hui Yin e a língua.

Não é preciso fazer o Reiki para fazer a Órbita Microscósmica. Ela precede o nosso moderno conceito de Reiki, vindo da prática taoísta, e é uma técnica para melhorar a saúde e a vitalidade de qualquer pessoa que a pratique. Esse controle me recorda o Muldaban, ou Fechamento do Chakra da Raiz, da yoga Kundalini, usado para elevar a consciência pela espinha e pelos chakras. Quando o circuito é mantido durante as sessões de Reiki pelo praticante, aumenta a capacidade de canalizar a energia Reiki e muitas vezes transmite mais consciência, clareza e sentido de orientação.

A última técnica preparatória para a iniciação é chamada de Respiração Violeta ou Respiração do Dragão, dependendo da tradição. Trata-se basicamente da mesma coisa. A Respiração Violeta é uma técnica que ajuda você a acumular uma carga de energia Reiki para transmitir para o aluno durante o processo de iniciação. Está associada à violeta, já que muitas tradições usam a cor violeta para a transmutação. A Respiração Violeta ajuda o aluno a transformar qualquer bloqueio de energia indesejável que possa impedir o fluxo de Reiki. Ela abre o sistema da pessoa para receber a iniciação. Usa-se o Hui Yin e a Órbita Microcósmica para transmitir o "pacote" de energia Reiki para o aluno. A versão apresentada aqui é densa na visualização, mas se você não enxergar as cores, saiba simplesmente que quando é preciso elas estão presentes. O sentimento de ligação, orientação e cura é a coisa mais importante no Reiki, não a cor. Estamos usando os símbolos da Terra e do Céu, mas a energia Reiki vai além da Terra e do Céu. O Reiki é universal e não limitado à direção, mas visualizá-lo vindo da Terra e do Céu ajuda a nossa mente humana a se sentir ligado a ele. Para mim, a visualização das energias da Respiração Violeta é um modo de ajudar a estabelecer uma ligação com a energia e passar uma iniciação. Se essas visualizações atrapalham você, deixe-as de lado e apenas concentre-se na sua intenção de passar uma iniciação em Reiki.

Exercício: Respiração violeta

Mantenha a posição Hui Yin e ponha a língua no céu da boca. Fique consciente do trajeto da Órbita Microcósmica e comece o fluxo da energia ao longo desse trajeto. Pense em se ligar à Terra. Inspire e sinta a energia Reiki "azul" da Terra subir do planeta para dentro dos seus pés, entrando na Órbita Microcósmica, tornando-a azul. Expire.

Pense em se ligar ao Céu. Inspire e sinta a energia Reiki "branca" do Céu descendo para dentro da sua coroa, misturando-se como a energia azul da Terra, criando uma órbita azul-clara. Expire.

Pense em se ligar às estrelas. Inspire e sinta a energia Reiki "vermelha" da estrela descendo para sua testa, misturando-se com as energias azul e branca, criando uma luz violeta na órbita. Expire e respire normalmente. Sinta a energia se acumular com a luz violeta.

Durante o processo de iniciação, o Mestre em Reiki visualiza o símbolo do Mestre (eu uso o símbolo Tibetano de Mestre) na boca. Alguns esboçam o desenho do símbolo no céu da boca. Eu apenas o visualizo e canto o símbolo silenciosamente de três a nove vezes. A energia violeta e o símbolo do Mestre são exalados dentro da coroa do aluno durante a iniciação. Se estiver praticando isso sem fazer uma iniciação, você pode assoprá-lo na sala para liberar a energia.

Mesmo que você não veja a cor ou sinta a energia, saiba simplesmente que isso está ocorrendo e que o Reiki está fluindo através de você e vai deixar que você transfira a energia na medida em que ela for necessária.

A passagem das iniciações no Reiki

O treinamento de um professor de Reiki trata de como passar uma iniciação aos alunos para energizá-los para que se tornem praticantes. A maioria acredita que somente aqueles que estejam no nível de Mestre em Reiki têm um nível de energia suficiente para passar as iniciações, mas pela experimentação alguns descobriram que qualquer pessoa sintonizada com Reiki pode passar uma iniciação se conhecer o processo. Iniciações feitas por um Mestre em Reiki apenas parecem ter mais efeito sobre o aluno e, tradicionalmente, apenas Mestres em Reiki têm o conhecimento dos símbolos do Mestre. Cada iniciação tem símbolos ligeiramente diferentes, por isso tantas pessoas acham que se você não tem aquele nível de sintonização, então não pode passá-lo. Outros sentem que Reiki é Reiki e que o conceito de níveis é obra do homem, não universal. Se estiver em dúvida, sugiro que procure um professor de Reiki experiente para receber sua iniciação. Desse modo você vai receber tanto a energia quanto a ajuda para usar o Reiki.

Prepare-se concentrando-se e fixando-se. Eu me preparo para uma iniciação como eu me prepararia para uma sessão de cura. Desenho o símbolo do Poder nas seis direções e desenho todos os símbolos na sala e nas duas mãos. Invoco o meu mais elevado guia para estar comigo, invocando a própria energia Reiki para me guiar e fluir através de mim. Eu sou apenas um instrumento.

O aluno senta-se numa cadeira confortável com espaldar reto, os pés plantados no chão e as mãos em posição de oração, as palmas unidas sobre o coração. Eu me certifico de que tenho espaço suficiente para andar à volta da cadeira, já que vou fazer parte da iniciação na frente e atrás. Começo ficando em frente do aluno. Antes de tudo, eu peço ao aluno que feche os olhos, mas isso não é obrigatório, como acontece em algumas tradições. Eu me inclino e espero por uma resposta ou um aceno de cabeça e começo.

Parte um

Fico por trás do aluno. Desenho um Cho-Ku-Rei duplo, com as "bandeiras" apontando para dentro, para criar a imagem de um portal. Eu passo pelo portal e entro num espaço sagrado para a iniciação em Reiki. Penso sobre o Reiki e retenho a intenção de acordo com o tipo de iniciação — nível um, dois ou iniciação de Mestre. Coloco minhas mãos nos ombros do aluno para fazer uma ligação energética, deixando que o Reiki flua naturalmente. Pelo meu enfoque, eu começo a Órbita Microcósmica no meu corpo. Eu inspiro e desenho Nin-Giz-Zida ao longo das costas do aluno, da coroa à raiz, através das costas da cadeira, para abrir os sistema de chakras para a iniciação. Eu expiro e canto o nome do símbolo três vezes silenciosamente em minha mente. Começo a Respiração Violeta na Órbita Microcósmica e inspiro, cantando o símbolo Tibetano de Mestre, Dai-Ko-Mio, de três a nove vezes silenciosamente. Quando termino, expiro o símbolo no chakra da coroa. Eu inspiro e desenho o símbolo Usui do Mestre, Dai-Ko-Myo, acima da cabeça. Eu o guio para baixo na base da cabeça e assopro através da coroa, cantando o nome do símbolo silenciosamente três vezes.

Delicadamente, eu alcanço a frente e guio as mãos do aluno para cima até a coroa, de modo que os dedos apontem para o céu, as bases das palmas fiquem na coroa, permanecendo juntas numa posição de prece. Eu inspiro e desenho os símbolos a seguir para cada nível, cantando cada nome três vezes silenciosamente, batendo-os nos dedos e nas mãos enquanto canto.

Nível Um	Nível Dois	Nível de Mestre
		Dai-Ko-Mio (Tibetano)
		Dai-Ko-Myo (Usui)
		Nin-Giz-Zida
Cho-Ku-Rei	Cho-Ku-Rei	Cho-Ku-Rei
(anti-horário)	(duplo)	(duplo)
Sei-He-Ki (simples)	Sei-He-Ki (duplo)	Sei-He-Ki (duplo)
Hon-Sha-Ze-Sho-Nen	Hon-Sha-Ze-Sho-Nen	Hon-Sha-Ze-Sho-Nen
		Raku

Depois que todos os símbolos foram feitos, eu expiro nas pontas dos dedos, imaginando a energia movendo-se através das mãos e para dentro da coroa e do corpo. Ponho as mãos do aluno de volta à posição junto do coração. Eu inspiro e continuo com a parte dois.

Parte dois

Eu dou a volta até a frente do aluno. Idealmente, deve-se continuar a manter a posição Hui Yin, mas se tiver de sair dela e refazê-la quando estiver na frente, faça o que for melhor para você. Eu tento mantê-la. Algumas vezes eu consigo, outras não, mas isso não parece alterar muito a iniciação. Se precisar tomar fôlego, faça isso. Eu, particularmente, quando estou pronto para transmitir energia, inspiro profundamente, desenho os símbolos e expiro para liberar a "carga".

Uma vez na posição, eu guio as mãos do aluno para baixo e as abro como se fossem um livro, com as palmas para cima. Seguro a base das mãos com minha mão esquerda, para mantê-las firmes, e deixo a minha mão direita livre para desenhar os símbolos relacionados a seguir sobre as palmas, cantando o nome deles três vezes, silenciosamente, e batendo-os nas palmas das mãos.

Nível Um	Nível Dois	Nível de Mestre
Dai-Ko-Mio (Tibetano)	Dai-Ko-Mio (Tibetano)	Dai-Ko-Mio (Tibetano)
		Dai-Ko-Myo (Usui)
		Nin-Giz-Zida
Cho-Ku-Rei	Cho-Ku-Rei	Cho-Ku-Rei
(anti-horário)	(duplo)	(duplo)
Sei-He-Ki (simples)	Sei-He-Ki (duplo)	Sei-He-Ki (duplo)
Hon-Sha-Ze-Sho-Nen	Hon-Sha-Ze-Sho-Nen	Hon-Sha-Ze-Sho-Nen
		Raku

Quando todos os símbolos estiverem dentro, eu bato mais três vezes para encerrar o processo e fecho as mãos do aluno, mantendo-as ainda em posição de oração com a minha mão esquerda. As pontas dos dedos estão voltadas para mim. Eu expiro e sopro a energia nas pontas dos dedos, no chakra da coluna em direção à raiz, de volta para cima para o terceiro olho, e para baixo para as mãos novamente. Inspiro e passo para a parte três.

Parte três

Indo para trás do aluno mais uma vez, eu peço orientação para que cheguem até mim, vindos do divino, quaisquer intenções, pensamentos, bênçãos ou símbolos finais. Às vezes eu tenho consciência deles, outras não, mas em ambos os casos, eu assopro o que quer que seja para o bem maior do aluno no chakra da coroa. A essa altura, eu relaxo a minha respiração e inspiro e expiro normalmente. Libero também o Hui Yin e a Órbita Microcósmica.

Desenho dois Cho-Ku-Rei na base do crânio, pedindo para selar o processo com a mais elevada energia de cura. Desenho o símbolo Raku da Fixação ao longo das costas, da coroa até o chão, fixando o aluno e fazendo uma separação dos nossos campos de energia. Eu canto o nome do símbolo silenciosamente três vezes enquanto o "empurro" para dentro da aura do aluno, sem precisar tocá-lo necessariamente.

Parte Quatro

Voltando para a frente mais uma vez, eu varro qualquer energia Reiki restante em direção ao aluno e pronuncio uma bênção final, normalmente alguma coisa como: "Estamos ambos abençoados pelos dons do Reiki. Você é um Praticante de Reiki (ou Mestre). Namaste." Namaste normalmente se traduz com o significado de "o divino que existe em mim saúda o divino que há em você". Tornou-se a saudação de chegada, a bênção e a despedida da Nova Era, como a expressão pagã "Abençoado seja".

Qualquer sintonização só é necessária uma vez, embora muitos adeptos da estrita tradição Usui separem a primeira sintonização em quatro sintonizações menores. Para aqueles que não têm certeza em relação à energia transmitida, a sintonização em Reiki Um pode ser passada quatro vezes em um ou dois dias, para reforçar o fluxo e clarear os caminhos. Ainda é uma sintonização em Reiki Um, mas facilita a percepção de energia por um professor e um aluno de Reiki tímidos. Isso não é necessário. Uma sintonização já funciona suficientemente. A sintonização em Reiki Dois pode ser passada duas vezes em um ou dois dias. A sintonização em Reiki Três é necessária só uma vez, mas muitos gostam de fazê-la duas vezes, representando o nível de energia do praticante e o nível de energia do ensino. Essas são simples orientações. Aja guiado por sua intuição ou mediunicamente.

Individualidade nas sintonizações

Observe como acentuei na descrição e nas instruções da sintonização que *eu* a faço de uma determinada maneira. Fiz isso porque foi essa a sintonização que aprendi, com algumas modificações, e aquela que eu uso. Nem todo professor de Reiki a usa. Se você se tornar um professor de Reiki, pode aprender algo completamente diferente. Lembre-se, é mais semelhante à culinária do que à química. Modifique a receita para que ela se adapte a você. Simplifique o ritual de acordo com a necessidade, ou faça-o mais complicado caso se sinta levado a fazer isso. O processo não é tão difícil quanto parece. Memorize as etapas, mas, se precisar rever ou usar uma "cola" quando começar, não tem problema. Eu pratiquei em cadeiras vazias durante semanas, fingindo sintonizar pessoas, para pegar os mecanismos do processo. No final, deixe de lado suas dúvidas e faça da melhor maneira que puder.

Eu percebi que nem todas as tradições do Reiki põem o símbolo Usui de Mestre na base do crânio, como eu pensava. Mais tarde aprendi que, em algumas tradições de cura por imposição das mãos dos índios norte-americanos, o curandeiro podia "ir para a parte de trás da cabeça" para restaurar a sua "medicina". Assim que meditava sobre esse ponto, uma de suas mãos, ou ambas, vibrava e tremia, indicando que já podia fazer curas com imposição das mãos porque a medicina curativa já estava presente. Se ele não levasse a sua mente até o tronco cerebral, a cura não se daria. Talvez esse ponto de energia seja um poço de energia, ligando-nos à força vital universal, seja qual for a tradição.

Observações sobre a sintonização

A seguir apresento algumas considerações práticas para a sintonização, das quais poucos livros e professores tratam. Tive a felicidade de ter uma professora que não era apenas mística, mas também bastante ligada à terra. Pense a esse respeito antes de fazer sintonizações se você atingir o nível de professor de Reiki.

Respiração

Você pode pensar em pôr uma gota de óleo essencial, como menta ou lavanda, em sua língua para perfumar o seu hálito quando soprar o ar nos seus alunos. Pelo menos, tenha a certeza de ter escovado os dentes ou chupado uma pastilha. Parece tolice, mas você pode ter se esquecido disso depois do almoço ou lanche durante um intervalo. Evite perfumes comerciais porque muitas pessoas são alérgicas a eles.

Cadeira

Verifique se a cadeira é confortável para o aluno e se você pode circular em torno dela com facilidade. Cuidado com o lugar em que vai colocar a cadeira. Eu prefiro espaços abertos na sala e que o aluno esteja voltado para o norte magnético. É a minha preferência pessoal, mas não é obrigatório. O norte é apenas minha direção mágica favorita. Evito sentar as pessoas debaixo de traves ou em cantos porque isso interrompe o fluxo de energia.

Autotratamento depois da sintonização

Faça com que o aluno aplique pelo menos cinco minutos de autotratamento depois da iniciação para fixar a energia. Se o aluno não fizer isso, podem ocorrer dores de cabeça e um sentimento de vazio.

Meditações antes da sintonização

Algumas vezes meditações orientadas ajudam grandemente na criação de uma experiência mais rica para o aluno. Elas podem ser bem rápidas e simples, tanto abrindo os chakras com luz colorida e meditando sobre cada um deles, ou uma jornada orientada para ir ao encontro de um guia espiritual ou um anjo (ver capítulo 9).

Aspectos rituais

Velas, músicas, incenso, clima e luz, tudo isso desempenha um papel no aparato ritual e na disposição de espírito. O ritual nos auxilia a concentrar a energia e a intenção e a fazer da sintonização em Reiki um momento mágico e especial. Embora eu prefira um aparato ritual, já fiz iniciações em salas de hospital lotadas, e elas funcionaram perfeitamente.

Jejum

Devido ao jejum do dr. Usui no topo da montanha, alguns alunos gostam de jejuar antes da sintonização. Eu não exijo isso, particularmente dos meus alunos de nível um e dois, mas minha aluna e amiga Michelle sugeriu que para o nível de Mestre os alunos jejuassem 21 horas antes da iniciação, simbolizando o jejum de 21 dias do dr. Usui. Às vezes eu sugiro isso às pessoas, mas nunca fiz disso uma exigência. As pessoas têm diferentes necessidades dietéticas. Se fizer jejum, não deixe de tomar água, ou se isso for muito rigoroso, pense num jejum em que só beba sucos. Se estiver em dúvida, consulte uma pessoa qualificada em cuidados médicos para orientá-lo.

Sintonizações de cura

As sintonizações de cura são feitas de maneira semelhante às tradicionais, exceto pelo fato de o foco estar voltado para o coração ou para a cabeça e não se passar nenhum símbolo pelos chakras das mãos. A ativação dos chakras das mãos é o que sintoniza um praticante a compartilhar a energia através das mãos. Quando um Mestre em Reiki sintoniza um cliente à energia Reiki mas não faz a iniciação de suas mãos, o receptor não pode praticar o Reiki. O cliente recebe todos os efeitos de cura de uma sintonização, inclusive a purgação de energias indesejáveis e um crescente sentimento de ligação espiritual, mas não tem a capacidade de praticar o Reiki e não precisa do treinamento em Reiki Um para usar a energia eficientemente.

A sintonização pode ser feita principalmente de duas maneiras: sentado em uma cadeira ou deitado sobre uma mesa de massagem. Muitos praticantes usam uma cadeira porque esse é o modo pelo qual eles normalmente passam as sintonizações. Outros já preferem colocar o cliente sobre uma mesa de massagem e fazer da sintonização uma parte do processo de tratamento sem interromper o fluxo pelo fato de o cliente se levantar em algum momento. Não há regras para sintonizações de cura. Elas não fazem parte do Reiki tradicional. Faça suas próprias fórmulas e aquilo que achar que é certo. Apresento a seguir algumas sugestões.

Sintonização de cura numa cadeira

Assemelha-se mais a um ritual de sintonização em Reiki do que a uma sessão de cura, mas é muito poderosa. Faça-a exatamente como faria uma sintonização de praticante, mas o cliente deve manter as mãos no colo. Assopre os símbolos citados a seguir para dentro da coroa e enfoque-os pousando e centrando-se na região do coração. Muitas vezes eu vejo a energia irradiando do coração para curar o corpo.

Dai-Ko-Mio (Tibetano) na Respiração Violeta
Dai-Ko-Myo (Usui)
Nin-Giz-Zida
Cho-Ku-Rei
Sei-He-Ki
Hon-Sha-Ze-Sho-Nen
Raku

Dê a volta, fique em frente ao paciente e desenhe a mesma seqüência de símbolos no chakra do coração. Assopre do chakra do coração para o da raiz, para o terceiro olho e de volta para o do coração. Volte para as costas do paciente e lhe dê uma bênção silenciosa, como "Você está completamente curado", liberando o Hui Yin e a Órbita Microcósmica. Dê a volta até a frente e dê uma bênção final, semelhante a "Estamos ambos abençoados pelos dons do Reiki. Namaste".

Iniciação de cura sobre a mesa

Pode ser feita de duas maneiras, tanto simultânea como separadamente:

1) Estando junto da cabeça do paciente, quer ele esteja sentado ou em pé, visualize o chakra da coroa se abrindo. Use a Respiração Violeta e a Órbita Microcósmica para soprar a seqüência de símbolos para dentro, tanto para um grupo como individualmente, através da coroa e para dentro do coração. Ou simplesmente visualize os símbolos entrando na coroa quando desenhá-los.
2) Com as mãos na posição do coração, contraia o Hui Yin e faça a Órbita Microcósmica. Cante silenciosamente e visualize a seqüência de símbolos entrando no chakra do coração, como foi descrito nas instruções para a sintonização de cura feita na cadeira.

Você não precisa fazer o trabalho de respiração, a menos que queira. Pode cantar em voz alta ou silenciosamente. Pode desenhar os símbolos ou simplesmente visualizá-los. Você faz a invocação. Em qualquer sintonização de cura, sempre tenha a intenção de que "esta iniciação de cura é para o bem maior". Não julgue nem crie expectativas. Todos os praticantes de Reiki podem usar as sintonizações de cura, empregando os símbolos que conhecem, qualquer que seja o seu nível de treinamento. As sintonizações de cura são um modo criativo de usar os símbolos numa sessão.

Sugestões de ensino para Mestres em Reiki

Embora chamemos o nível de treinamento de Mestre em Reiki de "treinamento de professor", ninguém realmente pode lhe ensinar a ser um professor. Descobri que experiência e vontade são os melhores professores, e aprendi tanto com os meus "fracassos" quanto com os meus sucessos. Muitas pessoas se tornam Mestres em Reiki sem o desejo de ensinar formalmente, embora cedo ou tarde provavelmente alguém vá lhes pedir que o ensine. Eu sugiro que transmita tanto a energia quanto o conhecimento para usá-lo. Ensinar o Reiki tem sido uma das experiências mais recompensadoras na minha vida, e eu realmente prefiro ensinar o Reiki a fazer sessões de Reiki. Eu prefiro mais energizar pessoas do que recebê-las quando precisam de ajuda.

Se você se decidir a ensinar, descubra o estilo que mais se adapta a você e à sua vida e se prepare adequadamente. Muitos ensinam informalmente, sintonizando familiares, amigos e pacientes num estilo descontraído, de demonstração, e por meio de histórias pessoais. Uma prática semiformal é estruturada mais como uma aula, mas você não vai a público anunciando os seus serviços como professor e dando demonstrações, sessões e aulas em estabelecimentos voltados para a metafísica e a holística. Se realmente decidir praticar o Reiki como profissão de tempo integral ou parcial, você precisa ter a experiência necessária para ensinar adequadamente — começando talvez com um estilo menos formal —, assim como os materiais necessários, incluindo nesse rol os manuais e certificados. Você pode usar os primeiros cinco capítulos deste livro como texto introdutório ou como manual a partir do qual vai construir a base da sua aula, principalmente se tiver alunos voltados para a magia, e não aqueles com um enfoque mais medicinal.

Do mesmo modo, mantenha os seguintes pontos em mente quando programar suas aulas.

Tamanho da classe

Se você se sente mais à vontade dando aulas individuais, então faça isso. Se preferir grupos maiores, então é isso que deve fazer. A energia de grupo pode ser maravilhosamente inspiradora, mas fazer uma série de sintonizações pode ser exaustivo. As aulas individuais podem ser descontraídas ou muito intensas, dependendo do aluno.

Horários

Alguns professores preferem estabelecer horários e planejam aulas com matrículas, enquanto outro marcam as aulas de acordo com o pedido das pessoas. As duas maneiras são boas. Se você precisa estabelecer datas e dedicar-se ao ensino, em vez de preencher o tempo com outros eventos e responsabilidades, estabeleça datas mensalmente. Depois de ensinar por um ano, você terá uma boa noção de como planejar o seu horário.

Esteja preparado

Tenha um esboço do que planeja ensinar para não se sentir perdido, mas seja suficientemente flexível para deixar que a aula siga o seu curso de acordo com as questões que surgirem. Não tenha medo de ler alguma coisa fora de suas anotações. As meditações podem ser lidas ou, como fazem alguns professores, podem ser gravadas anteriormente.

Compartilhar

Compartilhe histórias pessoais, relate sentimentos e lembranças do Reiki, as aulas a que assistiu, sessões e sua própria jornada de cura. Qualquer um pode ler um manual de Reiki, mas as pessoas serão atraídas pelas histórias e experiências pelas quais você passou e qual a relação que se pode fazer com elas. É por isso que peço um período de espera de seis meses entre o nível dois e o nível de Mestre para que os alunos possam começar a acumular suas histórias. Muitas pessoas gostam de ouvir o que pode acontecer quando estiverem trabalhando em alguém. Elas gostam de ouvir como você lidou com as situações e agora, mais velho e sábio, como lidaria com elas outra vez. Compartilhe os erros juntamente com os sucessos, para que os outros possam aprender com seus enganos. Assim, muitas pessoas que se envolveram com o Reiki em busca da própria cura, ao saber que você, o professor, está experimentando a cura, sentem que isso o transporta do nível de honrado Mestre em Reiki àquele de ser humano normal, o que realmente um Mestre em Reiki é. Como uma pessoa normal, saudável e falível, os alunos podem se identificar melhor com você e, possivelmente, aspirar a se tornarem eles mesmos Mestres em Reiki.

Deixe as pessoas falarem

Embora você, o professor, basicamente seja o foco da aula, deixe que os outros contem suas experiências e torne o grupo interativo. As pessoas gostam que "lhes falem" e, ainda mais, de "falar com" em oposição a assistir alguém "falando com outros". Eu começo minhas aulas com introduções e dou oportunidade a todos para que digam por que estão freqüentando aulas de Reiki. Quando fazemos meditações, exercícios ou iniciações, há uma chance de dividirmos experiências com os outros, assim ninguém fica imaginando "Será que a minha experiência foi estranha?" Eu incentivo os alunos a fazerem perguntas e não preciso ser eu sempre a respondê-las. Algumas vezes encaminhar as pessoas para as respostas em vez de simplesmente respondê-las é a melhor atitude. Eles já conhecem e vão se sentir mais confiantes quando confrontados com uma pergunta feita por eles mesmos. Cuidado com alunos que querem monopolizar a atenção e delicadamente faça com que os outros possam ter a oportunidade de falar. Nessas situações difíceis, você pode voltar à tradição do bastão dos indígenas americanos para falar. Indique um bastão ou um outro objeto qualquer para ser usado como símbolo, e aquele que o estiver segurando pode falar, enquanto os que não o estiverem segurando devem manter silêncio. Como professor, você pode interromper quem estiver falando se for absolutamente necessário para manter a dinâmica da aula.

Faça muitos intervalos

Os intervalos servem tanto para você como para os alunos. Você precisa de tempo para relaxar e se refazer, enquanto eles irão aproveitar o tempo para absorver o conhecimento e as informações que lhes foram passados. Planeje uma hora de almoço, caso sua aula seja longa. Não tente cozinhar e ensinar para a classe. Compre ou faça a comida com antecedência. Peça aos alunos que tragam a comida ou os encaminhe para algum lugar onde possam comer na vizinhança. Ensinar já é extenuante o bastante sem que haja necessidade de acrescentar mais responsabilidades.

Beba muita água

Estar suficientemente hidratado vai ajudá-lo a passar a energia Reiki durante as aulas e nas sessões. Beber muita água também suaviza a garganta. Se não estiver acostumado a falar por longos períodos, faça chá ou chupe pastilhas. Incentive os alunos a beberem muita água, também para ajudar sua purificação pessoal.

Vista-se confortavelmente

Não há nada pior do que se sentir pouco à vontade para dar uma aula de cinco a oito horas sem poder ir para casa e se trocar.

O seu treinamento pessoal

Use as aulas de Reiki a que você assistiu e as experiências que teve como guia. Se gostou da experiência, tente recriá-la e use-a como base. Se não gostou, então tente dar para a classe o que gostaria de ter recebido.

Observe os outros professores

Observe não apenas os Mestres em Reiki, mas os professores de qualquer aula a que tenha assistido. De contabilidade na faculdade a yoga ou mecânica de automóveis, as informações são passadas de muitas maneiras. Veja o que os outros professores fazem como parte do estilo de cada um e incorpore as coisas de que você gosta. Eu agreguei técnicas excelentes de professores de arte, música e yoga ao meu estilo de Mestre em Reiki. Nós todos somos influenciados por nossos professores, como os músicos são influenciados pela música que ouvem e que tocam.

Peça pela orientação superior

Peça à energia Reiki e aos guias Reiki que ensinem por seu intermédio (ver o capítulo 9). Surpreendentemente as palavras estarão lá, mesmo que você mesmo não saiba as respostas. Esteja aberto para a intuição e para a orientação.

Conheça os seus limites

Grande parte dos professores de Reiki dá aulas diariamente, seis dias por semana. A energia é muito intensa. Tire uma folga e descanse quando for necessário.

Não acredite na sua própria propaganda

Quando desempenhamos um papel que ajuda as outras pessoas a se curarem, muitas vezes nos tornamos o centro das atenções e o foco das mais ardentes bênçãos e preces. É maravilhoso sentir que os outros dão valor à sua contribuição. Quando um bom número de pessoas vê você através de lentes cor-de-rosa, dizendo que você é um maravilhoso ser espiritual, um "mestre", um "guia" ou um ser "iluminado", é fácil se esquecer de que também é um ser humano. Você tem todos os benefícios e as limitações pelo fato de estar no plano físico num corpo humano. Você ainda está aqui para evoluir e crescer. Ajudar os outros faz parte do processo. Não pense que só porque você é um agente de cura não tem mais nada para aprender ou crescer neste plano. Mantenha-se com os pés no chão, centrado e próximo da terra ao lado das pessoas. Dê atenção a todos que precisam, mas perceba que somos todos semelhantes, procurando coisas parecidas e aprendendo coisas similares. Lembre-se de como se sentia em relação a tudo isso quando era novidade, seja o Reiki, aptidões mediúnicas ou qualquer tipo de despertar espiritual.

Relaxe e divirta-se

Se você não está se divertindo, então provavelmente ninguém mais está, por isso, relaxe. Anime-se. Conte uma piada. As aulas de cura devem ser alegres, não assustadoras nem penosas.

Reiki como um negócio

Se você escolheu fazer o Reiki num contexto profissional, seja como praticante ou professor, precisa conduzi-lo como se fosse um negócio. Algumas das histórias mais modernas e realistas nos mostram o dr. Usui não como um professor, mas como um negociante que aplicou suas habilidades para levar o Reiki a um número maior de pessoas. Num sistema que pede para que sejam feitas trocas, transformar em negócio esse serviço prestado não é uma desonra. Muitas pessoas acham que, como é algo espiritual, não deveria custar nada. Mas, para mim, tudo é espiritual. Comida, roupa, arte, música, instrumentos rituais, ervas, brinquedos, remédios — todos eles são sagrados e têm seu lugar na minha vida. O Reiki, para algumas pessoas, tem esse mesmo valor, e como praticantes devemos ser respeitados pelo nosso tempo e serviço. Ao estabelecer uma prática de tempo integral em que está sempre pronto e disponível para o público, você pode estar correndo um grande risco, tanto financeiro quanto pessoal, por isso precisa ser compensado pelo seu tempo e esforço.

Nem todo mundo é bem-sucedido fazendo Reiki, ou qualquer disciplina metafísica, em tempo integral. Alguns alegam que todos esses metafísicos, paranormais, médiuns e gurus estão procurando ficar ricos rapidamente, mas posso garantir a você, não é uma via fácil e rápida para o sucesso. Como é uma modalidade alternativa, não há garantia de que, mesmo com cultura nesse sentido, haverá procura por esse serviço em sua região. Se espera ser bem-sucedido em Reiki neste nível, precisa lidar com ele como se fosse um negócio, com planejamento, propaganda e material promocional, contabilidade, *marketing* e todo o resto, como qualquer empresa. Estude as informações sobre como abrir uma empresa ou montar um negócio em casa. Muitos dos princípios serão aplicáveis, só que, neste caso, você terá o poder da força vital universal fluindo através de você sem obstruções e guiando-o, caso se decida a ouvi-la.

Medo da cura

Tornar-se um Mestre em Reiki trata-se, em última análise, de invocar seu poder total para realmente curar-se e ajudar os outros a se curarem. Como uma prática espiritual, com o Reiki somos forçados a enfrentar os nossos medos, o nosso lado mais sombrio. Há coisas reprimidas dentro de nós que contêm importantes lições para a nossa própria prática, se aprendermos a aceitá-las e amá-las. Curar o lado sombrio para invocar o poder pessoal é um componente-chave de muitas tradições mágicas, do xamanismo à bruxaria.

Todos nós criamos a nossa própria realidade. Você provavelmente já ouviu isso muitas vezes. Assim, o que acontece quando está vivendo uma realidade que não quer? Por que criaria dor ou sofrimento? Se o seu consciente não está criando a sua realidade, a sua parte reprimida e muitas vezes isolada está criando a realidade num esforço para conseguir atenção. O seu lado sombrio cria a realidade sombria. Parte da cura é juntar todos os aspectos separados e perdidos do seu eu num só pacote. Curar realmente o nosso lado sombrio e as sementes dos nossos medos, medos que permitimos que crescessem e se transformassem em problemas que impedem o nosso processo de cura, é a primeira tarefa do Mestre em Reiki.

Uma das preocupações mais comuns dos Mestres em Reiki iniciados recentemente é a decisão de, por medo, não ensinar ou iniciar outras pessoas: medo de não fazerem um bom trabalho, medo que a iniciação não funcione ou, resumindo, medo de reivindicar esses novos aspectos do seu poder. Alguns alegam que ninguém é professor de Reiki com a terceira sintonização; alguém só se torna professor de Reiki depois de passar pelo menos uma sintonização. Eu encorajo todos os meus alunos que têm aulas para se tornarem Mestres a irem para casa e sintonizarem alguém, qualquer pessoa, antes que a semana acabe, apenas para superar o medo. A essa altura, a iniciação parece, para alguns, uma tarefa monumental, que não deverá jamais ser memorizada ou interiorizada, então por que se incomodar? O medo do seu próprio poder e aptidões, mesmo o poder de passar iniciações e fazer o Reiki, faz parte do seu lado sombrio. Como Mestre em Reiki, é sua tarefa reconhecer seus medos e realmente trabalhar para curá-los.

Ensinar e passar iniciações são duas das partes mais energizadoras do processo de Mestre em Reiki. Uma prática introspectiva, como fazer um diário, meditação, orações, xamanismo, ou qualquer outra prática espiritual, é necessária para identificar e olhar de frente esses aspectos do eu. Se você não participa de nenhuma tradição espiritual, descubra os elementos das tradições que mais o atraem e comece a criar a sua própria. Estude aspectos da magia e do misticismo para aprender sobre o seu lado sombrio de um modo profundo e pessoal. Curar o lado sombrio é um processo que prolonga a vida. Conheça e cure cada camada do lado sombrio à medida que for subindo à tona. É sua a responsabilidade de curar esse medo, mas você deve procurar a ajuda de um facilitador quando sentir necessidade. Só o fato de ser um Mestre em Reiki não significa que não pode aceitar ajuda de outros agentes de cura, mesmo de outros praticantes de Reiki. Esteja aberto à facilitação de cura para si mesmo. Se você ajuda os outros a se curarem, deixe que outras pessoas o ajudem a se curar.

Um outro começo

Afinal, muitas pessoas vêem o nível de Mestre em Reiki como o último nível. Para aqueles que apenas assistem como espectadores às práticas de lutas marciais como karatê ou *kung-fu*, usar a faixa preta parece significar o último patamar de mestria. Mas qualquer praticante sabe que essa conquista é apenas o primeiro degrau do caminho verdadeiro. Eu acho que com o Reiki acontece a mesma coisa e sugiro que todos os alunos pensem em completar o nível de Mestre, mesmo que não queiram ensinar ou praticar formalmente. Originalmente, eu completei o meu treinamento para Mestre apenas para minha satisfação. Se servisse para outros, seria ótimo, mas eu precisava ter um sentimento de inteireza para mim mesmo, para realmente colocá-lo em uso na minha vida. Foi só depois de ter alcançado esse nível que o Reiki se tornou uma parte tão grande da minha vida. Lembre-se, este é apenas o primeiro passo para uma grande aventura. Quando você recebe uma iniciação, mesmo que seja a última iniciação da tradição, é um outro começo. Iniciar significa começar, à medida que seus alunos começarem a trilhar um caminho, você também se transformará, começando com eles repetidas vezes.

Além de Usui:
Novas Tradições do Reiki

Embora cada nível de Reiki se complete em si mesmo e de si mesmo, e o nível de professor Mestre seja o ponto culminante de todos os níveis, muitas pessoas deixam o seu treinamento com uma sensação de que falta algo. Eu tive uma grande experiência com o meu treinamento e me sinto confiante como professor de Reiki, mas também senti que faltava alguma coisa.

Tudo o que se fala sobre as antigas tradições do Reiki me fazem pensar se realmente temos o quadro inteiro. Histórias secretas, símbolos secretos e novas informações inspiradas e canalizadas me fizeram imaginar quais são as origens do Reiki e como podemos voltar a elas. Será que Usui só vislumbrou metade da fórmula? Havia mais coisas que ele não descobriu ou compreendeu antes de descer da montanha para colocá-la em ação? Mesmo que ele tivesse a fórmula completa, por que eu não sou capaz de fazer os mesmos milagres que ele fazia?

A primeira e mais óbvia resposta é que a história do Reiki cresceu e atingiu proporções míticas e que Usui não realizou concretamente todas essas coisas. A segunda resposta é que talvez ele tenha tido a fórmula completa, mas não a passou, ou um de seus alunos decidiu não passá-la. Será que Takata recebeu os ensinamentos completos? Ela não só era mulher como uma estrangeira e por isso talvez não fosse totalmente aceita, e assim passou um ensinamento incompleto. Não sabemos, e a infindável especulação pode fazer com que fique difícil apaziguar os ânimos.

Mesmo antes de ouvir falar dessas teorias, senti que havia alguma coisa faltando ao Reiki, algo não revelado. Durante todas as minhas iniciações, eu vi a luz tomar a forma de estranhas figuras geométricas —

símbolos —, mas que não se pareciam com os símbolos que eu aprendera na tradição. Outros professores me disseram que aqueles eram símbolos pessoais, para a minha própria cura, não para serem usados nos outros. Mas eu me senti levado a usá-los no meu trabalho com pacientes.

Logo aprendi sobre as formas expandidas do Reiki, as quais prometiam ensinar os símbolos perdidos e as últimas informações sobre a antiga arte de cura, indo além do treinamento de Usui e chegando aos domínios do Egito Antigo ou da Atlântida. Eu estava interessado em aprender mais e descobri que havia um grande grupo de variantes das tradições do Reiki. Nenhuma delas era aceita pela Reiki Alliance, mas cada uma tinha algo especial para oferecer. Algumas eram tradições completas, enquanto outras eram expansões ou acréscimos às tradições Usui ou Usui Tibetana.

Pouca coisa tem sido escrita sobre essas tradições em publicações, a não ser na vasta arena da *internet*. As informações escritas vêm de manuais que tratam dessas tradições, assim como de correspondência e histórias pessoais de alunos e professores. À medida que nos afastamos cada vez mais do Reiki Usui, as informações se tornam menos coerentes e mais pessoais. Duas pessoas podem ter aprendido a mesma tradição, com o mesmo nome, mas aprenderam duas coisas muito diferentes, dependendo do professor. Essa variedade é maravilhosa, mas fica difícil ensinar por meio de descrições, já que a prática muda com a linha de ensino. O material não é encontrado em nenhum livro publicado nos canais normais, mas apenas em cópias feitas à mão, manuais refeitos, se é que impressos de alguma forma. Há divergências entre treinamentos e histórias, mas todos vão além do material padrão de Usui.

Tradições modernas do Reiki

Trataremos aqui de algumas das tradições modernas do Reiki que contribuíram muito para a minha compreensão moderna e mágica da arte de curar. Sua individualidade, variedade e geometria sagrada me inspiraram a levar mais individualidade à minha própria prática de cura.

Usui Shiki Ryoho

Esta é a tradição de Usui de Hayashi e Takata. Esta é a forma mais conhecida de Reiki no Ocidente.

Usui Reiki Ryoho

Esta é a tradição de Reiki praticada no Japão. A ênfase maior recai nas técnicas particulares de meditação e nos rituais de energização em vez de nos símbolos e no processo de sintonização em Reiki mais conhecido. Do mesmo modo, há uma variedade de tradições que não seguem a Takata no Japão, muitas vezes com bases sólidas no budismo.

Reiki Usui Tibetano

Este é um acréscimo à forma de Reiki tradicional de Hayashi-Takata, incorporando símbolos "tibetanos" ao sistema e atribuindo as origens do Reiki ao Tibete. O americano Arthur Robertson, aluno de Iris Ishikuro, uma das alunas das aulas para Mestre da sra. Takata, é considerado como o primeiro a acrescentar o material ao Reiki, criando um estilo denominado Raku Kei Reiki que, mais tarde, tornou-se a base para o que é conhecido hoje como a tradição Usui Tibetana. A crença de que o Reiki se originou no Tibete tem sido muito popularizada por diversos professores, embora haja muito poucas evidências disso.

A Técnica da Radiância®

Barbara Ray é uma das Mestras em Reiki treinadas por Takata. Depois da morte de Takata, Ray assegurou que Takata tinha dado a ela "todas" as sintonizações num sistema de seis níveis (alguns dizem que são sete níveis). Inicialmente ela o chamou de Reiki Real®, renomeado mais tarde de Técnica da Radiância®.

Seichim

Patrick Zeigler é considerado o fundador das tradições chamadas Seichim, mesmo que esse nome seja escrito de muitas formas. Seichim é o componente da força vital da alma no misticismo egípcio, considerado como o equivalente do prana, rauch ou ki em outros sistemas. Zeigler ficou um tempo no Oriente Médio, de 1979 a 1980, passando mesmo uma noite na Grande Pirâmide de Giza, onde recebeu uma iniciação espontânea. Ele experimentou uma ligação mítica, incomum, ao que mais tarde seria chamado de energia Seichim. Depois de sua experiência na pirâmide, ele passou um tempo estudando com um xeique sufi. Depois de algumas viagens ao Oriente, ele voltou aos Estados Unidos e foi treinado em Reiki por Barbara Ray. Ele usou processo de iniciação em Reiki e a orientação divina para transmitir a energia Seichim para outras pessoas. Os sufis com quem estudara dançavam seguindo o padrão do infinito;

por isso o símbolo do infinito, em vez da espiral, desempenha um papel marcante nesta tradição.

Mais tarde, Zeigler trabalhou com Christine Gerber, que canalizou um guia espiritual que deu o nome à energia Seichim e inicialmente orientou o seu uso. Zeigler colaborou com muitos outros na criação deste sistema, levando uma variedade de estilos, tradições e símbolos para debaixo do manto de proteção Seichim. Algumas dessas tradições Seichim envolviam uma forma de mitologia e misticismo egípcios, inclusive Isis Seichim, relacionada com a deusa egípcia Ísis, e também Sekhemet Seichim e Sekhem, ambos envolvendo a deusa leoa Sekhmet. O Anjo Seichin é uma tradição que usa os arcanjos judeu-cristãos no processo de cura. O sistema mais comum é o Seichim de sete faces, criado por Phoenix Summerfield, um dos primeiros praticantes envolvidos no nascimento do Seichim, junto com Ziegler. Patrick atualmente ensina SKHM, simplificando a energia e concentrando-se numa meditação orientada para ligar-se à energia, em vez do uso de sintonizações por símbolos. Diane Ruth Shewmaker continuou o pioneirismo na introdução de novas práticas na tradição, e seu livro *All Love: A Guidebook for Healing with Sekhem-Seichim-Reiki e SKHM* é uma excelente fonte de informações para todos os interessados nessa tradição.

Reiki Tera Mai™ e Tera Mai Seichim™

Estas são tradições fundadas por Kathleen Milner, autora de *Reiki & Other Rays of Touch Healing* e *Tera: My Journey Home*. Quando esteve na Whole Life Expo, em 1991, Kathleen ficou conhecendo o Seichim e mais tarde foi orientada a incorporar um pouco do novo material e da nova energia a símbolos com outras origens para criar um sistema novo de Reiki. Milner dividiu a energia em quatro raios elementais, da Terra, da Água, do Ar e do Fogo, denominando cada um deles como raio Reiki, Sophie-El, Arcangélico e Sakarra, respectivamente. Ela acreditava que o Seichim mais tradicional era uma mistura de Reiki e Sakarra, ou Terra e Fogo.

Reiki Karuna®, Maha Karuna e Karuna Ki

William Rand, fundador do International Center for Reiki Training, estava usando os mesmos símbolos que Kathleen Milner usou em sua tradição, mas não o mesmo sistema. Rand declarou que não tinha a intenção de criar um sistema de Reiki, mas ele, junto com outros Mestres em Reiki, começou a experimentar esses símbolos não-tradicionais. Seguindo uma orientação espiritual, ele criou o processo e o sistema de sintonização agora chamado de Karuna® Reiki, que usa nove símbolos adicionais e normalmente é ensinado como uma atualização do tradicional Reiki Usui Tibetano. Karuna significa "compaixão", e o sistema é muitas vezes ensinado em associação com conceitos como o de mestres espirituais ascensionados, entes celestiais, cantos, sintonizações e cristais, criando um sistema de cura mais intrincado. A tradição se espalhou, mas depois que Rand registrou a sua marca e estabeleceu determinados padrões específicos, muitos Mestres em Reiki independentes começaram a chamar o sistema de Maha Karuna, com o significado de "muita compaixão", ou Karuna Ki, "energia da compaixão", entre vários outros nomes.

No seu treinamento mais tradicional de Reiki, Rand sugere, por intermédio da vidente Michelle Griffith, que o Reiki teve sua origem na antiga Lemúria cerca de cem mil anos atrás. Lemúria é considerado o primeiro lugar onde a humanidade encarnou, e à medida que a civilização de Lemúria progrediu, os habitantes desceram de um estado mais espiritual para as emoções mais egoístas. Um "Grande Ser" encarnado, um aspecto do Espírito Santo, teria dado aos habitantes de Lemúria o processo e os símbolos de iniciação para ligá-los novamente ao divino. Com a submersão de Lemúria, perdeu-se o Reiki, mas o Grande Ser reencarnou duas outras vezes, uma na Atlântida, onde o Reiki foi usado até a destruição daquela civilização, e mais tarde no Egito.

Reiki Shamballa ou Cura Multidimensional Shamballa

O sistema originalmente conhecido como Reiki Shamballa foi canalizado por John Armitage, também conhecido pelo nome espiritual de Hari Das Melchizedek. Ele canalizou a informação do mestre ascensionado mencionado como St. Germain como uma ampliação, ou expansão, da tradicional energia Reiki de Usui. Shamballa é considerado como uma recuperação do sistema original, que surgiu no fim da Atlântida. Era usado originalmente para ajudar a desenvolver espiritualmente certos segmentos da comunidade atlante, usando iniciações com os 22 símbolos do Mestre. A capacidade de curar era apenas um subproduto da energia crescente e da vibração espiritual. Numa encarnação anterior, St. Germain foi o Sumo Sacerdote atlante que recebeu esse sistema de iniciação.

Antes da destruição da Atlântida, ele visitou o mundo oriental e transmitiu partes do sistema para ver o que as pessoas fariam com ele. Ele tinha medo que abusassem do uso do sistema e não revelou o resto, deixando que alguns dos símbolos fossem gravados nas escrituras orientais. Mais tarde o dr. Usui os descobriu. St. Germain, então já um ser ascensionado depois de sua vida como alquimista europeu, orientou a reconstrução do Reiki, assegurando-se de que ele tivesse "salvaguardas" e de que a energia não pudesse ser usada para prejudicar.

Por meio de St. Germain, Hari Das mais tarde expandiu o sistema. Por intermédio de um sistema de quatro níveis — dois níveis práticos, Mestre-Curador e Mestre-Professor — a pessoa é sintonizada a 352 símbolos, que representam os "352 níveis que remetem ao Divino". A pessoa não decora todos esses símbolos. O curador apenas "recebe" aqueles que são necessários intuitivamente, consciente ou inconscientemente. Eu, pessoalmente, acho que há mais de 352 símbolos, mas o número representa a energia simbólica e os praticantes recebem suas interpretações dos símbolos de acordo com a necessidade.

Também é dito que o sistema Shamballa contém três energias, o que o torna único a partir do Reiki. A primeira é a expansão original do Reiki, chamada energia Shamballa. Shamballa simboliza a consciência coletiva dos mestres superiores ascensionados; o seu nome vem da mítica cidade iluminada oriental e ela é conceitualizada como um grande cristal facetado, em que cada uma de suas faces é a imagem de um mestre, mas todas estão encadeadas. Uma ponta está no nível mais profundo da realidade e uma ponta toca os níveis mais elevados da realidade. A segunda energia é chamada de Mahatma, o Avatar da Síntese. Descrito como uma luz branca ou como um misto de luz metálica dourada e prateada com um brilho violeta cintilante, diz-se que Mahatma foi "assentado" no mundo durante a Convergência Harmônica em 1987 e ficado à disposição de todos, tenham ou não sido sintonizados. Ele traz todas as oposições para dentro da harmonia. A última energia é a Luz de Cristo, não especificamente ligada à cristandade, mas representando a energia do próximo "nível de consciência" de amor incondicional, a que muitos se referem como a consciência de Cristo no mundo da Nova Era. Mais tarde houve uma expansão da Shamballa para incluir as iniciações nas "doze dimensões" da cura.

O Reiki Shamballa é uma coletânea de muitas idéias que são populares na comunidade da Nova Era, mas permanece sem marca registrada e dá muita flexibilidade aos professores. Alguns a ensinam como uma atualização do Reiki tradicional. Quando eu o fiz como atualização, toda a minha prática relacionada com lesões transformou-se em cura emocional profunda. Alguns dizem que a energia Shamballa é mais rápida do que o Reiki, dando a você mais tempo para conversar com o paciente.

Alguns o ensinam como um sistema completo e não como uma atualização. Muitos combinam cristais, anjos, extraterrestres e canalizam com ele, enquanto outros o mantêm simples e com os pés na terra. O melhor de tudo, um Mestre-Professor Shamballa do Quarto Grau é sintonizado a todos os 352 símbolos, e muitos acreditam que esses símbolos incluem todos os outros símbolos de todas as outras tradições relacionadas com o Reiki. Depois de receber minha quarta iniciação Shamballa, eu me senti livre para explorar outros símbolos relacionados com o Reiki sem ter sido necessariamente sintonizado àquele símbolo ou à tradição da qual se originou. Senti que a energia Shamballa continha todos eles, assim não tive mais necessidade de sair e ficar continuamente me sintonizando com novos símbolos. Apesar das minhas dúvidas iniciais sobre o treinamento e a filosofia, o processo me deu a energia para complementar e completar o meu próprio treinamento em Reiki.

Reiki Xamânico

O Reiki Xamânico não é uma tradição específica, mas uma corrente geral que muitos praticantes de Reiki têm explorado. Ele combina elementos centrais do xamanismo, abrangendo percussão, cerimônia, estado de transe, trabalho espiritual, cura espiritual animal e vegetal, culto aos antepassados, cirurgia "mediúnica" xamânica e imagens orientadas, com o Reiki. Alguns usam o xamanismo como um complemento antes ou depois do Reiki, ou usam o Reiki como uma parte da sua prática xamânica. Os tradicionalistas muitas vezes sentem que os dois sistemas são incompatíveis, mas eu descobri que eles constituem uma associação mágica que traz curas maravilhosas para as pessoas.

Reiki do Caos

Reiki do Caos é uma outra tradição não-específica. Os seus praticantes combinam os conceitos e os aspectos de uma forma revolucionária de magia cerimonial, chamada mágica do Caos, com o Reiki. Eles usam o Reiki não apenas para curar, mas também para criar toda a sorte de transformações e rituais. Para o mago do Caos, nada está fora dos limites, inclusive os símbolos do Reiki. Fiz parte de uma lista de *mailing* do Reiki do Caos na *internet* que durou pouco, mas em muitos aspectos este livro foi inspirado por esse grupo.

Johrei® Reiki (Vajra® Reiki)

Este sistema funde a prática espiritual do Johrei® com o Reiki. Johrei significa "luz branca" e foi fundado por Mokichi Okada, um contemporâneo de Usui. Johrei usa um ritual de certo modo semelhante às primeiras versões do processo de iniciação para energizar seus seguidores. Johrei® Reiki, usando os símbolos da luz branca Johrei, desenvolveu-se a partir do Raku Kei Reiki. O nome da tradição do Reiki foi mudado para Vajra® Reiki. Embora possa haver algumas semelhanças entre Johrei® e Reiki, os dois constituem duas tradições diferentes.

Magnified Healing®

A técnica de cura conhecida como Magnified Healing® não é uma tradição do Reiki, mas apresenta muitas semelhanças com ela. Levada ao público em geral por Kathryn Anderson e Gisele King, diz-se que o material original foi introduzido pela "alma encarnada fisicamente" da mestra ascensionada Kwan Yin (algumas vezes aparece com a grafia Quan Yin). Alguns a vêem como uma deusa de misericórdia, compaixão e cura. A técnica de cura é destinada a curar as pessoas e a Terra, libertar o karma e ajudar a humanidade a elevar-se até um nível superior da mente. Como no Reiki, é usado um processo de iniciação, mas também tem uma cerimônia de "Celebração de Cura Ampliada" para muitos participantes. Muitas pessoas envolvidas com o Reiki encontraram o seu caminho para a cura ampliada. Magnified Healing® tem sua origem no sistema de crença na ascensão e nos mestres ascensionados. Este ramo da cura relacionado com a ascensão é mais direcionado para os aspectos femininos do divino, trabalhando por meio de Quan Yin e a Shekinah. Neste sistema, a Shekinah é definida como a Presença de Deus por meio do aspecto feminino do Espírito Santo. O divino é muitas vezes referido como O Deus Mais Elevado® do universo.

Reiki Estrela Azul

O fundador desta tradição, John Williams, um Mestre em Reiki sul-africano, originalmente chamou-a de Energia Celestial Estrela Azul, que ele canalizou de seu guia espiritual, iniciando-a em 1995. A energia é destinada a fazer a ligação entre Deus e o homem, cobrindo a lacuna entre eles por meio da Ponte do Arco-Íris, e diz-se que o conhecimento deste sistema teve sua fonte numa Antiga Escola de Mistério Egípcia. O seu objetivo é o crescimento espiritual em vez de uma cura imediata. Um aluno de

Williams, Gary Jirauch, alterou o sistema e rebatizou-o com o nome de Reiki Estrela Azul. O interessante é que há uma forma de Wicca chamada Wicca Estrela Azul, embora as duas não estejam relacionadas.

Reiki Tibetano™ Wei Chi

Esta forma de Reiki foi recebida por Kevin Ross Emery e Thomas Hensel de um antigo monge chamado Wei Chi. Wei Chi viveu cerca de cinco mil anos atrás, e ele e seus irmãos criaram o sistema original que agora chamamos Reiki. Esta tradição ensina o Reiki do modo como era feito na época de Wei Chi, usando não apenas a imposição das mãos, mas também o que agora consideramos uma forma de diagnóstico médico e diagnóstico mental/emocional/espiritual intuitivos, indo além da simples técnica de exploração de muitas tradições do Reiki. O praticante abre um diálogo com o paciente, discutindo o processo que desencadeia o desequilíbrio e ajudando o cliente a participar ativamente do processo de cura. O processo é mais ativo do que passivo, distinto de algumas formas do Reiki tradicional praticado no Ocidente. Juntos, Kevin, Thomas e o espírito de Wei Chi escreveram *The Lost Steps of Reiki: The Channeled Teachings of Wei Chi*.

Como se pode ver, as tradições do Reiki estão se multiplicando cada vez mais, como um campo de flores silvestres, cada uma com dimensão e formato novos e emocionantes. Algumas têm suas origens nas tradições espirituais, particularmente nas tradições orientais do budismo e do hinduísmo, e muitas outras vêm de inspiração canalizada. Do mesmo modo como seria difícil classificar um campo inteiro de flores, a tarefa de distinguir todas as tradições do Reiki é demasiadamente complexa. Essa é uma breve lista das tradições com as quais eu estou familiarizado, mas de maneira nenhuma ela está completa. Tenho certeza de que muitas outras surgirão enquanto estou escrevendo este livro e ele chega nas livrarias.

A coisa mais importante que recolhi dessas informações é que todas as tradições funcionam. Todo mundo tem uma receita diferente, mas, com amor e orientação, todos podem curar e fazer o bem. Eu incentivo as pessoas a descobrirem suas trocas e seus dons no Reiki, desde que tenham formação e conhecimentos sólidos dos fundamentos. Eu sou um bruxo eclético que pratica magia eclética. Eu sou um Mestre em Reiki eclético, e a minha filosofia para os meus alunos é a mesma. Não aprendam a minha tradição do Reiki — criem a sua própria. E então, com uma forte compreensão da história, inclusive do que é e do que não é tradicional, compartilhe a sua tradição com as outras pessoas.

Novos Símbolos do Reiki

Os "novos símbolos" do Reiki vieram de várias fontes, do mesmo modo que as modernas tradições do Reiki, como foi mostrado no capítulo 6. Muitos afirmam que esses símbolos na verdade são antigos, embora, com algumas exceções, não exista nenhum registro antigo deles. A maioria é inspirada por uma sabedoria superior, por meio de um processo que muitas pessoas chamam de canalização. Sempre que possível, eu fiz listas contendo a origem dos símbolos e em que tradição são usados, mas, como as informações têm sido transmitidas verbalmente, essas listas nunca estão completas. Em última análise, todos eles têm a mesma origem — o divino.

Os praticantes de Reiki muitas vezes recebem símbolos durante as sintonizações ou sessões. Para mim, o processo da geometria sagrada parece inerente aos vários raios de energia do Reiki usados na cura e na magia. Antes de me envolver com o Reiki, eu considerava os símbolos mágicos maneiras de curar e de enfeitiçar particularmente poderosas. Usei runas, *seals*, *ogham* e outros *sigils* estilizados para gerar equilíbrio e transformações; por isso, para mim, os símbolos do Reiki eram uma extensão natural disso. Ninguém realmente me falou sobre a possibilidade de receber símbolos durante a sintonização, por isso minha sintonização em Reiki Dois foi surpreendente.

O medo cerca o uso de novos símbolos para muitos praticantes tradicionais. Pessoalmente, acho que o medo se origina do temor do fortalecimento. O Reiki tem sido ensinado de uma maneira muito tradicional, com símbolos testados e comprovados. A postura diante dessa situação é que, se ele não está quebrado, não o conserte. Não acrescente nada a ele. Não o modifique de modo nenhum. Eu até consigo entender esse sentimento, mas qualquer coisa que não cresça e não se desenvolva vai acabar murchando e morrendo, porque não se adapta às necessidades e ao temperamento daqueles a que se propõe servir. O tempo do dogma estrito, prendendo-se às velhas formas simplesmente porque assim tem sido feito, acabou.

Os tradicionalistas acham que esses outros símbolos não são realmente símbolos do Reiki e não têm estabelecidas neles as salvaguardas inerentes dos símbolos tradicionais. Os modernistas acham que os símbolos estão sendo energizados pela energia Reiki ao serem usados com o Reiki e têm os mesmos efeitos e salvaguardas dos símbolos tradicionais.

Em qualquer dos casos, de acordo com qualquer crença, a minha resposta é a mesma: use a sua própria intuição. Se você se sente levado a usar um símbolo e intuitivamente sabe que estará certo ao usá-lo, então, use-o. Se um símbolo não parece correto para você, não o use. Se não se sentir compelido a usar símbolos no seu processo de cura ou magia, então, não use nenhum. Se você se sente levado a usar todos os símbolos, então faça isso.

Quando estiver em dúvida, simplesmente declare a sua intenção de ligar-se com a sua visão do divino. Peça por orientação. Se for usar um símbolo novo, peça para que ele seja posto sob a orientação e a proteção de um guia espiritual, mestre ascensionado, divindade, anjo ou santo, de modo a que possa ser usado de acordo com a energia e os princípios do Reiki, não causando mal a ninguém e trazendo somente a cura, o equilíbrio e a boa energia.

As respostas ficam muito simples quando decidimos encará-las como simples e pedimos ajuda quando estamos diante de uma dúvida ou um problema. Use sua própria intuição e orientação com os símbolos apresentados a seguir.

Zonar

Zonar é um dos símbolos do Reiki modernos mais populares, usado no Reiki Tera Mai™, Reiki Karuna® e Reiki Shamballa. Essas tradições declaram que o Zonar é usado para questões de cura de "natureza multidimensional" quando não se consegue explicar com facilidade ou entender o desequilíbrio. Ele é usado para curar problemas de vidas passadas, muitas vezes em conjunto com Hon-Sha-Ze-Sho-Nen. Os dois podem ser usados para curar traumas adquiridos também da vida atual, particularmente com relação a problemas ligados a violências sofridas. Também promove a cura emocional profunda quando se está passando por uma liberação emocional, agindo como um "anestésico espiritual" para deixar que a energia seja liberada sem sobrecarregar o cliente. O Zonar libera medo, ódio, raiva e trauma num nível celular. Muitos praticantes holísticos acham que as pessoas retêm essas emoções no plano celular, físico, e usam diversas técnicas para liberar esse trauma. O Zonar é uma técnica eficaz para esse trabalho. Aqueles que trabalham com energias arcangélicas declaram que o Arcanjo Gabriel trabalha com este símbolo para curar o karma e receber orientação para os problemas.

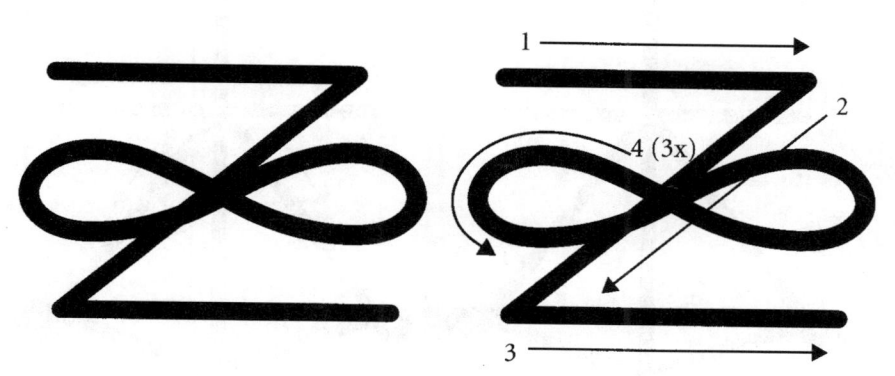

Figura 18: Zonar

Harth

Aqueles que usam Harth dizem que ele significa amor, verdade, beleza, harmonia e equilíbrio, todos os aspectos mais elevados da manifestação divina em cada um de nós. Use-o para curar o coração em todos os níveis, para criar a compaixão, curar relacionamentos não-saudáveis e interromper inclinações ao vício e à fuga. Ele leva amor àqueles que não enxergam ou não sentem o amor no mundo, ou então se sentem soterrados pela carga do mundo. O Harth abre a pessoa para a criatividade carregada de sentimentos profundos e para os guias espirituais que chegam amorosos. O Harth é um outro símbolo que se transforma num templo, numa pirâmide, quando é objeto de meditação. Nesse templo, você pode receber a cura e falar com os guias. Eu esbocei o Harth antes de uma sessão e visualizei-o expandindo-se em uma pirâmide do tamanho de uma sala em volta de mim e do meu paciente, para ampliar o espaço de cura e criar uma zona de espaço sagrado. O ápice da pirâmide funciona como um aspirador, sugando todas as energias indesejáveis na sessão. O Harth é usado nas tradições do Reiki Tera Mai™ e Reiki Karuna®.

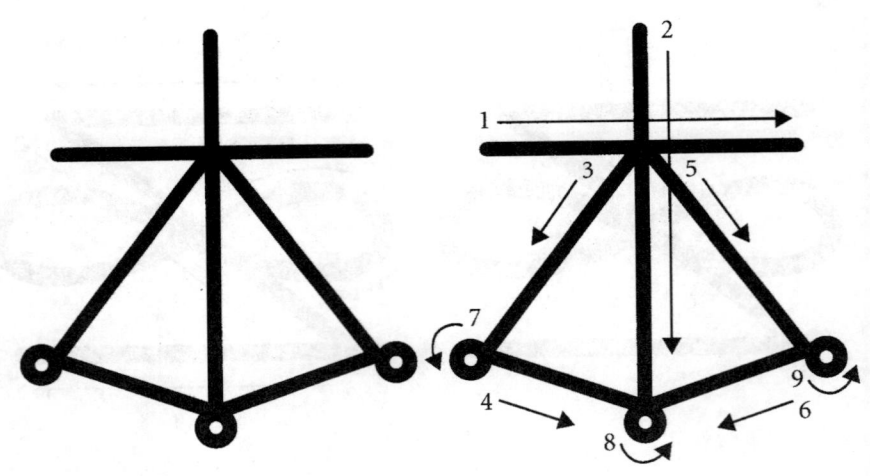

Figura 19: Harth

Halu

O símbolo de Halu é uma ampliação do Zonar, como fica evidente pelos formatos semelhantes. Como o Zonar, as voltas do infinito movem a cura além do espaço e do tempo, mas a ponta equilibrada canaliza a energia de cura para todos os níveis mais efetivamente. Quando eu meditei sobre ele, Halu tornou-se tridimensional e formou uma estrutura semelhante ao templo de cura, com a luz do universo dirigida para a sua ponta. O Halu pode ser usado depois do Zonar. Esta energia é usada para purificar formas-pensamento não-desejadas, padrões emocionais e programas subconscientes que criamos ou aceitamos dos outros. O Halu ajuda a nos desembaraçarmos e escaparmos das ilusões. Quando usar as técnicas da operação mediúnica (ver o capítulo 10), use o Halu para separar as formas de energia que se localizam na raiz da doença. Como o Zonar, o Halu cura problemas passados de violência, particularmente aqueles relacionados à violência sexual. O Halu também cura o lado sombrio do eu, aquela parte nossa que não aceitamos nem amamos. O Halu também é usado nas tradições do Reiki Tera Mai™ e Reiki Karuna®.

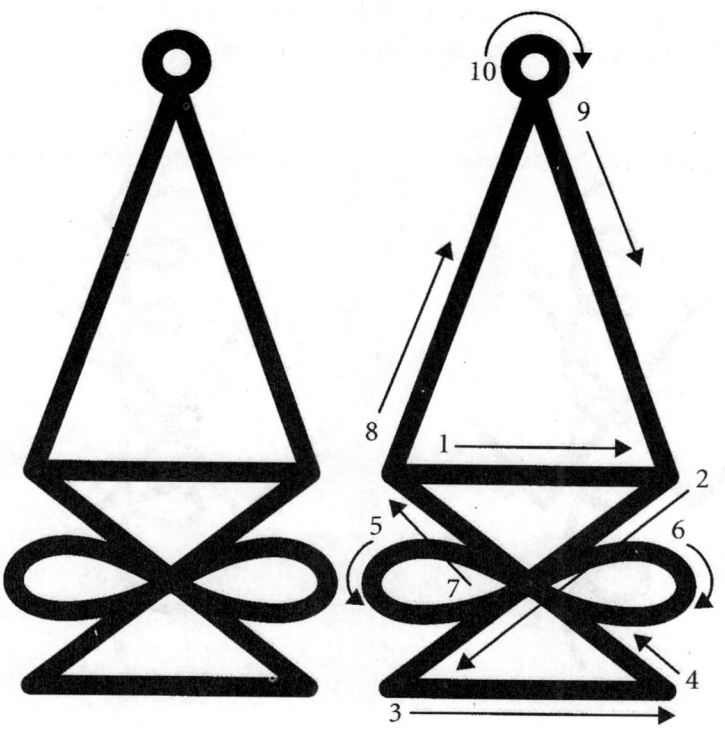

Figura 20: Halu

Mara/Rama

Mara foi um dos primeiros símbolos do Reiki que eu vi e de que não gostei. Gosto de simetria nos meus símbolos, e quando eu o vi, ele simplesmente parecia estar "desligado" para mim. Eu me senti assim até que meditei sobre ele. Na forma tridimensional, ele se tornou as linhas de energia da terra, com um vórtice de energia no centro, como um local sagrado. As cinco voltas representam os cinco elementos e as duas linhas são as energias masculina e feminina emanadas do criador. Mara é um símbolo que representa estar completamente presente e assentado no mundo. Use-o especialmente no fim da sessão nas pessoas que acham o mundo, ou o próprio corpo, demasiadamente doloroso ou traumático. Mara abre o sistema de energia e fixa, abrindo os chakras dos pés e levando a energia indesejável para a terra a fim de transformá-la. Mara é usada magicamente para se manifestar no mundo, energizando listas de objetivos e desejos. Kathleen Milner chama este símbolo de Mara, enquanto William Rand o chama de Rama. Eu pessoalmente o chamo de Mara quando sou intuitivamente levado a desenhar uma espiral no sentido horário, e de Rama, quando desenho uma espiral no sentido anti-horário. Prefiro Mara no sentido horário. Nos dois casos, as sílabas significam Ma—mãe e Ra—pai, por isso ele depende de onde sua ênfase espiritual recair.

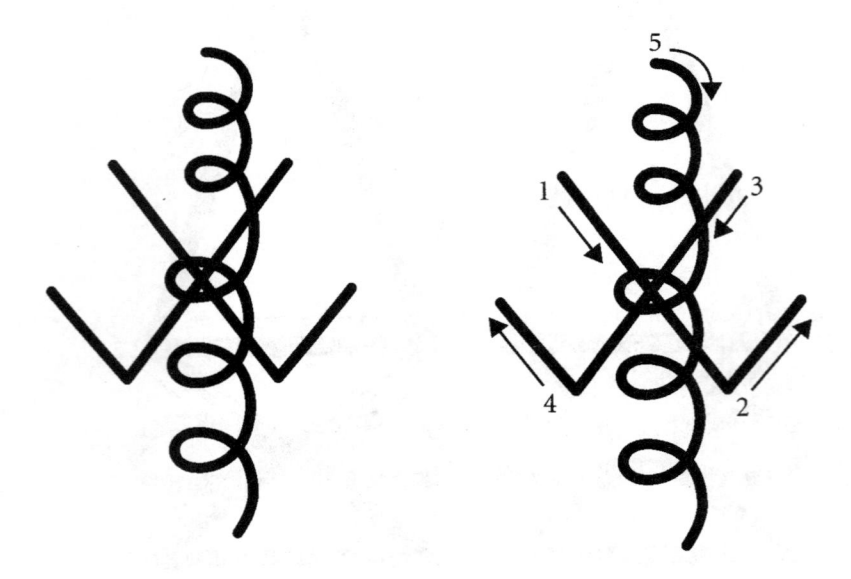

Figura 21: Mara

Figura 22: Rama

Gnosa

A raiz da palavra Gnosa (pronuncia-se "no-sa", o G é mudo) é *gnosis*, que significa o conhecimento secreto que ocorre num estado meditativo e liga a pessoa ao divino. Use o Gnosa para ligar-se com a sua divindade superior. Ele também tem um talento mental, usado para aprender novas informações, conceitos, filosofias e símbolos. O Gnosa melhora a comunicação, interna e externamente, com outras pessoas, seja no aspecto falado, escrito ou artístico. O Gnosa é um símbolo para artistas, músicos e escritores. O sistema nervoso, como o grande comunicador interno, é curado com Gnosa.

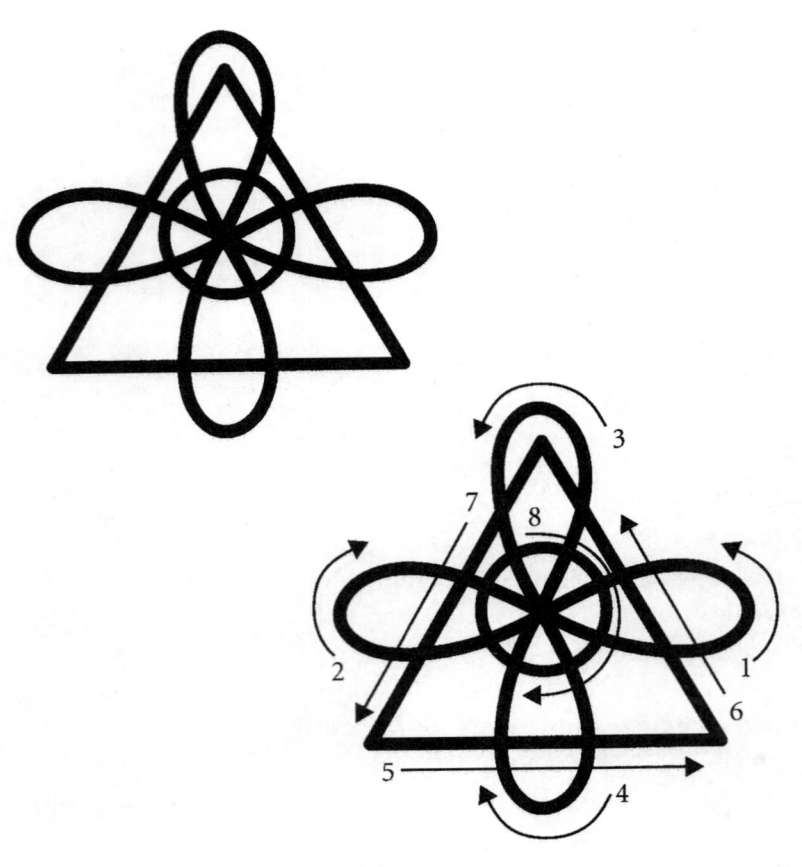

Figura 23: Gnosa

Iava

Iava (pronuncia-se "i-ah-vah") é usado como um símbolo da cura da Terra e da ligação com a Terra. O Iava liga quem o usa com os espíritos naturais e *devas* de uma terra. Simbolicamente, as três primeiras espirais representam a energia da deusa tríplice — virgem, mãe e velha — enquanto as quatro voltas nas "costas" do símbolo são os quatro elementos: Terra, Fogo, Ar e Água. Algumas tradições alegam que este símbolo é usado somente para a cura da terra e, se for usado durante uma sessão numa pessoa, causará algum tipo de dano, mas eu descobri que isso não tem fundamento. Nas pessoas, o Iava cura os relacionamentos com os outros, ajudando-nos a reivindicar a nossa independência e o nosso poder pessoal em relacionamentos de interdependência, quando não doentios. Este símbolo é atribuído a Catherine Mills Bellamont da Irlanda.

Figura 24: Iava

Kriya

Kriya é o Cho-Ku-Rei duplo, muito usado como símbolo do Poder. Eu o uso para criar um espaço sagrado durante as sintonizações e para selar e proteger um espaço antes de uma sessão ou de uma sintonização. Kriya é um outro símbolo ligado à terra, usado para nos fixar e fixar o sentido do sagrado no nosso corpo e no mundo físico. Ele nos ajuda a concentrar a sabedoria prática. Na yoga Kundalini, a palavra Kriya é ligada a um grupo de exercícios feitos por um período de quarenta dias para provocar uma mudança visível no praticante. Na magia, o Kriya é usado para demonstrar resultados tangíveis. Preciso admitir, entretanto, que eu canto o Cho-Ku-Rei com este símbolo, não o Kriya. Ambos funcionam.

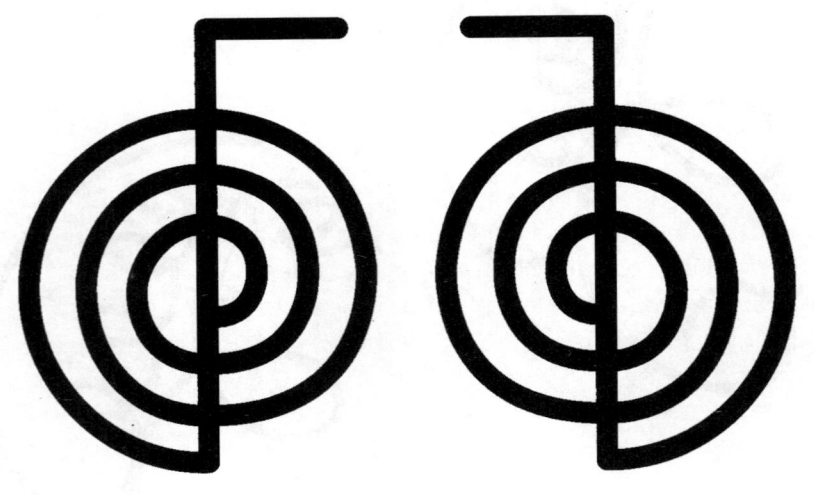

Figura 25: Kriya

Shanti

Shanti é um símbolo nomeado a partir de um canto para a paz. Cantar ou desenhar este símbolo traz paz, curando qualquer distúrbio ou inquietação ao invocar uma sensação de paz interior. O Shanti nos incentiva a abandonar aquilo que não podemos controlar, ficando em paz no momento presente. O Shanti cura o medo, a insônia e a fadiga crônica, abre delicadamente os chakras e traz uma clara visão mediúnica. Cura também traumas passados. O Shanti é atribuído a Pat Courtney de Milwaukee, WI.

Figura 26: Shanti

Om

Om não é um símbolo canalizado, mas um antigo símbolo sânscrito que foi adotado pelas tradições Karuna. Om é o som da criação, soletrado mais precisamente como "AUM", com as três letras simbolizando os princípios criativo, estabilizador e destrutivo do universo. No hinduísmo, as forças são personificadas como Brahma, Vishnu e Shiva, mas o conceito pode ser encontrado em muitas outras culturas. Om simboliza toda a criação, um símbolo de unicidade e unidade. Os pontos separados simbolizam a essência verdadeira da pessoa, separada de sua criação, e o símbolo pode ser usado para trazer a separação. É o símbolo mestre das tradições Karuna e é usado nas sessões para conduzir um sentido de unidade, para abrir o chakra da coroa quando ele estiver bloqueado e para limpar a aura.

Figura 27: Om

Mer-Ka-Fa-Ka-Lish-Ma

Mer-Ka-Fa-Ka-Lish-Ma é um símbolo da tradição Shamballa, que manifesta o poder da Mãe divina. Eu amo este símbolo porque ele representa muitos símbolos mágicos poderosos. Nele está o *ankh*, o símbolo egípcio da vida, que representa a unidade do deus Osíris e da deusa Ísis, e também o caduceu greco, que representa os chakras e, num sentido moderno, o símbolo do DNA e o símbolo cristão da paz. Mer-Ka-Fa-Ka-Lish-Ma é usado para alinhar a pessoa ao padrão perfeito de saúde, curando o DNA, fazendo novamente a ligação com a Deusa divina, alinhando os chakras e curando a Terra.

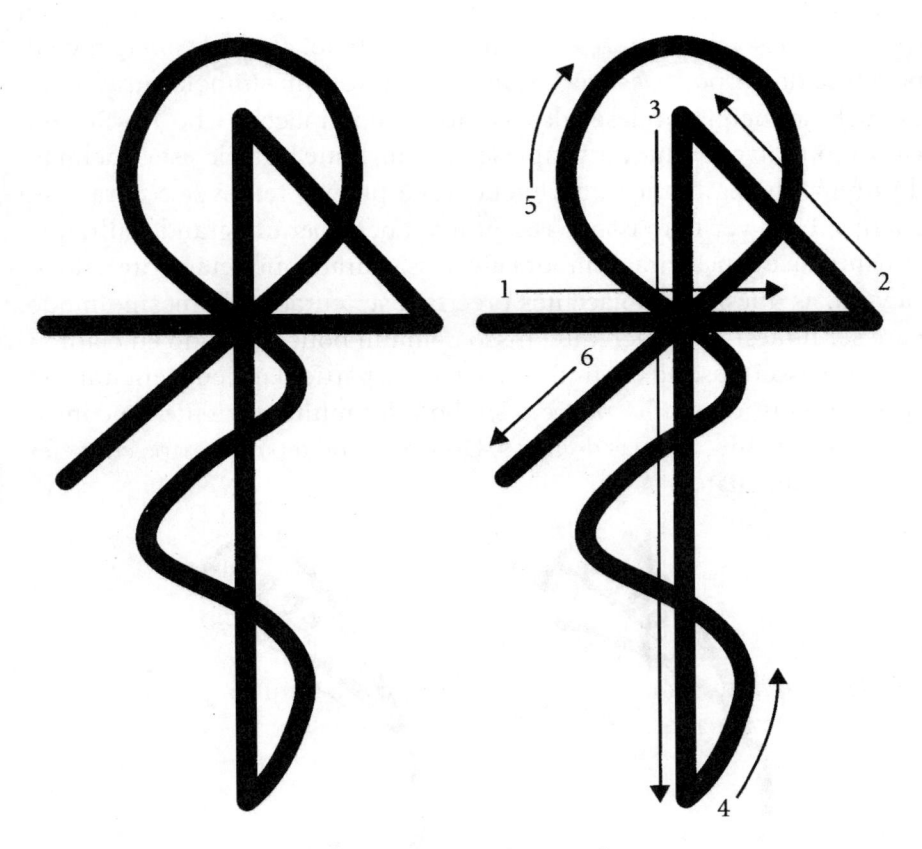

Figura 28: Mer-Ka-Fa-Ka-Lish-Ma

Motor Zanon

O Motor Zanon é encontrado sob uma variedade de nomes e acredita-se que sua origem seja tibetana ou sânscrita. Kathleen Milner declara que ao menos um monge tibetano usa o símbolo para exorcismos. Embora se pareça com o símbolo Tibetano de Mestre, difere muito em forma e função. Em algumas tradições do Reiki, ele é chamado de símbolo Antiviral. Energeticamente ele age como um ímã viral. Fortaleça-o com Cho-Ku-Rei, desenhando o Cho-Ku-Rei e cantando seu nome três vezes; depois, desenhe este símbolo, cantando Motor três vezes, e a seguir, desenhe e cante o Cho-Ku-Rei novamente. Imagine empurrar o símbolo para dentro do corpo do receptor. O "saca-rolhas" gira, atraindo as partículas virais, preenchendo a forma de funil. Use a sua intuição para saber quando retirá-lo, e quando tiver terminado, cante o Cho-Ku-Rei três vezes, seguido do Zanon três vezes e, então, mais uma vez o Cho-Ku-Rei três vezes. Isso reverte a ação, levando o símbolo, cheio de energia viral, para fora do corpo. "Destrua" o símbolo, tanto com símbolos usados para quebrar energias indesejadas, como as combinações Cho-Ku-Rei/Sei-He-Ki, ou talvez Halu, ou simplesmente imagine que ele está queimando numa chama branca ou violeta. Você precisa remover e curar essa energia. Uma vez feito isso, o receptor vai perceber um grande enfraquecimento da doença viral. Embora ele possa curar completamente a doença viral, as questões subjacentes precisam ser curadas do mesmo modo. Para ser honesto, não acreditei nisso nem um pouco quando eu o aprendi, mas passei a usá-lo em muitos pacientes, particularmente em um com HIV e em outro com herpes, e o símbolo foi muito eficiente no controle, se não na cura, de suas doenças. Usei-o também para a gripe com efeitos quase imediatos.

Figura 29: Motor Zanon

Hosanna

O símbolo Hosanna é desenhado de dois modos diferentes. A primeira versão emite uma energia purificadora. A segunda versão dirige-se a uma determinada questão que o cliente queira curar. Uma técnica de purificação combina Hosanna com uma invocação a São Miguel, aos Anjos da Chama Violeta e a St. Germain, mas você pode usar este símbolo apenas para a purificação. Ele é atribuído a Eileen Gurhy de Nova York, NY.

Figura 30: Hosanna de Purificação e Hosanna de Cura

Johre®

O símbolo Johre® é uma variação do símbolo caligráfico japonês da Fundação Johre®. Literalmente, é dito que ele significa "luz branca". Ele põe luz branca onde quer que seja usado, ajuda o receptor a liberar o que não tem serventia, abre os chakras e faz a ligação com os guias espirituais e mestres ascensionados.

Figura 31: Johre®

Om Benza Satto Hung

Este mantra e símbolo é usado para a purificação. Ele traz à tona energias nocivas para serem transformadas e pode ser usado tanto nas sessões de meditação quanto nas de cura. Mantenha-se repetindo o mantra e visualizando o símbolo. Nas tradições Tera Mai™, ele é usado para dispersar energias indesejáveis e aquilo que for considerado como "iniciações humanamente inventadas" de outras tradições.

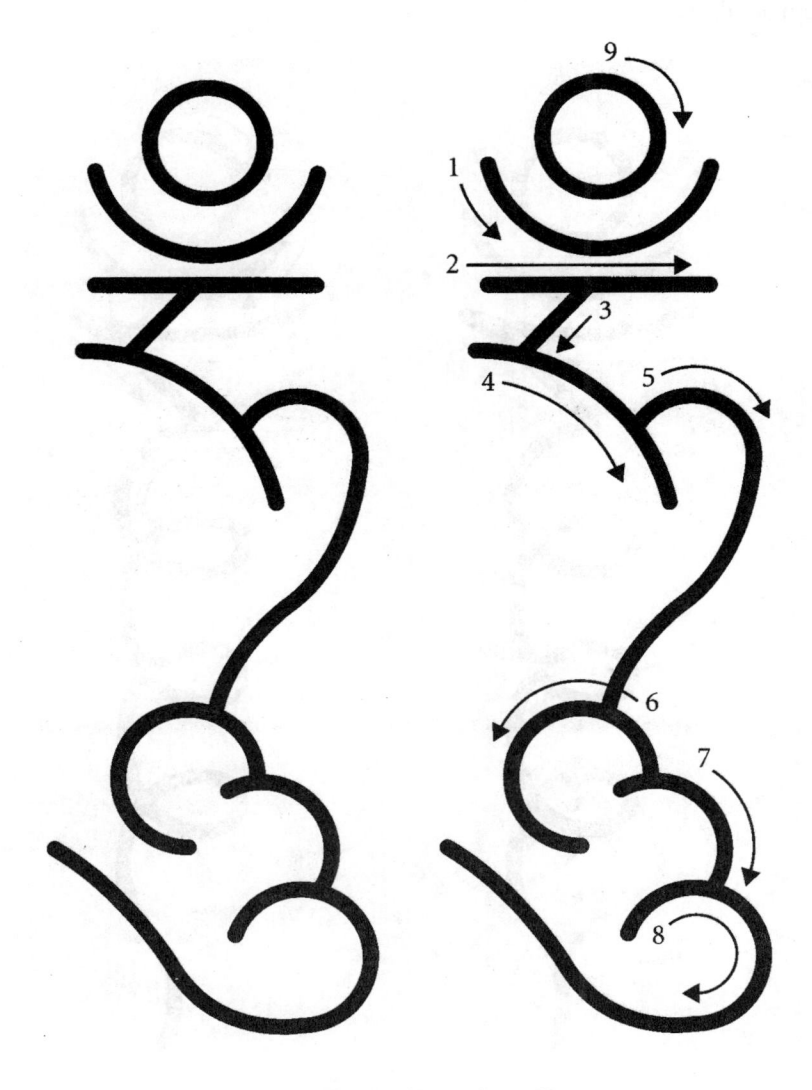

Figura 32: Om Benza Satto Hung

Símbolo de Mestre da Palma

O Símbolo de Mestre da Palma, também conhecido como Palma Dai-Ko-Mio, é visto nas palmas das mãos de muitas estátuas no Oriente, significando o poder curador dessas palmas. Agora é usado como símbolo na tradição Shamballa, tanto nas mãos quanto para todo o sistema de chakras. Diz-se que simboliza o sistema de chakras: o ponto 1 é a coroa, o 2 faz a ligação com o terceiro olho, o 3 é a garganta, o 4 move-se pelos outros chakras em direção à Terra e o 5 liga os chakras mais elevados além da coroa aberta.

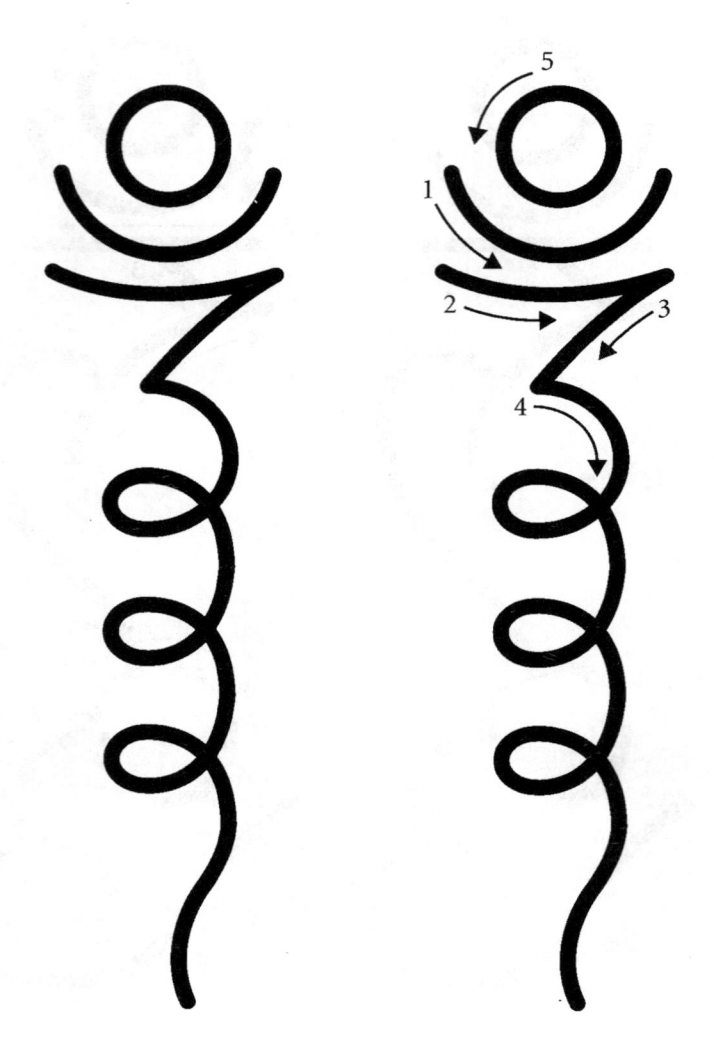

Figura 33: Símbolo de Mestre da Palma

Dai Zon

O Dai Zon (muitas vezes pronunciado "dai-don") significa "do meu coração para o seu coração". Sei que muitos Mestres em Reiki na Nova Inglaterra usam este símbolo, mas não o tenho visto muito em outros lugares. Algumas pessoas o chamam por este nome, enquanto outras o usam simplesmente como "espiral aberta". É usado para começar a sessão, espiralando para fora do coração e passando por todos os chakras. Dai Zon é atribuído a Lyn Roberts-Herrick, um professor de Reiki Xamânico.

Figura 34: Dai Zon

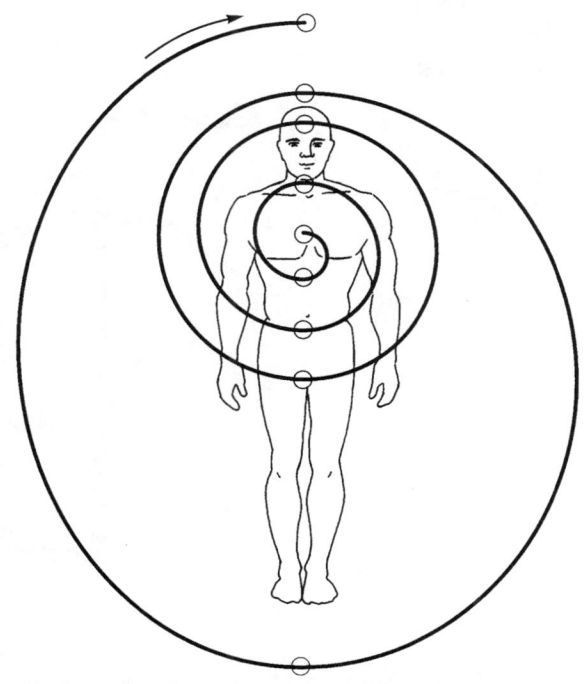

Figura 35: Desenhando o Dai Zon: Coração, Plexo Solar, Garganta, Abdômen, Testa, Raiz, Coroa, Estrela da Terra, Estrela da Alma

Cho-Ku-Ret

Cho-Ku-Ret é o símbolo do Poder das tradições Seichim, que transforma a energia em espiral do Cho-Ku-Rei com a volta do infinito. Cho-Ku-Ret não é usado apenas para curar as pessoas, mas também para curar seres não-celulares, como cristais, e para curar máquinas, carros e computadores. A lição espiritual que acompanha o Cho-Ku-Ret é que tudo é vivo e repleto da mesma energia que nos preenche.

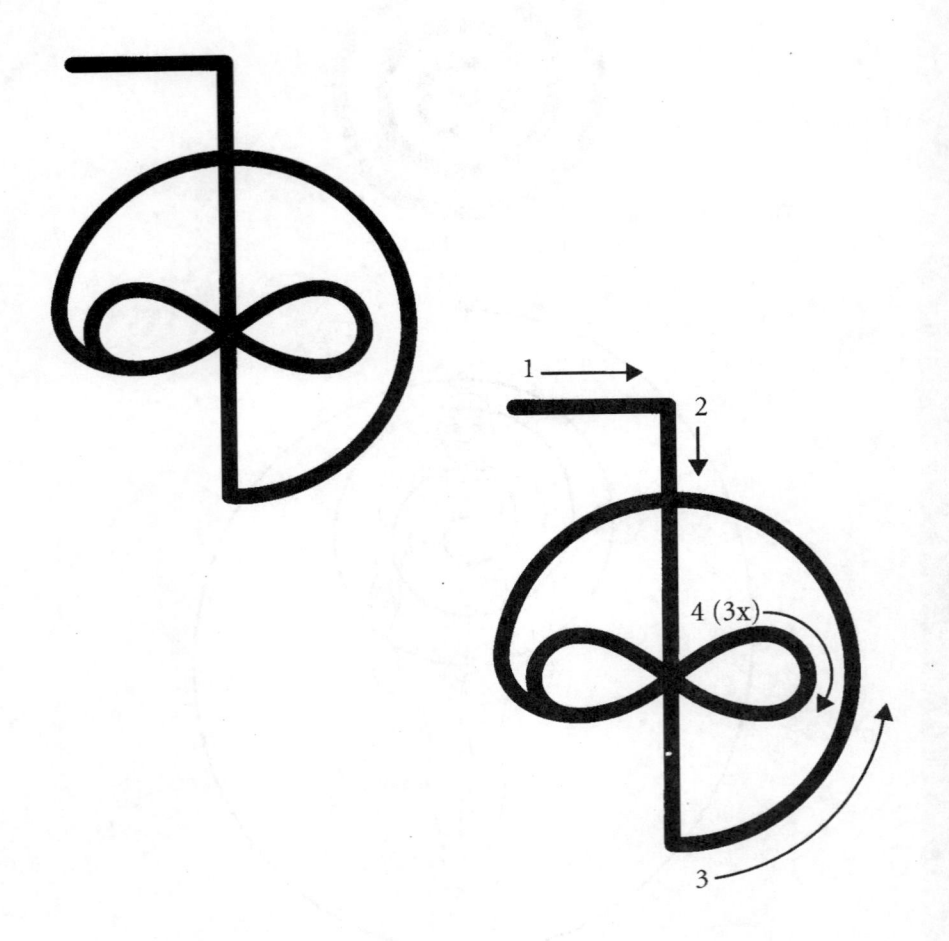

Figura 36: Cho-Ku-Ret

Asas de Anjo

Outro símbolo Seichim, Asas de Anjo é usado para ajudar você a realizar o seu potencial, a sua própria divindade angélica e a levar isso para o mundo. Asas de Anjo liga o usuário à esfera dos anjos, guias, guardiães e curadores. Traz também a proteção dos anjos.

Figura 37: Asas de Anjo

Masculino feminino

Nosso terceiro símbolo Seichim equilibra as energias masculina e feminina, independentemente do nosso gênero físico. Ele suaviza as relações com o sexo oposto, ajudando-nos a enxergar o ponto de vista do companheiro e ajuda os que lutam com as limitadas identidades de gênero da nossa sociedade.

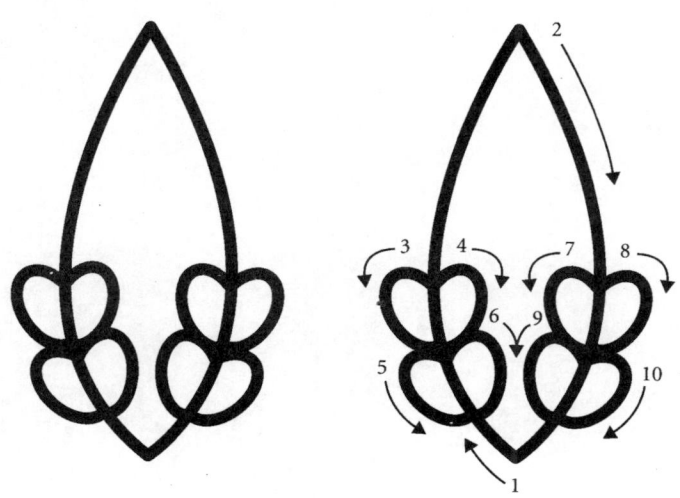

Figura 38: Masculino Feminino

Eus de Deus superior e inferior

Enquanto o símbolo Masculino e Feminino equilibra a nossa polaridade de gêneros, este símbolo Seichim equilibra o nosso eu superior e o nosso ego, trazendo muita sabedoria. Uma outra variação deste símbolo é chamada Luz de Cristo e é usada para levar os mais altos ideais espirituais e de amor ao usuário, para que ele possa agir de acordo com eles.

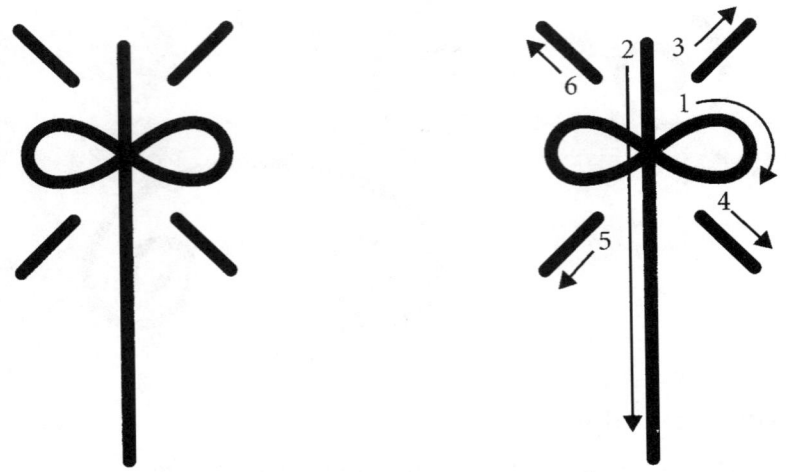

Figura 39: Eus de Deus Superior e Inferior

Eeeeftchay

Eeeeftchay é o símbolo Seichim da "visão interior infinita", que leva o esclarecimento para qualquer problema. Usado em qualquer chakra, carrega a visão interna e clareza para as questões daquele chakra. Eeeeftchay também amplia a nossa capacidade mediúnica quando usado sobre o terceiro olho.

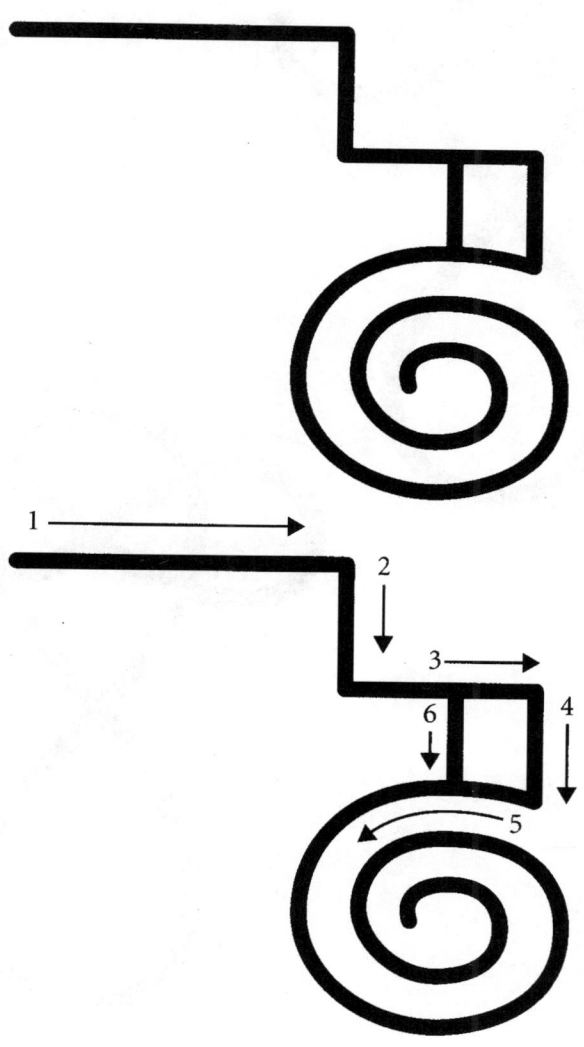

Figura 40: Eeeeftchay

Len So My

Len So My é o poder do amor puro; é usado nas situações em que uma pessoa precisa sentir um amor puro e incondicional quando está se sentindo perdida, negligenciada ou não-desejada.

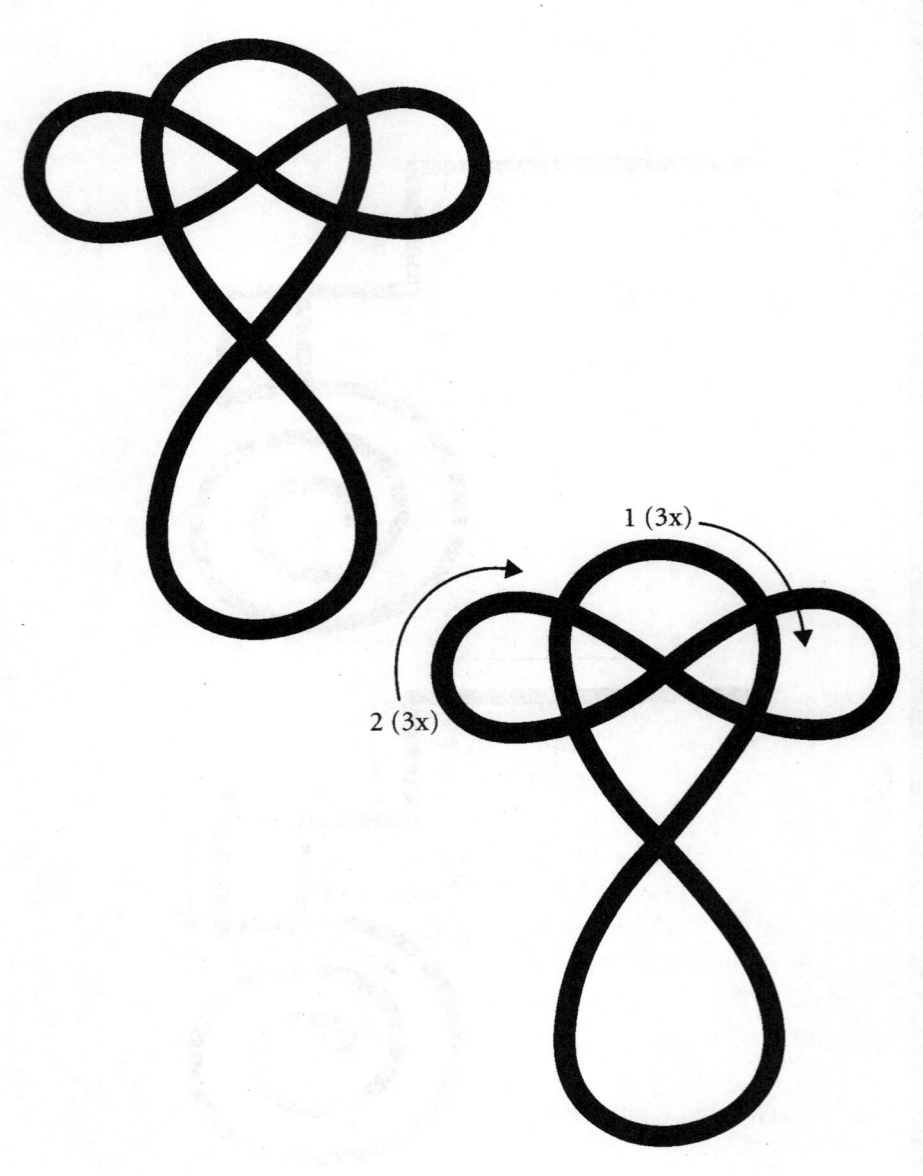

Figura 41: Len So My

Lon Say

Não existe muita informação disponível com relação ao Lon Say. Os únicos sentidos formais que encontrei dizem "negatividade infecciosa". Essas palavras podem ser interpretadas de duas maneiras. Prefiro pensar nele como limpando uma infecção, não infectando alguém com energia negativa. O símbolo pode ser usado quando energias "negativas" ou indesejáveis criam raízes, para eliminar essa infecção desequilibradora. O símbolo pode também ser usado para qualquer tipo de infecção física que, em última análise, é o processo das energias indesejáveis criarem raízes. Ele tende a equilibrar os diferentes lados do corpo, inclusive os braços e as pernas, mas concentra-se na espiral central da região do peito. Parece também amenizar problemas abdominais, delicadamente varrendo-os para fora com as quatro linhas em forma de ondas.

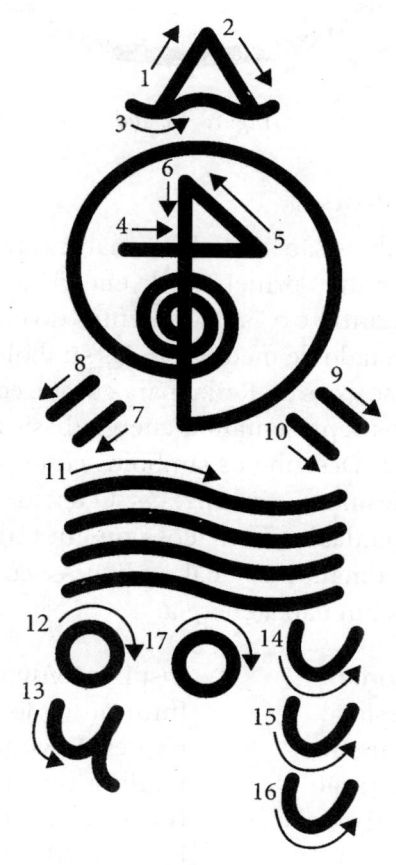

Figura 42: Lon Say

Yod

Yod, ainda que estranho, é um símbolo poderoso. Diz-se que ele é a energia do guardião do coração e que se liga ao mito da Arca da Aliança. É também usado para fazer a ligação com a orientação superior e a capacidade mediúnica por meio do coração. Kathleen Milner o usa junto com sua Iniciação Cartucha Egípcia, para ajudar os adivinhos a alcançar um entendimento maior das energias arquetípicas.

Figura 43: Yod

Símbolos dos chakras

Os símbolos dos chakras são símbolos e mantras tradicionalmente associados com os sete centros principais de energia identificados nas tradições hindus. Cada mantra é o "som semente" do chakra, descoberto por yogues e gurus em estado de meditação. Os símbolos encontraram o seu espaço em muitas tradições do Reiki, para curar e equilibrar cada um dos chakras. Os símbolos representam a energia básica do chakra, como as cores de cada chakra. Desenhe os símbolos como se fosse guiado intuitivamente, ou simplesmente visualize-os. O uso de cor, mantra e símbolo, em qualquer uma das combinações ou em todas, ajuda a alinhar e curar os chakras, acalmando os chakras excessivamente ativos ou energizando os chakras com baixa energia.

OM	Coroa	Inspiração/divindade
KSHAM	Testa	Intuição/visão
HAM	Garganta	Expressão/vontade
YAM	Coração	Equilíbrio/amor
RAM	Plexo Solar	Integridade/energia/auto-estima
VAM	Abdômen	Estabilidade/confiança
LAM	Raiz	Potência/fixação

Chakra da Coroa

Chakra da Testa

Chakra da Garganta

Chakra do Coração

Chakra do Plexo Solar

Chakra do Abdômen

Chakra da Raiz

Figura 44: Símbolos dos Chakras

Estes símbolos são vistos tradicionalmente da coroa para a raiz. Eu os recebi de um Mestre em Reiki para usá-los na cura, mas nunca recebi as especificações de como desenhá-los.

Símbolos Amsui

Os símbolos Amsui são usados nos processos de iniciação da Shamballa. Cada um é um símbolo individual (observe a repetição da passada 1), embora eles normalmente possam ser usados neste padrão. Os símbolos Amsui significam conclusão e ajudam na finalização e integração dos processos de iniciação. Como as energias da Terra se tornam mais espirituais, os símbolos Amsui usados no processo de iniciação e nas sessões de cura Shamballa ajudam a mudança das energias de cura Shamballa a se adaptarem às novas vibrações da Terra e de seus habitantes. Sem eles, as energias de cura podem manter-se estáticas enquanto a Terra e seus habitantes continuam a evoluir. Alguns praticantes usam os símbolos Amsui para indicar a conclusão de uma sessão. Eles podem ser usados toda vez que alguém passa por uma mudança energética e precisa se adaptar. Este símbolo canalizado é atribuído a Bas Van Woelderen.

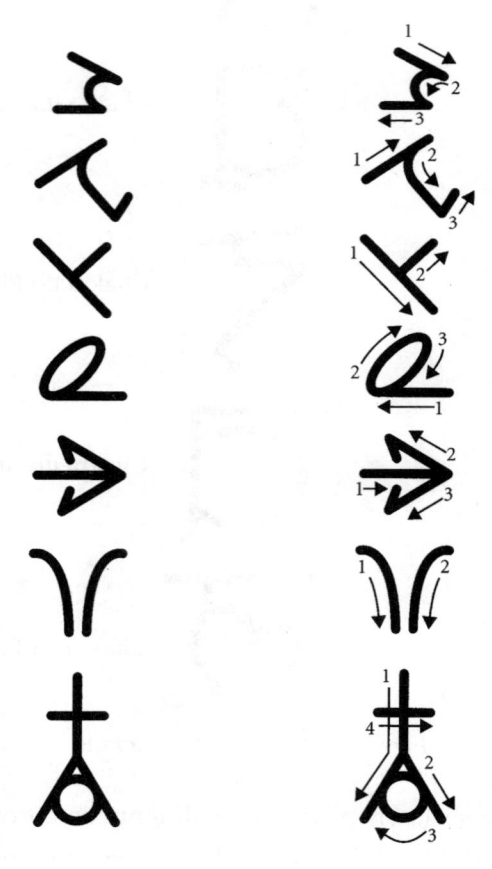

Figura 45: Símbolos Amsui

Abundância

Recebi este símbolo nas aulas de Shamballa Três e Quatro como o símbolo para manifestar abundância na vida, ou para ajudar alguém a curar seus problemas de mentalidade da pobreza e levar-lhe a mentalidade da prosperidade. Achei muito interessante o fato de este símbolo ser muito parecido com o hieróglifo para Sagitário (♐). Sagitário, o arqueiro, é o signo associado ao planeta Júpiter. No cerimonial de magia, Júpiter é o planeta da abundância, boa fortuna, bons negócios e expansão.

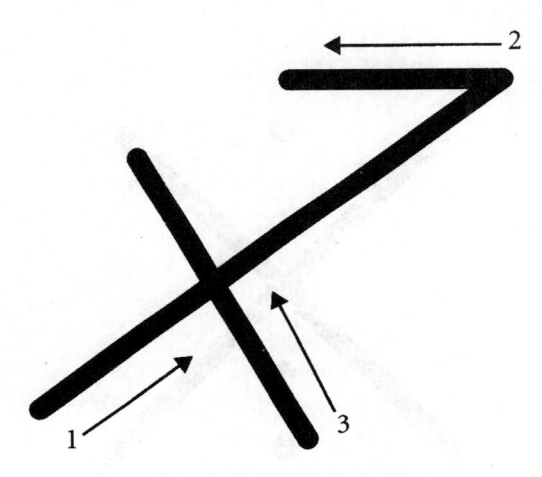

Figura 46: Abundância

Ho Ka O ili ili

Recebi este símbolo nas aulas de Shamballa Três e Quatro como o símbolo para aumentar a soberania e o respeito. Se tivermos uma auto-estima baixa ou uma auto-imagem fraca, ou se não estivermos nos relacionando bem com outras pessoas, este símbolo pode nos ajudar a tomar uma posição firme em defesa de nossos direitos básicos e ganhar respeito. Quando cantado, cada vogal é pronunciada separadamente. Para mim, o som de Ho Ka O ili ili é semelhante ao havaiano quando você o ouve pela primeira vez.

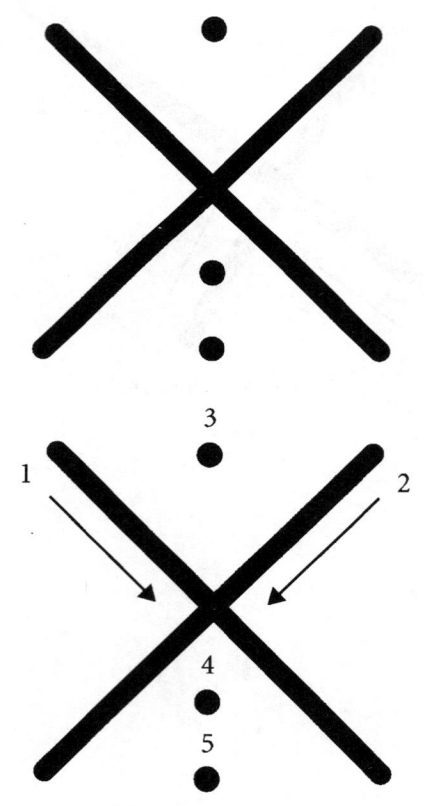

Figura 47: Ho Ka O ili ili

Símbolo anticâncer

Este símbolo é desenhado no corpo ou sobre o corpo e empurrado para dentro dele. Ele cura o corpo de tumores malignos, como o câncer, e promove o crescimento de células normais e saudáveis. Coloque o Anticâncer onde quer que haja o crescimento de células malignas. Este símbolo Shamballa foi recebido por Loril Moondream, que, associada com a White Mountain Apache, usou ensinamentos dos índios americanos, Reiki e técnicas visionárias para obter os símbolos que compartilhou comigo neste livro. Eles lhe foram dados pessoalmente em uma visão e não são símbolos tradicionais tribais.

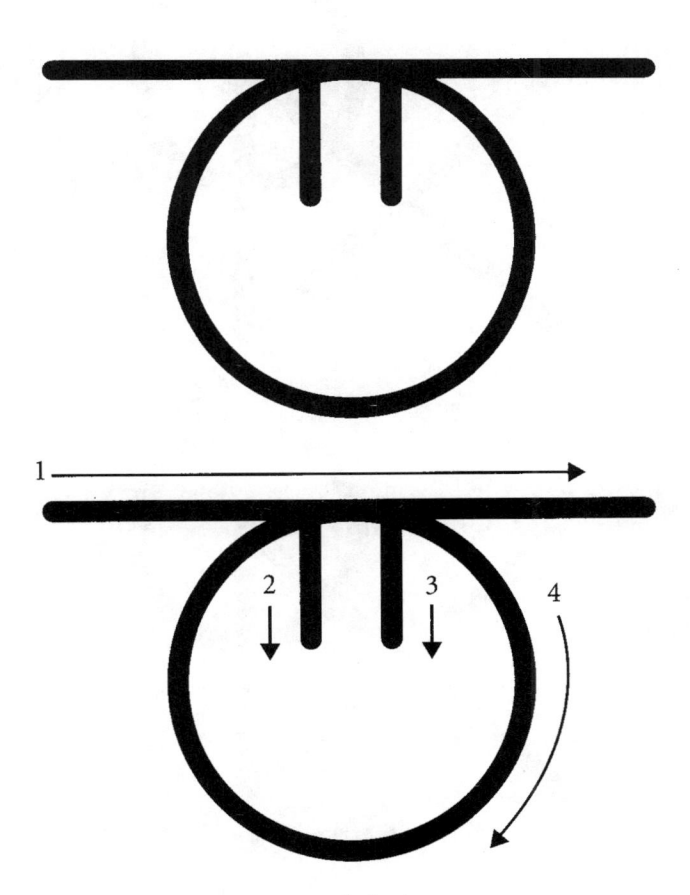

Figura 48: Símbolo Anticâncer

Cura os curadores

Este símbolo traz a energia de Quan Yin, a energia mãe da compaixão e do amor incondicional. É para ser usado por curadores neles mesmos e em outros curadores, de modo que todos possam aprender a reservar um tempo para o seu eu. Este símbolo Shamballa foi recebido por Loril Moondream.

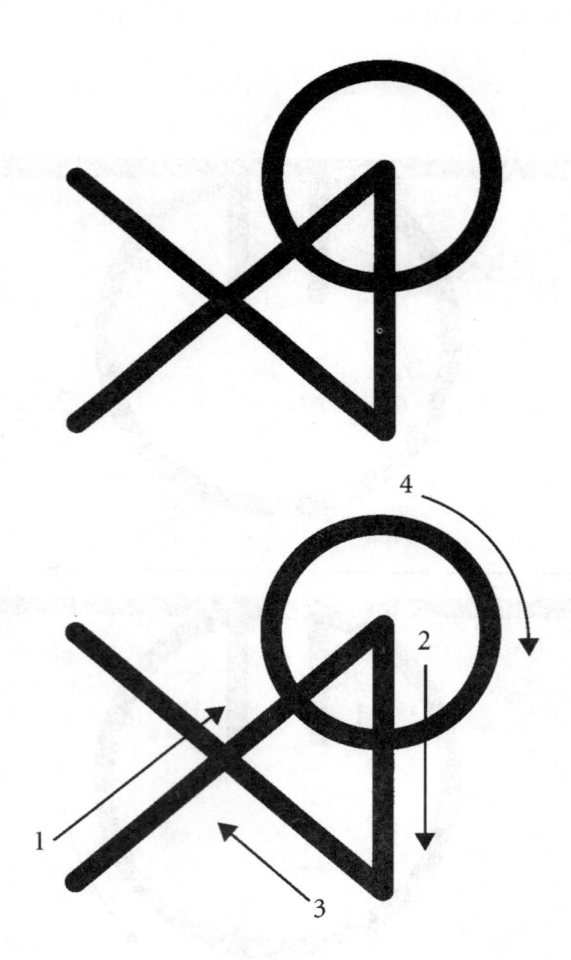

Figura 49: Cura os Curadores

Estrela de Doze Pontas

A Estrela de Doze Pontas é usada no chakra do coração durante as iniciações Shamballa. O coração muitas vezes é simbolizado pela estrela de seis pontas; assim, as doze pontas são a amplificação da energia do coração, simbolizando da mesma forma os doze signos do zodíaco. Na geometria sagrada, o sólido platônico de doze lados, o dodecaedro, corresponde ao elemento do espírito. Você pode usar esta forma, desenhada ou visualizada, em qualquer trabalho de cura de um chakra. Ela é também usada com pontas de cristal numa mandala curadora tanto para pessoas como para a Terra.

Figura 50: Estrela de Doze Pontas

Flor da Vida

Um outro símbolo usado no processo de sintonização Shamballa, a Flor da Vida representa a geometria do divino. O símbolo bidimensional Flor da Vida é uma série de dezenove círculos interligados da qual todos os sólidos platônicos sagrados podem ter se originado. Algumas versões deste símbolo continuam o padrão além dos dezenove círculos, criando uma flor de seis pétalas em cada um dos dezenove círculos. O fundador da Shamballa, Hari Das, diz que a Flor da Vida é o "projeto semente para a vida", representando o plano divino, o bem maior e a saúde perfeita. Você pode visualizar a Flor da Vida bi ou tridimensional numa sessão ou em volta do espaço de cura.

Figura 51: Flor da Vida

Como você pode perceber, alguns símbolos são muito específicos e outros são muito gerais. Muitos se repetem quanto ao funcionamento. Os símbolos não são absolutos, mas representações de muitas energias arquetípicas. Use-os como passagem para fazer suas próprias ligações sagradas com esses poderes curadores.

Estes são os símbolos mais populares com que tenho trabalhado e visto outras pessoas utilizarem em diversas tradições do Reiki. Se deseja mais inspiração para ligar-se ao divino e receber seus próprios símbolos por meio do Reiki, veja os símbolos adicionais no apêndice 1.

A Magia do Reiki

Agora você já sabe o básico tanto da magia quanto do Reiki, mas o que é a magia do Reiki? Para mim, a magia do Reiki é a extensão natural dessas duas artes. Eu estava envolvido com as duas e as via como disciplinas separadas, o que elas não são. As energias que alimentam as duas vêm da mesma fonte. A aplicação, as técnicas e até mesmo as filosofias são tão semelhantes que eu não posso entender como pode haver tal separação entre as duas. A maioria das pessoas ligadas ao Reiki tem noções preconcebidas sobre a magia, e aquelas ligadas a comunidades de magia muitas vezes pensam no Reiki como uma bolha de ar, uma tradição da Nova Era com pouca substância. Os dois grupos precisam ampliar a sua visão.

Quando eu estava tendo minha aula de Reiki Dois, no intervalo para o almoço, nós nos sentamos à volta da mesa. Nossa professora não conseguia abrir um vidro. A tampa estava bem presa. Ela usou isso como uma oportunidade para nos ensinar alguma coisa que não se encontra nos manuais de Reiki. Ela nos mostrou como os símbolos do Poder e Mental/Emocional, combinados, podem ser usados para eliminar todo tipo de bloqueio, não apenas bloqueios para a cura. Ela desenhou e cantou os símbolos sobre o vidro, e a tampa desenroscou imediatamente, como se fosse mágica! Do meu modo de ver, aquilo literalmente foi mágica — quando ela usou energia, intenção e símbolo para criar uma mudança de acordo com a sua vontade. Mas foi para o bem maior que a tampa do vidro se abriu? Você pode usar este argumento se quiser, mas, mais importante para mim foi a intenção dela e o método que ela escolheu para direcioná-la — Reiki.

Então, abrir a tampa de um vidro parece um exemplo muito bobo de mágica espiritual, mas a mágica em seu cerne é prática, e se você não conseguir comer, não vai poder ir adiante na sua caminhada. Uma porção de mágicas tribais eram originalmente voltadas para a comida — chuva para as plantas, bênçãos para uma boa colheita, feitiços para os caçadores encontrarem uma manada —, portanto um ato de magia para abrir uma tampa emperrada se encaixa perfeitamente no meu modo de ver o mundo.

Essa experiência ficou na minha mente e abriu a minha perspectiva. Nas minhas aulas nos níveis Dois e de Professor de Reiki, aprendemos muitas maneiras de aplicar o Reiki que pareciam excessivamente ritualísticas e mágicas para mim, incluindo preces, músicas, afirmações, proteções, bênçãos e cristais. O treinamento em Reiki não me parecia muito diferente do meu treinamento em bruxaria, era apenas um método diferente de discurso.

Durante um breve período, fiz parte de uma comunidade *online* que discutia o conceito de usar a magia e o Reiki juntos, fundindo os conceitos da magia do Caos ao sistema. Eles o chamavam Reiki Caos, que não me soava bem como um nome de cura, mas eu compreendi a idéia. Era ótimo ter uma comunidade que usava o Reiki de diferentes maneiras, explorando e dividindo as experiências. Fui então apresentado a muitos bruxos, como eu, que também eram praticantes de Reiki. Eles discutiam como usavam o Reiki no seu ofício, na mágica de velas, no herbalismo e mesmo na culinária. Achei a experiência maravilhosa e continuei minha exploração, formulando meus próprios pensamentos sobre a magia do Reiki.

Bruxaria e magia já faziam parte integrante da minha vida como meu caminho espiritual, e foi difícil para mim incorporar o Reiki do mesmo modo, porque pensava inicialmente que o Reiki estivesse separado da magia. Agora eu sei que eles caminham juntos muito bem e, intencionalmente ou não, a magia e o Reiki estão presentes em tudo o que eu faço.

Salvaguardas

O sistema Reiki, por meio da linhagem Usui, herdou "salvaguardas" criadas dentro dele. A energia é guiada por uma inteligência superior. A energia não pode ser usada para ferir os outros porque o receptor dela, ou o eu superior do receptor, está encarregado do processo. Algumas tradições do Reiki não pensam nisso como um eu superior, mas como uma sabedoria natural do corpo, que controla o processo. Suas células e seus órgãos sabem naturalmente o que fazer. Eles sabem até mesmo quanto Reiki "sugar" para dentro e quando parar. O praticante de Reiki é apenas o veículo de transmissão, como o canudo ao ser chupado.

A magia, por outro lado, não tem salvaguardas. Ela é regulada pela intenção. O objetivo final da prática é entrar em contato com a vontade divina, o eu superior do praticante. Os magos cerimoniais chamam isso de casamento com o Santo Anjo da Guarda. Mas, no trajeto para essa união, os praticantes de magia precisam aprender a viver com as conseqüências de todas as suas ações, mágicas ou de outro tipo.

Uma parte da maioria das tradições mágicas é um voto para o bem maior. Na Wicca, a premissa é o Provérbio Wiccan: "Ninguém faz mal a ninguém, cumpra-se a vossa Vontade." Algumas tradições mágicas rituais, inspiradas pelo livro de Aleister Crowley, *Book of the Law*, dizem: "Cumprir-se a vossa Vontade será toda a lei. Amor é a Lei. Amor sob a Vontade." Cada tradição pode ter um modo diferente de expressá-lo, mas o voto é para o bem maior, não fazer mal a ninguém, com um amor incondicional. A maioria das tradições mágicas crê que o que você enviar volta para você, criando mágica. Essa é a premissa de todo trabalho de feitiçaria. As intenções e os pensamentos que emitir voltam para você, criando mágica.

Então de que modo dois sistemas, um com salvaguardas inerentes e um sem, interagem e trabalham juntos harmoniosamente? A intenção é a chave. A intenção regula todas as coisas. Fico imaginando quanto do sistema Reiki tem verdadeiramente essas salvaguardas inerentes em si mesmo. Talvez essas salvaguardas não sejam realmente inerentes, mas foram criadas por meio da intenção, e essas filosofias de segurança acabaram se tornando uma pedra fundamental na prática de Reiki. A energia é passada do professor para o praticante com a compreensão de que é uma energia curadora sendo usada sem nenhum mal ou ego. O ritual de iniciação mantém esta intenção e parece ser auto-replicante com cada transmissão de energia. Talvez a compreensão seja necessária tanto por parte do professor quanto do praticante, ou talvez só precisasse ser compreendida pelo dr. Usui e agora é replicada em cada processo de sintonização, independentemente de quaisquer mudanças no processo de sintonização porque a energia é a mesma.

Eu sei que, da primeira vez em que aprendi bruxaria, aprendíamos a meditar todos os dias, e a primeira coisa que dizíamos a nós mesmos, ao programar a nossa mente, era: "Neste nível, tudo que eu faço é correto e para o bem de todos, sem causar mal a ninguém." Esta se tornou uma salvaguarda inerente para mim.

Afinal, os praticantes, tanto de magia quanto de Reiki, têm a mesma intenção, que é o bem maior.

Sintonização como tecnologia mística

O processo de sintonização não é somente encontrado no Reiki. Uma sintonização é uma iniciação, como muitas tradições esotéricas têm transferências energéticas e iniciações. Os Mestres em Reiki modernos, não-tradicionais, têm usado o processo de sintonização, a tecnologia e o ritual, para criar novas energias, tradições e efeitos mágicos.

Kathleen Milner, a fundadora do Tera Mai™, usa um processo de sintonização com arquétipos egípcios, como foi orientada para fazê-lo, chamado Iniciação Cartucha. Por meio dessa iniciação, o receptor alcança um entendimento maior das forças arquetípicas. O receptor dá um salto na compreensão e interpretação dos arquétipos de qualquer sistema de adivinhação ou oráculo. Depois da iniciação, os praticantes de Tarô, runas, *ogh, am* e outros tipos de adivinhação relatam um conhecimento maior no uso desses sistemas.

Outros usaram o processo de sintonização para "sintonizar" uma outra pessoa para as runas nórdicas, o *oghl am* celta e outros sistemas de símbolo. As pessoas têm sintonizado outras pessoas a símbolos que elas receberam mediunicamente e para símbolos tradicionais, como a cruz, o triângulo, o símbolo do infinito, o *triskallion*, o pentagrama, o pentáculo, o hexagrama e o *ankh*.

Algumas pessoas não sentem que precisam ter sido sintonizadas ao Reiki para fazer o Reiki. A maioria diz que é porque não entende o processo e a natureza do Reiki. Outras que são bem versadas na história do Reiki chamam a atenção para o fato de que o dr. Usui não recebeu a sintonização de um Mestre em Reiki. Ele recebeu uma iniciação direta e espontânea do divino. Se ele teve isso, outra pessoa qualquer não poderia passar pela mesma coisa? Qualquer pessoa de coração e mente abertos não poderia receber um presente desses do divino? A resposta é, não sei. Não foi assim que aconteceu comigo e com a maioria das pessoas que conheço, mas quem sou eu para dizer que ninguém mais recebeu uma sintonização espontânea? Pela minha experiência, isso não parece acontecer.

Uma outra questão interessante é se uma sintonização dura ou não a vida toda. Se você sentiu que estava sintonizado com o Reiki, de algum modo ou em alguma tradição, numa vida passada, você ainda está sintonizado? Esta sintonização está no seu corpo ou na sua alma? Você pode levá-la com você? Nas tradições hindus, alguns dizem que somente um professor-mestre iluminado pode despertar a kundalini, a energia da consciência. A kundalini é descrita como uma serpente adormecida na raiz, esperando para ser despertada por meio dos chakras para trazer um conhecimento maior, embora haja muito medo cercando o despertar da kundalini em algumas literaturas. Se um mestre despertou sua kundalini em algum momento da sua vida, ela pode ser despertada novamente sem o mestre em qualquer momento posterior de sua vida. Tenho um amigo que acredita que o Reiki funcione do mesmo modo. Talvez as sintonizações do Reiki também despertem a energia da kundalini.

Pela minha experiência, as pessoas que declaram estar ainda sintonizadas ao Reiki desde uma vida anterior, mas não experimentaram uma sintonização física nesta vida, têm algumas dificuldades. Talvez seus corpos espirituais estejam sintonizados, mas surgem alguns problemas físicos. Parece que lhes faltam aquelas salvaguardas físicas inerentes que os protegem de atrair para si doenças ou de exaurir seus corpos físicos. Esses amigos parecem adoecer, sentindo enjôo e tendo dores de cabeça, por isso não sugiro que se trabalhe a partir desse paradigma. Uma simples sintonização em Reiki remove quaisquer perigos inerentes a esse processo.

Sintonizações a distância

Pelo que foi apresentado no capítulo 4 com relação aos conceitos do símbolo de Cura a Distância, Hon-Sha-Ze-Sho-Nen, você sabe que é possível mandar a energia Reiki e os símbolos do Reiki a um ponto distante. Essa teoria foi ampliada para incluir as sintonizações. As opiniões a esse respeito são controversas na comunidade Reiki. Alguns acham que é preciso um professor em pessoa para transmitir a energia e os ensinamentos. Outros sentem isso como um modo de manter o Reiki como um negócio, impedindo assim que ele seja compartilhado livremente. Afinal, acho que isso depende de como o processo é conduzido pelo professor. Eu sei de muitos cursos de Reiki *online*, com sintonizações a distância, que são tão completos quanto qualquer outro curso que se faça pessoalmente, e alguns são até melhores que certos treinamentos que exigem a presença física mas são descuidados. Como em tudo, a sua experiência vai variar dependendo da pessoa com quem trabalhar.

O tipo mais comum de sintonização a distância são as sintonizações de cura. Como as sintonizações de cura tradicionais, elas podem ser feitas como parte de um tratamento completo a distância ou sozinhas. A tradição do Reiki Tibetano usa as sintonizações de cura a distância, mas em geral não incentiva as sintonizações de praticante a distância. Mas se é possível fazer uma sintonização de cura a distância, então é igualmente possível passar uma sintonização de praticante estando distante.

Para fazer qualquer tipo de sintonização a distância, use apenas o Símbolo de Cura a Distância para abrir a "passagem" como você faria num tratamento a distância e envie os símbolos assim que tiver a permissão. Aquele que estiver passando a sintonização pode pedir ao receptor para abrir espaço e reservar um tempo para meditar e receber a energia. O praticante pode mandar os símbolos através da passagem do símbolo de Cura a Distância, ou pode usar um substituto, como um travesseiro, um urso de pelúcia ou o joelho, como nas técnicas a distância. Por meio dessa técnica, é possível fazer uma sintonização de cura em si mesmo. Descobri que isso é muito eficiente, e eu o aconselho calorosamente! Eu, pessoalmente, não sou a favor de sintonizações de praticante a distância para a minha prática pessoal, já que prefiro ensinar pessoalmente do que *online* ou pelo telefone, mas se isso o atrai, cabe a mim encorajá-lo a seguir a sua intuição e orientação.

O ritual Reiki

Uma das mais efetivas técnicas mágicas é o ritual. Algumas pessoas não gostam da palavra ritual, achando que lembra muito ocultismo, e preferem a palavra cerimônia. Aprendi que uma cerimônia é um ritual com duas ou mais pessoas, por isso uso essas palavras como sinônimos. Um ritual ou cerimônia é basicamente uma ação simbólica para direcionar a energia. Todos os ritos religiosos, mágicos ou de outro tipo, têm uma base no ritual, desde as danças da chuva dos índios americanos à missa católica. São todos atos simbólicos que criam mudanças, quer essas mudanças estejam no mundo interior ou exterior.

O primeiro ritual mágico formal que aprendi foi o Círculo Mágico, ou o Círculo dos Bruxos. O objetivo do círculo é criar um espaço sagrado para meditação, para a cura e para o trabalho de feitiçaria. Durante o círculo ritual, são encaradas as quatro direções, uma a uma, convocando os poderes de todas as direções, corporificados pelos elementos Terra, Fogo, Ar e Água, para guardá-los e guiá-los no espaço sagrado. Muitos acham certos aspectos dessa cerimônia muito semelhantes aos rituais dos indígenas da América do Norte e do Sul, que honram as quatro direções e os elementos em seus próprios rituais. Muitas tradições que veneram a Terra, de algum modo veneram as quatro direções e também a Lua, o Sol e as estrelas.

Quando eu estava no Reiki Dois, aprendi um ritual diferente do Círculo Mágico, mas com uma técnica e um objetivo muito semelhantes. Desenha-se o Cho-Ku-Rei duplo, com as "bandeiras" apontadas para dentro, criando a imagem de um portal, nas quatro direções. A intenção é que elas selem o espaço, deixando apenas as energias mais curadoras e amorosas dentro ou fora dele. O Cho-Ku-Rei duplo é também desenhado no teto acima e no piso abaixo. Com essas seis direções, o espaço é selado. Então o Cho-Ku-Rei e o Sei-He-Ki são desenhados no centro, para purificar o espaço de toda e qualquer energia indesejável, prejudicial ou pesada que tenha permanecido. Quaisquer outros símbolos adicionais conhecidos, particularmente o Hon-Sha-Ze-Sho-Nen e, se estiver no nível de Mestre, os símbolos do Mestre, são desenhados. Isso cria um espaço selado, purificado e sagrado para fazer as sessões de cura ou para dar aulas. Você também pode usá-lo para dispersar "más vibrações" de qualquer lugar que precise de cura ou purificação. Eu o uso como parte da limpeza "psíquica" da minha casa, do meu escritório e do carro, particularmente se houver ocorrido algum evento, discussão ou qualquer coisa com uma grande carga emotiva, assim a energia desses repentes não permanece nem contamina acontecimentos futuros.

Com ambos os rituais você tem a opção de usar incenso purificador antes da criação do espaço sagrado, tal como sálvia, olíbano/mirra, lavanda ou copal. Descobri muitas semelhanças entre os dois rituais. O círculo mágico é mais intenso e intrincado e exige não apenas um ritual de abertura, mas também, quando é concluído, um ritual apropriado de encerramento e liberação para fechar todas as passagens elementais e liberar o espaço sagrado. O selamento/purificação do Reiki não exige um encerramento. Seu efeito apenas desaparece gradualmente após a sessão.

Combinando o que existe de melhor nos dois rituais, tenho usado o Círculo Reiki, descrito na próxima sessão, para criar um espaço sagrado, particularmente em situações em que os envolvidos não ficariam à vontade com a tradicional cerimônia de magia. Ele cria um espaço seguro para cura, aconselhamento, meditação, oração e magia.

Para esses rituais, muitas vezes se costuma ter um altar, um espaço de trabalho mágico, mas isso não é obrigatório. Um altar simples consiste de uma mesa com itens que simbolizem os quatro elementos. Você pode ter uma pedra ou um cristal para a Terra no Norte; uma vela vermelha para o Fogo no Leste; incenso de artemísia para o Ar no Sul; e uma bacia, um cálice ou uma concha para a Água no Oeste. Normalmente eu coloco uma vela branca no centro para o Espírito. Use os símbolos e os arranjos que desejar.

Círculo Reiki

Oriente-se no seu espaço, se possível, ficando voltado para o Norte. Aponte sua mão para o Norte e deixe que a energia Reiki flua para o perímetro da sala ou para onde você quiser que se defina o limite do espaço sagrado. (Não pode ser através das paredes nem além delas.) Visualize a energia irradiando de sua mão e vire-se no sentido horário, criando um anel de energia em torno do espaço. Faça isso três vezes ao todo, com a intenção de criar um espaço sagrado.

Olhe para o Norte. Desenhe o portal do duplo Cho-Ku-Rei e energize os símbolos cantando o nome deles três vezes. Diga, então:

"Ao Norte, eu convido os curadores da Terra e do Corpo para estarem presentes. Saudações e boas-vindas."

Vire-se para o Leste. Desenhe o portal do duplo Cho-Ku-Rei e energize os símbolos cantando o nome deles três vezes. Diga, então:

"Ao Leste, eu convido os curadores do Fogo e da Alma para estarem presentes. Saudações e boas-vindas."

Vire-se para o Sul. Desenhe o portal do duplo Cho-Ku-Rei e energize os símbolos cantando o nome deles três vezes. Diga, então:

"Ao Sul, eu convido os curadores do Ar e da Mente para estarem presentes. Saudações e boas-vindas."

Vire-se para o Oeste. Desenhe o portal do duplo Cho-Ku-Rei e energize os símbolos cantando o nome deles três vezes. Diga, então:

"Ao Oeste, eu convido os curadores da Água e do Coração para estarem presentes. Saudações e boas-vindas."

Agora você criou um espaço sagrado e pode realizar qualquer uma das técnicas apresentadas neste capítulo e nos subseqüentes. Toda a magia é ampliada quando feita num espaço sagrado. Tome cuidado para não deixar os limites do espaço sagrado até liberá-lo.

Quando tiver acabado, o espaço precisa ser liberado começando pelo Norte e invertendo suas ações, seguindo no sentido anti-horário. Você não precisa desenhar qualquer símbolo do Reiki para liberar, mas pode fazer isso se quiser. Siga o mesmo processo, mas invertido.

"Ao Norte, eu agradeço e libero os curadores da Terra e do Corpo. Saudações e adeus.

Ao Oeste, eu agradeço e libero os curadores da Água e do Coração. Saudações e adeus.

Ao Sul, eu agradeço e libero os curadores do Ar e da Mente. Saudações e adeus.

Ao Leste, eu agradeço e libero os curadores do Fogo e da Alma. Saudações e adeus."

Vire-se para o Norte novamente, levante as mãos e movimente-se no sentido anti-horário uma vez, imaginando o círculo de luz se expandindo infinitamente.

Consagração Reiki

Os praticantes das tradições mágicas acreditam no poder de impregnar objetos com energia e intenção. Essas ações são chamadas de consagração, impregnação, bênção ou santificação. Simplesmente por intermédio da intenção, a energia é colocada num objeto para intensificar o seu uso. O que é maravilhoso no que se refere a esses objetos é que eles podem ser dados às pessoas não envolvidas com o Reiki ou com a magia e ainda carregarem seu poder eficientemente. Essa consagração é a fonte de poder para os talismãs mágicos encontrados ao longo das épocas e em diferentes terras. Você pode consagrar jóias como anéis e colares junto a cristais e pedras. Alguém com uma doença prolongada pode usar um anel carregado com energia para a cura. Eu "reikizei" as pedras do meu jardim para cura e proteção. Eu também uso o Reiki em todos os meus apetrechos cerimoniais, como vara de condão, lâmina, velas, incenso e estátuas.

Tradicionalmente, os místicos dizem que coisas com estrutura mais sólida, como metal e pedra, "puxam" melhor a carga da intenção e energia do que as outras, mas não deixe que isso o limite. Eu uso o Reiki para abençoar minha comida antes de comê-la, muitas vezes usando o Cho-Ku-Rei junto com Mer-Ka-Fa-Ka-Lish-Ma para curar qualquer impureza que haja nela, assim como para ativar qualquer propriedade curativa que a comida tenha. Faço o Reiki nas minhas ervas e outros medicamentos. Eu também tenho reikizado bichos de pelúcia.

Consagre um objeto segurando-o e deixando que o Reiki flua nele (as mãos em posição Reiki) e desenhando os símbolos do Reiki nele. Esses objetos normalmente são purificados previamente para dispersar qualquer energia prejudicial que possa entrar em conflito com sua intenção. Você pode purificá-los com um incenso purificador, ou use mais uma vez a combinação Cho-Ku-Rei, Sei-He-Ki, Cho-Ku-Rei três vezes. (Essa combinação de símbolos remove todos os bloqueios e energias indesejáveis. Eu cheguei a usá-la até para desentupir um vaso sanitário!) Segure então o objeto em suas mãos e sinta o Reiki fluir nele. Use os símbolos que correspondem à sua intenção, caso você tenha uma intenção específica. Você pode pôr apenas os símbolos básicos do Reiki Dois e/ou Mestre em Reiki no objeto e pedir para que o Reiki flua conforme a necessidade, para o bem maior, segundo a necessidade do usuário.

Magia do Reiki lunar

Certa vez, quando eu estava dando uma aula de Reiki, havia uma aluna que não queria se envolver com nada ligado à magia ou à bruxaria. Ela havia gostado das outras aulas que eu dera, mas achava que essas coisas eram contra a sua religião e não ficava à vontade com isso. Eu entendo e respeito os seus sentimentos. E então ela me ensinou a magia do Reiki Lunar, embora ela não a chamasse assim. Contou-me que seu primeiro professor havia lhe ensinado essa técnica e ela não compreendia porque eu estava tão surpreso. Expliquei-lhe que ela vinha praticando magia o tempo todo, só que magia do Reiki, e que a magia pode ser encontrada em muitas culturas e religiões, inclusive no judaísmo, no cristianismo e no islamismo.

A técnica básica consiste em escrever uma "lista de desejos" de objetos materiais que você quer ou de eventos que deseja que ocorram, com a intenção de que ocorram somente se for para o bem maior. Essas declarações devem ser escritas de uma maneira positiva, não como se estivesse em uma posição de carência ou necessidade. Devem ser lidas como se já tivessem acontecido, ou se já estivessem em processo de se concretizar. Uma lista desse tipo deve ser mais ou menos assim:

Tenho um novo emprego que preenche todas as minhas necessidades financeiras e pessoais.

Tenho o coração e o aparelho circulatório perfeitamente saudáveis.

Tenho um novo sistema de som no meu carro.

Estou feliz com a minha vida doméstica.

A lista pode ser tão longa ou tão curta quanto você desejar. A princípio parece uma lista de simples afirmações encontradas em muitas tradições, do mundo místico ao da auto-ajuda, mas aqui é que aparece a parte mágica mais interessante. Aquela pessoa sugeriu que fosse regulada com a fase da Lua, uma antiga tradição da magia. Ela sugeriu começar a lista quando a Lua começasse a ficar cheia ou crescendo em luminosidade, da Lua nova ao quarto crescente. Quando a luminosidade da Lua está aumentando, é o momento de fazer magia com intenção de criar, crescer ou se manifestar. Quando a Lua está minguando ou sua luminosidade diminuindo, é o momento de expulsar, remover ou proteger.

Comece a lista à medida que a luz da Lua comece a aumentar. Todos os dias, mantenha a lista entre as mãos e as posicione em Reiki sobre a lista, enchendo o papel de energia enquanto canta o "Cho-Ku-Rei" repetidas vezes. Faça isso em qualquer lugar durante um período de alguns minutos até quinze minutos por dia. Você pode visualizar ou desenhar o símbolo sobre a lista. Não é preciso ler a lista todos os dias. Na verdade, é melhor que não o faça, para deixar que a energia se forme sem vínculos.

Quando a Lua estiver cheia, faça o Reiki sobre a sua lista uma última vez. Quando tiver concluído, queime ou enterre a lista e deixe que sua intenção se manifeste em sua vida.

O processo pode ser revertido para criar uma lista de coisas que você gostaria de eliminar, como neste exemplo:

Eu elimino o meu medo de voar.

Eu elimino qualquer doença no meu aparelho digestivo.

Eu elimino toda a dor no meu joelho.

Eu elimino a disputa legal entre mim e meu ex-cônjuge.

Comece essa lista depois da Lua cheia e chegue ao final na Lua nova, queimando ou enterrando a lista nesse momento.

Embora eu goste do conceito da lista e acredite que a força vital universal é sempre abundante, algumas vezes eu preciso me concentrar em apenas uma intenção para que ela se manifeste na minha vida. Na bruxaria, eu uso esta fórmula para trabalhar um feitiço quando a Lua está crescendo:

> *"Eu, (Declare seu nome pessoal ou espiritual), peço em nome da Deusa e de Deus que me conceda (Declare a sua intenção). Agradeço à Deusa e a Deus por todos os favores e peço que isso seja certo, para o bem maior, sem causar mal a ninguém. So mote it be."*

Se a Lua estiver minguando, reconstrua a primeira frase da seguinte forma: *"Peço em nome da Deusa e de Deus que elimine (Declare a sua intenção)."* Você pode usar qualquer nome para o divino se não se sentir à vontade com "a Deusa e Deus". A frase final "So mote it be" significa simplesmente "Assim seja" ou "Que assim seja". Os bruxos usam essa expressão como uma afirmação final, para dizer que isso é assim, já aconteceu, e eu agradeço por isso. Usá-la é como fazer uma afirmação positiva. Eis um exemplo do feitiço da Lua crescente tradicional:

> *"Eu, Christopher, peço em nome da Deusa e de Deus para que me seja concedido um novo espaço ao ar livre, que seja agradável, e tempo para trabalhar e me divertir nele. Agradeço à Deusa e a Deus por todos os favores e peço para que isso seja certo, para o bem maior, sem prejudicar ninguém. So mote it be."*

Use a lista ou a fórmula da intenção específica e se sinta à vontade para adaptá-las para que se ajustem ao seu estilo pessoal de magia.

A caixa de Reiki

A caixa de Reiki é uma outra técnica que aprendi que me causou impacto por ser muito semelhante à magia tradicional. Em bruxaria, existe uma técnica mágica popular chamada caixa de feitiço, ou, mais modernamente, tigela de manifestação. Uma caixa ou uma tigela é usada como recipiente e é purificada e abençoada num ritual, com a intenção de manifestar qualquer desejo que seja colocado ali. Nomes de pessoas que estejam precisando de cura e orientação são postos ali, assim como feitiços e intenções. Cristais (ver capítulo 11) e ervas desidratadas ou raízes (ver capítulo 12) que combinem com as intenções do trabalho também podem ser acrescentadas. Essas caixas de feitiços devem ser começadas na Lua nova. A caixa é colocada no altar ou em outro lugar usado para meditar, e a intenção e a energia são colocadas na caixa, "recarregando-a" todos os dias. Se surgir uma nova necessidade, um outro papel com esse "desejo" é acrescentado à caixa de feitiço. O processo inteiro dura a metade do ciclo lunar, até a Lua cheia, ou um ciclo lunar inteiro, de uma Lua nova até outra Lua nova. O conteúdo da caixa é então queimado ou enterrado, e o processo começa novamente.

Descobri praticantes de Reiki que fazem "caixas de Reiki". Eles têm lindas caixas decoradas e nelas eles colocam sua lista de manifestações e de preces de pessoas ou lugares que estejam necessitando de uma cura Reiki. Eles põem a caixa entre as mãos e fazem o Reiki sobre ela durante um minuto ou até por uma sessão inteira todos os dias, como parte de sua prática espiritual diária.

Exercício: Crie uma Caixa de Reiki

Crie e use uma caixa de Reiki, como foi descrito. Purifique e consagre a caixa seguindo o seu próprio ritual em seu espaço sagrado, ou use o ritual do Círculo de Reiki descrito anteriormente neste capítulo. Faça desta técnica uma parte da sua prática espiritual.

Magia da vela Reiki

A lenda diz que o dr. Usui costumava acender velas mágicas de cura durante suas sessões de Reiki de cura. Isso faz parte de uma tradição transmitida por alguns Mestres em Reiki, mas não sei se é verdadeira. Mas, se ele fazia isso, acho que era uma ótima idéia. Eu já vinha usando a magia da vela durante anos antes de aprender Reiki. Queimar cera tem uma qualidade mágica para isso e é simples de ser usada. Conheço muita gente que tem tido experiências maravilhosas com a magia da vela, e eu adoro ensiná-la. Além disso, conheci bruxos que especificamente fizeram sua sintonização em Reiki não pensando na cura Reiki, mas para aumentar sua magia da vela e sua capacidade para consagrar itens mágicos, ervas e cristais. Eu nunca tinha pensado em aprender Reiki especialmente com esse objetivo, mas é uma excelente idéia e ajudou a inspirar este livro.

A magia da vela é tão poderosa porque inerentes à técnica estão os quatro elementos. A cera simboliza o elemento Terra. O gotejamento —

a cera derretida e a mistura que se forma sobre ela — é o elemento Água. A chama é obviamente o elemento Fogo, e o ar que alimenta a chama é o elemento Ar. A cor da vela também influencia a mágica. Escolha uma cor que você intuitivamente sinta que se adapta à sua intenção. (Ver o apêndice 3 para maiores informações sobre as cores.) Na vela, você tem um instrumento poderoso, equilibrado e sagrado, e seus efeitos são eficazes quando ela é usada sozinha ou como parte de um ritual maior.

A magia da vela básica corresponde à consagração da vela. Aprendi a pôr símbolos mágicos na vela usando um alfinete ou uma faca, gravando-os na cera. Você pode aquecer ligeiramente o alfinete ou uma lâmina para fazer uma gravação melhor. Embora algumas tradições do Reiki considerem isso um sacrilégio, atualmente eu também entalho símbolos do Reiki na cera.

Bruxos e magos infundem na vela sua energia pessoal ou extraem a energia do ambiente. Se você for sintonizado em Reiki, pode infundir a vela com a energia vital universal. É como encher um copo com água. A vela é como um copo vazio que você preenche com o poder da magia por meio de suas gravações e segurando-a com suas mãos e deixando o Reiki fluir. Do mesmo modo que o Reiki irá fluir conforme a necessidade e quando essa estiver satisfeita ele irá parar, a vela se encherá de energia Reiki e, quando estiver "cheia", o fluxo irá parar. Acenda então a vela para enviar sua intenção mágica. A chama age como um farol mágico, um transmissor para amplificar a energia que você investiu na vela e manifestar a sua intenção.

A tradição da magia diz que se você apagar uma vela, alguma coisa horrível vai acontecer. Você terá ofendido os elementos Ar e Fogo, e eles vão amaldiçoá-los. Isso não é verdade, mas vai criar um desequilíbrio dos elementos da magia da vela, já que no momento em que assopra sobre ela você está acrescentando mais energia do Ar. O feitiço muitas vezes não vai funcionar ou vai se manifestar de um modo que não vai corresponder exatamente ao que você queria, parecendo uma maldição. Portanto, se for possível, deixe sua vela queimar inteira até acabar. Se isso não for possível, já que não quer deixar velas acesas enquanto estiver dormindo ou for trabalhar, espevite a vela sem assoprá-la ou umedeça-a e então acenda-a de novo quando puder.

Feitiço da vela para curar

Você pode usar a magia da vela e quaisquer símbolos do Reiki para curar, mas eu gosto de desenhar o Hon-Sha-Ze-Sho-Nen no alto da vela, na lateral. Escreva então o nome da pessoa verticalmente para baixo da vela e termine a linha com o Cho-Ku-Rei e o Sei-He-Ki, se tiver espaço na base. Normalmente uso uma vela verde para a cura básica, vermelha para cura de casos graves e azul para cura mental ou emocional.

Manifestação

Use a magia da vela com a magia da Lua sempre que desejar manifestar alguma coisa em sua vida. Eu gravo a vela com o Cho-Ku-Rei, o Hon-Sha-Ze-Sho-Nen, o Kriya e a Abundância, seja com uma vela verde ou azul para a prosperidade, ou uma vela preta para atrair a energia para mim, já que o preto é a cor que absorve e atrai energias.

Regressão a vidas passadas

Quando faço meditações de cura e regressão a vidas passadas, eu gravo Zonar, Halu e Harth numa vela roxa ou amarela, faço o Reiki sobre ela e a acendo durante a sessão.

Amor

Para a magia do amor, seja para o amor-próprio, amor divino ou manifestando um relacionamento amoroso, use Harth, Len So My, YAM (símbolo do chakra do coração) e Yod sobre uma vela rosa ou verde.

Cura da Terra

Freqüentemente acendo uma vela para a cura da Terra e das pessoas que vivem nela. Minha intenção não só está relacionada a questões ambientais, mas também a problemas sociais e políticos, particularmente em períodos de conflitos militares. Eu uso combinações de Mara, Iava, Mer-Ka-Fa-Ka-Lish e Johre® numa vela branca.

Estudo

Quando estiver estudando para um exame importante de qualquer tipo, grave Gnosa, Sei-He-Ki, Gnosa, numa vela azul, laranja ou amarela para aumentar a compreensão e a memória.

Meditação

Para ajudar nas práticas de meditação, queime uma vela branca, lavanda ou roxa com Om, Shanti, Shanti, gravados nela. "Om Shanti Shanti" é um mantra tradicional.

Proteção/Purificação

Para purificar e selar um espaço, tente usar várias combinações de Cho-Ku-Rei — Sei-He-Ki — Cho-Ku-Rei, Motor Zanon, Johre®, Len So My e Om Benz Satto Hung, com velas brancas ou roxas. Você pode também tentar Lon Say, mas pessoalmente não consigo desenhá-lo muito bem com um alfinete numa vela, assim não faço muito uso dele na magia da vela.

Leituras mediúnicas

Ao fazer leituras mediúnicas como do Tarô ou das runas, tente arder uma vela roxa ou azul com os símbolos Eeeeftchay, KSHAM (símbolo do chakra do terceiro olho) e Zonar sobre ela.

Equilíbrio

Se desejar o equilíbrio entre suas polaridades interiores, faça a magia da vela com os símbolos Sei-He-Ki, Masculino Feminino e Eus de Deus Superior e Inferior gravados na lateral. Você precisa determinar qual a cor que melhor o equilibra. Algumas vezes você pode conseguir em lojas especializadas velas de duas cores, meio a meio. São as ideais para esse tipo de feitiço.

Equilíbrio dos chakras

Para equilibrar os chakras, seus ou de outras pessoas, particularmente numa sessão de cura, coloque os símbolos dos chakras da coroa no alto da vela, até a raiz na base. Ou desenhe o símbolo de Mestre da Palma na lateral. Se puder comprar uma vela arco-íris, será bom, mas se estiver em dúvida tente uma vela branca.

Orientação espiritual

Para ligar-se à orientação espiritual superior, anjos, mestres e guias espirituais, use os seguintes símbolos numa vela azul, roxa, lavanda ou branca: Harth, Johre®, Asas de Anjo e Eus de Deus Superior e Inferior.

Use essas orientações para inspirar suas próprias combinações pessoais de símbolo e cor para a magia da vela. Reiki é uma força vital universal; portanto, desde que você tenha a intenção do bem maior e de não causar mal a ninguém, sinta-se livre para experimentar e atuar.

Guias Espirituais Reiki

No Reiki Dois, fui apresentado ao conceito de guias espirituais Reiki. Aqueles que usam os guias espirituais Reiki acreditam que eles formam um grupo de seres espirituais que já foram humanos e que agora habitam uma esfera não-física, mas que podem interagir com o mundo físico, e até certo ponto influenciá-lo. Diz-se que eles são praticantes de Reiki de épocas passadas, não simplesmente praticantes de Reiki Usui que passaram, mas os que pertencem às antigas origens do Reiki. Assim que se sintoniza ao Reiki, você passa a fazer parte de uma vasta rede, e quando está sintonizado, a força vital universal "indica" um guia para você a fim de ajudá-lo em suas experiências de cura Reiki.

Estranhamente, entretanto, o conceito de guias Reiki não é universal. De fato, parece ser um "adendo" Nova Era encontrado apenas nas tradições do Reiki dos anos 1980 e seguintes. O Reiki Usui tradicional não trata com guias Reiki, mas isso não impede que a experiência seja uma realidade. Grande parte do material Usui não enfoca a esfera esotérica. Sei disso porque quando estava no Reiki Um com professores de Usui mais convencionais, de certo modo a aula parecia mais uma aula de medicina do que mística. A abordagem médica é boa, mas não invalida a experiência dos guias.

Pessoas mediunicamente sensitivas que estão envolvidas com o Reiki provavelmente começaram a experimentar a presença de outros espíritos durante seu uso do Reiki e, apoiando-se em sensações ou comunicações diretas subseqüentes, ficaram sabendo como os espíritos estão envolvidos no processo Reiki. De acordo com esse paradigma, eles sempre estiveram presentes no Reiki, mas nunca foram diretamente citados pelos praticantes mais convencionais. A invocação de "espíritos" Reiki não é necessária para o Reiki. O Reiki é simples e estou certo de que os puristas sentem que isso complica o Reiki com informações e crenças desnecessárias. E eles estão certos. Você não precisa desse material para fazer o Reiki, mas muitas pessoas experimentam o fenômeno dos guias depois do Reiki Um ou Dois. Talvez algumas sejam sugestionáveis e, assim, se o professor disser que depois do Reiki Dois eles irão conhecer seu guia Reiki, então eles vão ter uma visão ou sonhar com isso. Eu ensino uma meditação em Reiki Dois, como minha professora fez comigo, para ajudar a entrar em contato com os guias Reiki, mas outros experimentam espontaneamente a presença de guias e vêm de uma crença que não explica esse fenômeno. Os resultados são surpreendentes e perturbadores, até que você tenha um sistema para explicar e situar o que está acontecendo.

Do lado prático, descobri que os guias Reiki são um instrumento eficiente. Do mesmo modo que acontece com todos os trabalhos espirituais, algumas pessoas acreditam que estão apenas falando com um aspecto da sua própria mente e lhe atribuindo forma, voz e personalidade. Isso pode ser verdade. Muitas pessoas, entretanto, acreditam realmente que há espíritos do passado guiando o futuro, como o antepassado espiritual inspira. Em qualquer um dos casos, o praticante alcança um sentimento de estar sendo orientado, de não estar sozinho numa situação, de ter um apoio espiritual ou, em alguns casos, um grupo todo para orientar o processo. Essa orientação, seja qual for a sua origem, pode transmitir confiança ao novo praticante para apenas continuar fazendo o Reiki e não se assustar com qualquer repente emocional ou outro tipo de crise de cura.

Minha experiência

Embora profundamente envolvido com a Nova Era e os mundos mágicos, comecei todas as minhas explorações com muito ceticismo. Quando me envolvi com guias espirituais, eu os considerei como simples artifício psicológico, para alcançar um ponto de vista diferente da própria mente. Então, à medida que eu prosseguia no meu treinamento mágico mais avançado e no xamanismo, fiquei mais familiarizado com os guias espirituais e com o papel deles na minha vida.

Então passei a fazer minha meditação direcionada para os guias espirituais do Reiki Dois com a mente aberta. No meu coração, eu esperava que aparecesse um tipo de pequeno monge budista com vestes laranja no olho da minha mente. À medida que a professora nos guiava pelas imagens, de alguma maneira semelhante à meditação apresentada mais adiante neste capítulo, eu cruzei com minha primeira guia do meu treinamento mágico. Tentei me livrar dela, dizendo: "Não, você não. Eu preciso do meu guia Reiki." Ela olhou de maneira engraçada e disse que ela era a minha guia de cura e que podia ajudar com o Reiki. Ela sabia tudo a respeito disso. Eu estava achando que ela não estaria à altura da tarefa? Quando essas coisas desafiam minhas idéias preconcebidas e minhas expectativas, eu realmente acho que entrei em contato com algo além de mim mesmo.

Durante o meu treinamento e mais tarde ensinando, percebi a presença de guias espirituais nas minhas sessões de cura com outras pessoas. Não reconheci a imagem e as vozes como meus guias e julgava que pertencessem ao paciente. No começo não conversei sobre isso com os meus pacientes, mas alguns deles, que são particularmente sensíveis mediunicamente, disseram que haviam sentido mais de um par de mãos sobre eles durante todo o tempo, ou ouviram gente conversando e sussurrando em volta deles. Eu sei que eles também devem ter sentido tal presença e que os guias Reiki não eram apenas fruto da imaginação. Eles têm, assim como o praticante, uma energia mediúnica que é sentida pelos outros.

A minha experiência mais notável foi com uma paciente que ia ser operada. Fui contratado para fazer o Reiki pré e pós-operatório, mas o cirurgião que ia operá-la atrasou-se e eu tinha que dar uma aula naquela noite. Esperei tanto tempo quanto me foi possível, mas não podia ficar mais para o Reiki pós-operatório. A companheira dela, que é surda, estava chateada, assim eu me ofereci para sintonizá-la ao Reiki Um, para que ela pudesse fazer o Reiki pós-operatório. A companheira já tinha experimentado Reiki e magia, mas não estava realmente envolvida e não tinha certeza se realmente acreditava em qualquer um dos dois, mas queria tentar. Eu a sintonizei e lhe ensinei as posições de mão básicas que ela poderia precisar. Mantive um clima clínico, não místico.

Mais tarde, ela me contou experiências espantosas. Não só ela sentiu nas mãos o calor e o formigamento tradicionais, como também disse que "ouviu" uma voz dizendo-lhe quando mudar de posição e para onde ir em seguida. A sensação de "ouvir" foi muito forte e assustadora para ela, já que fisicamente ela não conseguia ouvir uma voz humana normal. Fiquei muito surpreso e contente por sua orientação ter surgido de maneira tão intensa. Agora eu "previno" um pouco mais os alunos novos sobre os guias Reiki e até mesmo trato do conceito no Reiki Um para que, desse modo, os alunos do primeiro nível que sentirem a presença ou ouvirem vozes não pensem que estão loucos. Eu reservo a experiência da meditação que envolve guias espirituais para minha aula de Reiki Dois.

Quem são os guias?

Na visão mais conservadora, os guias são antepassados da linhagem do Reiki. Os praticantes de Reiki muitas vezes têm retratos de Usui, Hayashi e Takata em suas salas de tratamento, alguns apenas por razões sentimentais, mas sei de muitos Mestres que invocam os espíritos de Usui, Hayashi e Takata, como uma trindade divina, para guiar suas sessões e aulas e sentem distintamente a presença deles. Podemos olhar os Mestres em Reiki da era moderna que já não fazem parte deste mundo como guias espirituais, do mesmo modo que as almas de possíveis praticantes do antigo Reiki da Lemúria, Atlântida e outras terras místicas.

Na metafísica da Nova Era, os guias espirituais são almas que não estão encarnadas neste momento, mas que estão no espaço entre duas vidas, ajudando espíritos encarnados nesta vida. Algumas correntes de pensamento sugerem que os guias espirituais não são almas, mas um tipo de ser diferente com funções específica para guiar as almas humanas.

Um outro conceito popular do conhecimento na Nova Era é a idéia de ascensão. Muitas vezes o material de ascensão é ligado ao mundo do Reiki, mas, embora em muitos aspectos eles sejam complementares, não constituem a mesma coisa. Tenho chamado freqüentemente o Reiki Shamballa de uma forma de "Reiki Ascensão" porque se inspira neste paradigma. A palavra ascensão tem significados diferentes para muitas pessoas. Na sua interpretação mais básica, significa que a consciência se eleva a um nível mais elevado de espiritualidade e amor, num patamar em que se atinge o que outras culturas denominam de iluminação, nirvana, elevação budista, consciência cristã, santidade ou vitória pessoal. No nível extremo de interpretação, quando alguém atinge esse nível de consciência, o corpo físico vibra tão rapidamente e com tanta energia que literalmente desaparece deste plano de realidade e passa para uma dimensão superior. No Reiki Shamballa, ele se refere ao consciente coletivo dos seres ascensionados, também chamados mestres ascensionados da Terra, que orientam a evolução espiritual da humanidade. Eles são chamados de Grande Irmandade Branca em alguns círculos, como também os Chefes Secretos ou a Ordem das Almas Abençoadas. No Reiki Shamballa, é "designado" para você um mestre ascensionado ou um grupo deles para agir como seus guias de cura.

A forma mais popular de guia para o público em geral é o anjo. Os praticantes invocam anjos da guarda, arcanjos e semelhantes para ajudar no trabalho de cura. Os anjos não são considerados especificamente guias Reiki, mas muitas pessoas envolvidas com o Reiki também estão ligadas ao conhecimento dos anjos. Embora pareça que eles pertencem estritamente às tradições judaicas, cristãs e muçulmanas, o conceito de anjos pode ser encontrado na mitologia e em textos da Suméria, do Egito e da Índia. Estamos mais familiarizados com os nomes hebreus da tradição judeu-cristã. Os anjos mais conhecidos são os arcanjos das quatro direções e dos quatro elementos. Esses quatro arcanjos são mencionados como os Guardiães das Torres de Vigia e são muito populares em diversas formas de ritual e de magia.

Nome	Descrição	Direção	Elemento	Função
Rafael	Leste	Ar	Curador/Médico	Invocado para diagnosticar e curar a verdadeira origem espiritual da doença.
Miguel	Sul	Fogo	Protetor/Guerreiro	Invocado para usar sua espada flamejante para cortar todos os laços danosos e indesejáveis a pessoas e ao passado.
Gabriel	Oeste	Água	Mensageiro	Invocado para ouvir as mensagens que ficam por trás de toda doença.
Uriel	Norte	Terra	Guia	Invocado para curar o corpo físico ou para ajudar a passagem para o outro mundo.

Eu tenho uma afinidade especial com o arcanjo Miguel e o invoco muitas vezes para ajudar as pessoas a se libertarem e para protegê-las quando se sentirem assustadas por aquilo que estão enfrentando no nível espiritual. Uma paciente que é muito mediúnica não sabia que eu invocara anjos durante a sessão, mas me disse depois que o arcanjo Miguel surgira para ela na sessão de cura e pediu para ela me contar que a minha mão esquerda é a "mão de Miguel". Eu tinha percebido algumas semanas antes que a minha mão esquerda parecia mais quente e mais vibrante do que a direita e não imaginava o porquê disso. Eu fiz essa pergunta interiormente e o universo me deu a resposta por meio da minha paciente.

Como encontrar seus guias espirituais Reiki

Eu uso a meditação para ajudar as pessoas a encontrar seus guias Reiki. Quando você sente necessidade de ligar-se a esse aspecto de orientação, use as imagens para ajudá-lo a fazer contato. Comece por entrar num estado de relaxamento acendendo algumas velas no seu espaço de meditação. Queime qualquer incenso que o relaxe. Se costuma usar alguns cristais especiais, coloque-os diante de você para estabelecer a sintonia.

Exercício: Meditação para ligar-se a guias espirituais Reiki

Comece por relaxar o corpo da cabeça aos dedos dos pés, dando permissão a cada parte do seu corpo para relaxar. Deixe que a sua mente relaxe e que o seu coração se abra. Quando faço uma meditação Reiki, muitas vezes eu canto o nome de qualquer um dos símbolos poderosos para atingir um estado de meditação mais profundo. Normalmente eu uso combinações dos símbolos Usui, mas Harth, Johre® e Asas de Anjo também são apropriados para esta meditação. Cante qualquer símbolo que o atraia.

Então, no olho da sua mente, visualize a si mesmo num caminho. O meu caminho passa por dentro de uma velha floresta. Observe todos os passos que der na trilha. Observe todas as plantas ou animais que enxergar e sinta o chamado do caminho atraindo-o quase magneticamente.

À medida que for se aprofundando na trilha, você vai perceber um templo a distância. É um templo de cura Reiki. Ao se encaminhar até ele, vai ver um portal duplo fechado. As portas são entalhadas com símbolos do Reiki e uma luz de cura brilhante emana por detrás das portas, entre as fendas.

Você coloca as suas mãos sobre a porta e ela gentilmente se move com um rangido. Você entra e se sente envolvido por luz e energia. A luz parece cegá-lo em sua beleza. À medida que chega ao centro da luz, sua visão fica mais clara, revelando uma ou mais figuras, que são seus guias Reiki.

Dê uma boa olhada em seus guias Reiki. Converse com eles e apresente-se. Use o coração para escutar as respostas deles e, se não conseguir ouvi-los, peça-lhes para se comunicarem de uma maneira que você possa entendê-los. Eles podem lhe mostrar imagens ou passar-lhe sentimentos e intuições. Aproveite o momento para fazer qualquer pergunta a fim de esclarecer alguma dúvida que tenha sobre o Reiki e sobre o seu próprio caminho e prática espirituais.

Quando tiver acabado, agradeça aos guias Reiki. Peça-lhes um símbolo, palavras ou algum outro método para entrar em contato quando precisar deles durante uma sessão ou nas meditações. Saia do templo e siga o caminho de volta para a sua percepção corpórea consciente. Centralize seu eu no seu corpo e fixe-se de modo mais preciso para voltar a sua atenção para o mundo físico.

Você pode voltar para esse templo a qualquer momento a fim de trabalhar com seus guias diretamente, para curar, fortalecer sua ligação Reiki ou para encarar o seu lado sombrio. Desenvolva o seu relacionamento com os guias e invoque-os quando precisar do apoio deles.

Reiki e canalização

O Reiki não só se tornou inexoravelmente ligado aos guias espirituais, como também ao fenômeno da canalização, já que muitas pessoas envolvidas com a canalização estão também envolvidas com o Reiki. A canalização é a prática mediúnica de deixar uma entidade espiritual falar por meio de uma pessoa. Essas pessoas são chamadas de canais, mas antigamente eram chamadas de médiuns. Atualmente, as pessoas em geral empregam o termo médium para se referir ao canal que fala exclusivamente com os mortos.

Acho que a canalização se tornou tão comum no mundo do Reiki porque se diz que os praticantes "canalizam" a força vital universal, mas, honestamente, há poucas semelhanças entre os dois sistemas. Um praticante de Reiki não precisa ser um canal, e um canal não precisa ter nada a ver com o Reiki. Eles podem complementar um ao outro, mas não fazem parte integrante um do outro. Muitas das novas tendências no Reiki, novos símbolos e histórias secretas vêm de fontes canalizadas, que são maravilhosas e fascinantes, mas muitas vezes contraditórias.

Existem dois tipos de canalização. Uma é chamada canalização de corpo inteiro, em que a mente do canal tanto pode sair do corpo como ser suprimida, de modo que a entidade assume o controle total das funções do corpo do canal, inclusive o da fala. O segundo é o canal consciente, em que o canal repete a mensagem que o espírito comunica, palavra por palavra, mas continua no controle do próprio corpo. Os canais conscientes devem se sentir como se estivessem num sonho, mas estão presentes e conscientes no seu corpo.

Prós e contras existem para os dois tipos de canalização. Os defensores da canalização de corpo inteiro dizem que só quando o próprio ego do canal não está presente é que a mensagem é pura. Eles acreditam que os canais conscientes deixam a mensagem nebulosa com suas mentes e tendências. Os defensores dos canais conscientes dizem que a entidade não tem um corpo físico por alguma razão e tem energia em excesso para um recipiente físico. Eles acham que a canalização de corpo inteiro consome o sistema de chakras do hospedeiro. Crêem também que o ego está preso à mente corpórea e estará presente de qualquer maneira, mas, se a pessoa estiver mais consciente dele, pode filtrar as tendências do ego e retransmitir uma mensagem mais verdadeira.

Ambos os tipos de canalização funcionam. Os dois tipos de canalizadores me deram informações úteis. Penso que o sistema usado depende do estilo do canalizador. Acredito que a canalização consciente é uma extensão da evolução de um relacionamento com seus guias espirituais e guias Reiki. Eu o incentivo a aprofundar seu relacionamento com seus guias Reiki e pedir-lhes mais informações diretas, se desejar explorar este método de contato.

Reiki e fantasmas

O Reiki pode dar ao praticante uma consciência maior do mundo espiritual, mas também pode ser usado para curar aqueles que estão presos entre os mundos, sem corpo físico para ser tocado. Cada vez mais eu fico sabendo de pessoas que usam o Reiki para exorcismos, proteção da casa, purificação e expulsão de espíritos indesejáveis. Para mim, isso é uma extensão natural do poder de cura do Reiki.

A maioria das culturas tem uma concepção de fantasmas ou almas penadas, as almas daqueles que resistem a passar para a próxima existência quando o corpo físico morre. Algumas vezes essas almas estão obcecadas com alguma coisa e estão tentando terminá-la, mas não podem fazer isso sem um corpo. Outras vezes um trauma, normalmente um ato de violência, as prende a um lugar. Outras simplesmente não se dão conta de que morreram. Embora a maioria dos fantasmas seja criada pela imaginação de quem os enxerga e alguns são "ecos" espirituais reverberando no plano astral, algumas vezes os fantasmas existem de verdade.

As pessoas que suspeitam da presença de um fantasma perguntam se ele é um "bom" fantasma ou um "mau" fantasma. Se ele for bom, querem conservá-lo. Esses espíritos não são animais de estimação, nem mesmo guias. Ainda que o fantasma não seja malévolo, ele não pertence realmente a esse espaço entre os mundos. Ele está preso e na maioria das vezes precisa de ajuda para chegar ao outro mundo ou retornar à sua origem.

Exercício: Ritual de Banimento

Banimentos são rituais usados para afastar espíritos indesejáveis de um local. Exorcismos são banimentos para expulsar espíritos indesejáveis de um indivíduo que parece tomado por esses espíritos. A melhor maneira de fazer esses rituais é ter uma ligação forte com seus próprios guias espirituais, que vão lhe dar os instrumentos para ajudar o espírito a sair e passar para o outro mundo. A seguir descrevemos um ritual simples de banimento, usando os símbolos do Reiki, que você pode adaptar segundo a sua própria orientação.

Primeiro, medite sobre a situação com seus guias, pedindo a opinião deles e permissão para fazer esse trabalho. Se a assombração servir a um propósito superior, pode ser que lhe digam para não afastar esse espírito.

Antes de entrar no espaço, diga uma prece aos poderes superiores para protegê-lo e guiá-lo. Invoque seus guias Reiki. Eu também invocaria o Arcanjo Miguel para me ajudar.

Para cada cômodo que precisar de purificação e banimento, comece por colocar o Cho-Ku-Rei em cada uma das quatro paredes, depois acima, abaixo e no centro do cômodo. Então desenhe e cante o Cho-Ku-Rei, o Sei-He-Ki e o Hon-Sha-Ze-Sho-Nen no centro para enchê-lo com sua luz curadora.

Desenhe o Johre® no cômodo e invoque uma coluna de luz branca para guiar o espírito para seu próximo mundo.

Faça uma oração, pedindo ao espírito para que volte para a luz, e então desenhe e cante Zonar, Halu, Harth e Motor Zanon, todos juntos, até você sentir que o espaço está limpo.

Passe para o cômodo seguinte. Quando tiver acabado todo o espaço, agradeça à divindade superior, a seus guias Reiki e ao Arcanjo Miguel por terem se unido a você.

Para saber mais sobre o desenvolvimento de um relacionamento com os guias espirituais, anjos e espíritos animais, veja meu livro *Spirit Allies: Meet Your Team from the Other Side.*

Reiki e o Despertar Mediúnico

O momento mágico de iniciação na arte do Reiki, como muitas iniciações espirituais, chega muitas vezes como um presente inesperado — o conhecimento de coisas não-vistas, remanescente do deslumbrante ponto de percepção energética que o dr. Usui recebeu. Aqueles que já possuem esse dom são também muitas vezes atraídos para o estudo do Reiki. O mundo geralmente chama esse dom de capacidade mediúnica, mas o situa ao lado de muitas concepções erradas. As pessoas pensam que se a pessoa é médium ela é quase onisciente, um leitor de mente capaz de saber tudo a respeito de todos. Isso simplesmente não é verdade. A mediunidade está relacionada com o conceito da alma, portanto o médium simplesmente se comunica com a sua própria alma.

A comunicação mediúnica aparece de várias maneiras, porque todos recebemos informações de diferentes maneiras. Algumas pessoas recebem as orientações pelos ouvidos, escutando coisas. Esse dom é chamado de clariaudiência. Outras pessoas são guiadas visualmente, e essas pessoas com aptidões visuais mediúnicas são chamadas de clarividentes. Outras carregam informações simplesmente sabendo, sem um conhecimento real de palavras ou visões. São os clarisensitivos. As pessoas podem ter variações infindáveis desses dons. Na verdade, todos nós possuímos esses dons, mas simplesmente nos esquecemos de como usá-los.

Quem é médium?

Antes de me envolver com o Reiki, eu dei aulas de desenvolvimento mediúnico e meditação, que faziam parte do treinamento de pessoas em magia e bruxaria. Eu penso na capacidade mediúnica como uma forma de magia. Enquanto a maioria das pessoas pensa em mágica em termos de encantamentos e feitiços, a capacidade mediúnica é uma forma de informação mágica, e informação mágica é tão importante quanto qualquer feitiço. Esse tipo de trabalho pode nos ajudar a determinar se, em primeiro lugar, um feitiço deve ser usado. E a capacidade mediúnica é um grande dom para entender como todos e tudo estão ligados. Eu uso o desenvolvimento mediúnico para ajudar as pessoas a entender que uma realidade mágica é mais real do que elas imaginam.

Já ensinei a pessoas que insistiam de modo radical que não eram e nunca seriam médiuns; entretanto, com a prática e alguma diversão elas tiveram experiências maravilhosas. Eu fui uma dessas pessoas. Cheguei na minha professora com a certeza absoluta de que não poderia fazer nada relacionado à mediunidade. Eu achava que os médiuns eram pessoas especiais, com dons e aptidões que seriam visíveis desde a mais tenra idade. Eu pensava que nada verdadeiramente mediúnico alguma vez tivesse me acontecido. Não sou o sétimo filho de um sétimo filho e não venho de uma família de ciganos. Não sou especial. Mas, com a prática, pude me tornar médium. Todos nós somos médiuns. Todos nós temos alma e podemos ouvi-la.

Ser médium é seguir sua intuição, seu instinto, seus sentimentos e suas percepções, permitindo a si mesmo receber as informações de que precisa. Tantas vezes ouço dos estudantes que não têm a mediunidade visual o desejo de possuí-la, mesmo que recebam mensagens claras em palavras. Outros querem ouvir mensagens diretamente, mas vêem imagens vívidas. Algumas pessoas não têm nenhuma dessas duas capacidades, mas sabem coisas mas não dão importância ao fato de que a mensagem que recebem seja precisa, porque querem os frufrus que as outras percebem. Entretanto, receber a informação é o que importa. O seu único trabalho é descobrir qual é o modo certo para você e honrá-lo. À medida que você crescer e evoluir, o seu próprio método de receber informação pode mudar, além de se desenvolver.

Dons espirituais

Capacidades mediúnicas fazem parte de muitas tradições de cura, da bruxaria ao xamanismo. Nas tradições hindus, aqueles que trilham os caminhos místicos despertam essas capacidades, chamadas *siddhis*. Embora as capacidades mediúnicas sejam úteis e demonstrem a ligação de alguém com o universo, essas aptidões são muitas vezes consideradas como riscos, porque são distrações no caminho espiritual para a iluminação. Muitos ficam presos aos aspectos de poder dos *siddhis* e perdem de vista a iluminação. Nas tradições ocidentais, o praticante deve equilibrar o despertar mediúnico e as habilidades que vêm com ele e usar de fato esse despertar para demonstrar uma realidade espiritual superior.

No mundo antigo, os que tinham capacidades mediúnicas naturalmente desenvolvidas eram orientados para exercer papéis místicos de padre, profeta ou curador, mas na sociedade ocidental moderna há muito poucos papéis místicos que incentivem esses dons. O Reiki, no sentido médico e místico, tornou-se uma via "segura" para explorar a cura e a capacidade mediúnica. Conheço muita gente que jamais exploraria a bruxaria ou a magia cerimonial, mas o Reiki não apresenta problemas já que é praticado nos hospitais.

Nessa ciranda, alguns praticantes chegam ao Reiki voltados para o seu aspecto de modelo médico e não têm interesse pela parte mística. E então, depois do processo de purificação da primeira sintonização e das seguintes, coisas estranhas começam a acontecer. A intuição desperta; a clariaudiência, a clarividência e a clariconsciência ocorrem. Os espíritos falam. As auras começam a ser visíveis imprecisamente.

Talvez a sintonização em Reiki limpe o chakra do terceiro olho, despertando as capacidades mediúnicas. Talvez se trate da consciência espiritual ampliada por se estar sintonizado com a energia vital universal. Talvez seja apenas o aumento da confiança ao ir atrás de algo maravilhoso. Não sei, mas acontece. E as iniciações em Reiki não são o único modo pelo qual essas coisas se desenvolvem. Elas acontecem naturalmente. Podem vir com a prática, a meditação e a oração. Podem vir com outras iniciações e rituais mágicos. Esses dons espirituais são direitos que todos têm ao nascer, do mesmo modo que a energia vital universal.

Exploração

A exploração é um processo normalmente ensinado no Reiki Um (ver capítulo 3). Embora eu não a tenha aprendido no Reiki Usui tradicional, parece que sua história vem do Japão. Em qualquer caso, as pessoas parecem não perceber que a exploração é uma maneira de receber informação por meio da capacidade mediúnica. A exploração consiste em passar as mãos vagarosamente pelo corpo do cliente, sentindo a energia da aura e dos chakras e interpretando essa informação para determinar o nível de saúde ou de desequilíbrio da pessoa. Alguns atribuem a sensibilidade à energia a uma recente sintonização em Reiki, mas tenho ensinado a exploração em outras aulas de cura mágica que não envolvem sintonizações, e aparentemente todos conseguem fazer a exploração. A exploração é uma capacidade mediúnica ao alcance de todos.

Enxergar auras

Enxergar a aura é uma das capacidades mediúnicas mais desejadas. As pessoas imaginam que os médiuns vêem uma visão psicodélica de cores ao redor deles o tempo todo, mas, na verdade, a maioria das pessoas que enxerga auras sabe que esse processo é muito sutil. É como olhar os espaços nos intervalos, e não é sempre uma experiência brilhante e vívida.

Eu descobri que se você for orientado visualmente, então pode aprender a ler auras. A parte importante do exercício é colher a informação que pode ajudá-lo na sua prática do Reiki. Certa vez, ao exercer a leitura de aura com dois amigos médiuns, nós todos aprendemos uma lição importante. Cada um de nós recebeu sua informação mediúnica de modo diferente, mas captou impressões muito semelhantes. Eu era mais visual e vi cores e imagens. Um dos meus amigos viu cores diferentes, mas interpretou-as da mesma maneira que eu. Em uma das pessoas eu vira um amarelo brilhante, mas senti que ela estava nervosa e estressada. Meu amigo viu um azul elétrico e chegou à mesma conclusão. O meu outro amigo apenas "ouviu" a palavra amarelo vindo de uma voz interior, e sentiu o nervosismo da pessoa. O importante foi que todos nós estávamos ligados à informação. A cor verdadeira não importa muito e pode ser um fator subjetivo, não importa o que os "fotógrafos de aura" digam para você. Essas máquinas podem ajudar muito, mas a maioria interpreta as informações transmitidas usando a interpretação comum das cores. A energia das auras está além do espectro físico das cores.

A leitura de aura não é para todos. Não desanime se as técnicas dadas aqui não funcionarem para você e não fique na dependência de ter alguma experiência determinada. Descubra as técnicas que funcionam melhor para lhe dar as informações mais úteis. Conheço muitos facilitadores de cura maravilhosos e poderosos que não usam nenhum talento mediúnico em sua prática, mas ainda assim são eficientes no seu trabalho de cura.

Exercício: Leitura de Aura

Para enxergar uma aura, comece com uma vela fina contra uma parede ou um fundo branco. Pendure um lençol branco se não tiver uma parede branca. Olhe para a chama da vela e procure o halo em volta da chama. Então tente ver um halo semelhante, mas mais fraco, em volta da própria vela, como se você o tivesse arrastado da ponta da chama para a vela e até mesmo para o castiçal da vela. Quando se sentir à vontade com o halo, procure por um halo semelhante, mas mais fraco, em torno de outros objetos. Tente então uma planta ou uma pessoa, alguma coisa que tenha tecido celular vivo, contra uma parede branca.

Quando olhar para uma pessoa, procure por quebras sutis no traçado do halo. Elas mostram onde a pessoa está perdendo energia e pode ter uma dor, doença ou pode ter tido uma lesão ou doença anterior que tenha deixado uma marca energética.

Deixe seu olhar se dirigir a um foco ainda mais suave enquanto olha para a pessoa. O halo dará lugar a uma expansão da luz. Ela também será muito fraca e, se você focalizá-la com muita força, ela pode desaparecer. Você quase pode captá-la melhor com os olhos fora de foco. A luz será difusa a princípio, mas você pode ver uma esfera ou um ovo de luz sutil em volta da pessoa. De que cor é a luz? Como você se sente ou no que você pensa quando a vê? Qual é a sua primeira impressão dela? Há alguns pontos mais escuros que parecem não-saudáveis? Onde eles se localizam? Você vê mais alguma coisa no ovo?

Uma porção de livros vai lhe dar definições para cada cor da aura, mas eu descobri que a sua primeira impressão, sua própria interpretação pessoal, é o mais importante. Há muitas gradações de cores. O amarelo-sol ou limão pode indicar vitalidade, mas o amarelo pálido poder ser sinal de *stress* ou de intoxicação. Se você não gostar de amarelo, ele jamais vai indicar vitalidade para você. Deve enxergar laranja ou vermelho em uma aura vital. Portanto, siga a sua primeira impressão.

Escudo protetor do Reiki

Uma função da aura, independentemente da sua capacidade de vê-la ou não, é a proteção. A aura é o campo de proteção e o limite. As pessoas com uma aura fraca ou difusa captam muitas coisas dos outros e não têm senso de espaço pessoal ou limites. Uma aura demasiadamente rígida pode ter uma presença bruta, afastando as outras de um espaço. Uma aura saudável é poderosa e dinâmica, embora seja tenra e dócil quando for apropriado. Uma aura saudável é flexível e adaptável a qualquer situação.

As tradições místicas ensinam as pessoas a programar a própria aura com a intenção de se defender e criar um escudo contra males físicos e psíquicos provocados por outras pessoas ou entidades. Com a magia do Reiki, você pode usar símbolos para programar sua própria aura a fim de se proteger e criar um escudo adaptável. Faço este exercício diariamente, para criar um espaço sagrado em volta de mim que se mova junto comigo.

Exercício: O escudo de proteção

Sente-se calmamente e respire fundo, entrando num estado meditativo. Imagine a si mesmo no centro de uma esfera ou de um ovo de cristal límpido. Desenhe o Cho-Ku-Rei na sua frente, no olho da sua mente, como um escudo de amor do Reiki. Então desenhe outro à sua direita. Imagine então outro sendo desenhado atrás de você, e finalmente desenhe um à sua esquerda. Grave-os na sua aura. Então desenhe Nin-Giz-Zida da sua coroa até a raiz, e então Raku da sua coroa até o chão. Você estará protegido e centrado, mesmo estando aberto.

Viagem astral e comunicação a distância

Um outro talento mediúnico desejado por muitos é a capacidade de empreender viagens astrais e ter visão remota. Isso consiste na capacidade de enviar sua mente para outro lugar e ter um conhecimento acurado desse lugar. Alguns praticantes conseguem até fazer com que a sua presença seja notada pelos outros nos locais que visitam. A viagem astral no plano físico é, algumas vezes, chamada de visão remota porque há marcos físicos que podem ser conferidos. Atualmente os governos treinam espiões médiuns nessa arte. Há outras formas dessa projeção, como a jornada xamânica e a viagem para planos interiores.

A maioria das pessoas interessadas em viagens astrais quer ter uma experiência fora do corpo e ver o mundo físico. Mais uma vez, a expectativa voa alto. A viagem astral pode ser uma experiência física e surpreendente para alguns, mas nem sempre. O importante é examinar por que você deseja fazer isso e que informações isso vai lhe trazer. Muitas vezes eu consigo informações muito precisas por intermédio da viagem astral, mas não tenho uma experiência muito intensa. Alguns alunos meus experimentaram uma sensação muito forte de estar fora do corpo, mas as informações que conseguiram não eram precisas.

Para usar o Reiki para facilitar o processo, comece como se estivesse fazendo uma sessão de Reiki a distância (ver capítulo 4). Em vez de se concentrar em estabelecer uma ligação com uma pessoa por meio do símbolo Hon-Sha-Ze-Sho-Nen, concentre-se num lugar. Imagine-se passando pelo portal do símbolo de Cura a Distância e viajando num túnel de luz. Desça no lugar com que estabeleceu uma conexão e imagine que está olhando à sua volta. Use sua intuição para determinar formas, cores, objetos e até mesmo pessoas. Quais são suas impressões? Não espere nada, deixe apenas que aconteça.

Quando tiver acabado, viaje de volta pelo túnel de luz. Apague o portal do símbolo de Cura a Distância e agradeça a ele. Quando abrir os olhos, escreva todas as suas impressões, e se o local for um lugar que você possa visitar, compare suas impressões com a realidade para ver o quanto sua visão foi acurada. Provavelmente você não estará 100% certo, mas cada "acerto" será uma grande proeza. Sua habilidade melhorará com a prática.

Exercício: Reiki por telefone

Tente, experimentando mandar o Reiki para alguém enquanto estiver falando com essa pessoa pelo telefone. Você pode usar o Hon-Sha-Ze-Sho-Nen para fazer uma conexão mágica com ela, mas pode criar uma espécie de combinação de leitura mediúnica por telefone e uma sessão de cura.

Assim que estiver conectado com o receptor por telefone e receber a permissão para enviar o Reiki, desenhe ou visualize o Hon-Sha-Ze-Sho-Nen bem em cima do telefone. Fique pensando na pessoa enquanto canta "Hon-Sha-Ze-Sho-Nen" três vezes. Você pode sentir o Reiki fluir pela mão que está segurando o telefone até o receptor. A energia Reiki não está fluindo literalmente pelo telefone; está fluindo pela conexão a distância criada pelo Hon-Sha-Ze-Sho-Nen, mas o telefone age como um intermediário. Você pode usar sua intuição para fazer uma exploração, visualizando mentalmente a pessoa e examinando sua energia, já que ela não vai estar fisicamente presente. Sua conexão Reiki via telefone pode deixar mais fácil o uso de seus outros sentidos mediúnicos quando estiver falando com alguém. Em algumas sessões, eu apenas continuo a conversa como faria normalmente, e deixo o receptor trazer à baila qualquer problema que precise ser discutido. Em outras ocasiões, uso minha intuição para orientar a conversa, como uma sessão informal de aconselhamento, levantando qualquer questão que minha intuição me leve a tratar.

Intuição médica

A intuição médica é uma capacidade mediúnica que combina impressões visuais, auditivas e sensitivas para diagnosticar a saúde e a doença nos níveis físico e energético. É praticada por bruxos, médiuns, curadores e muitos praticantes de Reiki. Muitos relatam que essa capacidade se desenvolve depois de uma sintonização em Reiki, mas isso não é totalmente comprovado.

Exercício: Diagnóstico mediúnico

Aprendi a intuição médica como parte do meu treinamento em bruxaria, embora não a chamássemos assim naquela ocasião. A técnica básica consiste em relaxar e entrar em estado meditativo. Assim que estiver relaxado e em estado meditativo, recite o nome, a idade e o local de moradia do seu "alvo". Como eu já recebi minhas sintonizações em Reiki, eu começo o processo como se fosse uma sessão de Reiki a distância, criando uma passagem para o receptor por meio do Hon-Sha-Ze-Sho-Nen. Esta técnica é semelhante ao tratamento de Reiki a distância, embora façamos uma extensão das técnicas de exploração.

O receptor não precisa estar fisicamente presente durante o processo. Na verdade, alguns praticantes conseguem descrições físicas precisas, inclusive altura, peso, cor do cabelo e dos olhos, de pessoas com quem nunca se encontraram. Mas ser capaz de obter uma descrição física acurada não é o mais importante. O que interessa é fazer o diagnóstico.

Com o olho da sua mente, fique atento ao alvo. Você pode enxergar a pessoa, ou simplesmente a silhueta da pessoa. Explore a imagem no olho da sua mente, da cabeça aos pés, muitas vezes. Alguns pontos chamaram mais a sua atenção? Se isso aconteceu, atente para cada um deles. A que parte do corpo pertence? Quais os órgãos e sistemas do corpo que se localizam aí? Está associado com algum chakra em especial? Existe algum sentimento ou pensamento que pareça estar associado a essa área?

Olhe mais atentamente para essa área. Imagine que está se aprofundando, conseguindo mais detalhes e impressões, que podem não ser visuais, mas auditivas ou uma sensação de conhecimento. Você pode usar a técnica de exploração para obter impressões táteis usando as mãos. Quais são as suas impressões? O que está errado nessa região? Isso está ligado a qualquer outra parte do corpo ou a outros desequilíbrios? Continue fazendo essas perguntas a si mesmo e veja aonde elas o levam.

Esteja atento para o fato de que pode ser tocado não apenas por impressões físicas, mas também por emocionais e mentais. Se elas se tornarem excessivas, peça apenas para desfazer a ligação com a pessoa de uma maneira boa e correta. Imagine o Cho-Ku-Rei como um escudo entre você e o seu alvo. Ele vai protegê-lo. Se você abrir a conexão de passagem usando as técnicas a distância do Hon-Sha-Ze-Sho-Nen, não poderá ser prejudicado por nenhuma das energias do receptor, já que sua conexão é baseada na energia Reiki e só flui num sentido. Você estará apenas recebendo impressões mediúnicas por meio dessa conexão, não captando desequilíbrios energéticos. Embora não possa ser prejudicado ao usar essa técnica, você pode se sentir sobrecarregado; por isso, seja gentil consigo mesmo. Complete a sessão com o afastamento e por enquanto não se preocupe em fazer um diagnóstico. Conforme for praticando, suas habilidades vão se expandir.

Quando tiver acabado, envie ao receptor alguns símbolos do Reiki que você acha que serão benéficos ou faça um tratamento de Reiki a distância. Retorne desse nível de meditação, fechando a passagem entre você e o receptor.

Cirurgia mediúnica

As técnicas da cirurgia mediúnica tornaram-se entrelaçadas em muitas aulas de Mestre em Reiki, principalmente nas tradições do Usui Tibetano. Muitas concepções errôneas cercam a cirurgia mediúnica. Uma definição dela é uma forma de cirurgia física, cortando de verdade e retirando tecido com instrumentos cirúrgicos. Embora eu aceite essa possibilidade, não assisti pessoalmente a nenhuma execução dessa técnica. Algumas pessoas anunciaram a prestação desse serviço, mas acabaram por se mostrar uma fraude.

No Reiki, a cirurgia mediúnica é uma coisa totalmente diferente. No Reiki, tudo tem uma raiz energética, e essa cirurgia mediúnica remove as raízes energéticas da doença. Sem um padrão energético, a doença física entra em colapso e é curada pelos próprios sistemas do corpo com muito mais facilidade, mas não envolve cortes verdadeiros de qualquer nível.

Embora eu tenha aprendido técnicas de cirurgia mediúnica como parte do meu aprendizado de Mestre em Reiki, mais tarde eu encontrei as mesmas técnicas ao estudar as diversas tradições do xamanismo. Antropólogos documentaram xamãs realizando esse tipo de cirurgia, muitas vezes usando trompas para "sugar" a doença do paciente. A fim de assegurar que a energia não seria absorvida pelo xamã, uma pedra, planta ou inseto era previamente colocado na boca do xamã para ser o receptáculo da energia indesejável. O xamã cuspia a substância e dizia que a doença tinha sido sugada. Os antropólogos deduziram que as pessoas "ignorantes" das tribos achavam que a pedra ou o inseto tinham sido literalmente sugados do próprio corpo delas, como fonte da doença, e que os xamãs seriam uma fraude, enganando os pacientes. Aos poucos eles perceberam que aquelas pessoas tinham sido criadas naquela cultura e conheciam todo o processo e o compreendiam de uma maneira que os antropólogos não alcançavam.

As técnicas de cirurgia mediúnica encontradas no Ocidente, particularmente nos ramos ocidentais do Reiki, lembram técnicas encontradas na tradição xamânica havaiana chamada Huna. Os praticantes especulam se essas técnicas foram acrescidas ao Reiki na escola havaiana da sra. Takata por algum de seus alunos. Descobri outros curadores pertencentes a tradições não ligadas ao Reiki que intuitivamente puxam e liberam energias indesejáveis de seus pacientes, muitas vezes descritas como pedras, insetos, serpentes, sanguessugas ou bolas pretas de óleo, piche ou luz negra. Independentemente da origem, acredito que esse processo seja universal para a cura energética e espiritual.

Em seguida é apresentada uma versão simples dessas técnicas, semelhante à que eu aprendi. O que interessa para mim é a interação com o cliente, fazendo-lhe perguntas e comprometendo-o com o processo de cura. Esse é o aspecto mais importante do processo de cura.

Passo um

Converse com o cliente sobre o que precisa ser eliminado. Podem ser sentimentos ligados ao passado, relacionamentos, pensamentos obsessivos ou recordações — qualquer coisa que precise ser liberada e curada. Normalmente são coisas que indicam aspectos do lado sombrio de cada um, que ajudam na criação de sua doença ou de uma realidade indesejável. Os pacientes podem não ter idéia do que precisa ser liberado na esfera emocional ou mental, por isso deixe-os descrever suas preocupações da melhor maneira que puderem.

Passo dois

Faça perguntas ao cliente que provoquem imagens, sentimentos e qualidades de energia que precisem ser removidos. Você pode fazer as seguintes perguntas:

- Se estivesse dentro do seu corpo, onde deveria estar?
- Se tivesse uma cor, de que cor seria?
- Se tivesse textura, qual a sensação que provocaria?
- Se tivesse uma temperatura, como você o sentiria?
- Se produzisse um som, como soaria?
- Se tivesse um cheiro, qual seria o seu odor?
- Se tivesse um sabor, teria gosto do quê?
- Se tivesse um nome, como seria chamado?

Use as respostas a essas perguntas para construir uma imagem da energia indesejável para que vocês dois possam trabalhar com ela.

Passo três

Depois de criar essa imagem e ligá-la à energia indesejável, pergunte ao cliente se ele consegue senti-la, vê-la ou, de algum outro modo, ter consciência dela.

Passo Quatro

Prepare-se para pedir por uma orientação superior. Peça a seus guias de cura e/ou Reiki para estarem com você. Encha-se de energia curadora e protetora. Se você não pôs o símbolo do Poder em todos os seus chakras e nas mãos antes da sessão, faça isso agora.

Passo Cinco

Imagine estar alongando seus dedos esticando os dedos da sua mão direita com a sua mão esquerda e vice-versa. Eles podem parecer firmes e macios ou semelhantes a garras. (Podem ser necessárias outras imagens, como mãos de tesoura para cortar cordões, ou dedos de bisturi para chegar mais fundo.)

Passo Seis

Por meio de uma combinação de intenção, movimento e visualização, imagine que está alcançando o interior do paciente e puxando/cortando/dissolvendo essa energia prejudicial. Envolva o cliente no processo tocando-o, de modo que ele sinta onde você está e possa sentir a energia que precisa ser liberada. Aqueles que praticam a cirurgia acima do corpo, sem tocá-lo, fazem o paciente se sentir desconectado. Eu gosto de descrever o processo em voz alta para o paciente, para nos manter concentrados na mesma imagem e intenção. Diga ao paciente para liberar ou empurrar a energia para fora. Use imagens consistentes com as respostas que ele deu para criar uma realidade de cura compartilhada. Esse processo pode ser feito uma ou mais vezes em seqüência, se você achar necessário.

Às vezes, nessa realidade xamânica, a energia assume vida e personalidade próprias, semelhante a uma entidade ou personalidade individual. Alguns praticantes relatam terem sido obrigados a explicar para a energia por que estava sendo liberada do corpo. Se parecer que a energia tem uma *persona* ou inteligência, peça-lhe que dê uma mensagem para o seu cliente. Qual é o objetivo? Muitas energias estão cheias de emoções prejudiciais, como medo, vergonha e raiva. Se esse for o caso, diga à entidade energética que está perdoada. Ordene que volte para a luz ou retorne à sua origem, com amor. Ao voltar à sua origem, em última análise ela voltará ao divino criador. Seus guias espirituais de cura podem ajudá-lo a banir essas forças. Simplesmente chame-os, em voz alta ou silenciosamente, e peça-lhes para remover a entidade indesejada.

Passo Sete

Pegue a energia prejudicial e dissolva-a, liberando-a de modo que ela trabalhe para você.

- Use uma combinação de símbolo do Poder — símbolo Mental/Emocional — símbolo do Poder, três vezes cada, e repita a série três vezes para dissolver a energia.
- Visualize uma chama violeta queimando a energia.
- Mande a energia para fora da sala, ao ar livre, e imagine que ela está ardendo.
- Peça aos seus guias, divindades ou anjos para que tirem a energia de você e a transformem.
- Ordene em nome de (seu nome para o espírito criador — Deus, Deusa ou Grande Espírito) que a energia seja banida e neutralizada. Lembre-se sempre de neutralizar ou transformar a energia antes de liberá-la, para que ela não ataque a ninguém mais.

Passo oito

Repita os passos 1 até o 7 para quaisquer outros pontos de "cirurgia".

Passo Nove

Limpe e purifique você mesmo e o seu paciente. Primeiro volte seus dedos (seus dedos etéricos) ao tamanho normal e modele-os por meio de toque e visualização. Preencha então o seu ser com energia limpadora e luz violeta. Use símbolos de proteção mais uma vez. Complete o tratamento e limpe, varra e acalme a aura do cliente.

As técnicas de cirurgia mediúnica variam de praticante para praticante. Provavelmente você já a fez antes e nem mesmo percebeu, já que ela parece tão intuitiva no trabalho de cura. A execução da cirurgia mediúnica pode ter uma aparência muito dramática e ritualística, empregando uma voz alta de comando ou largos movimentos de varredura, ou pode ser bem interiorizada e calma, com movimentos simples e sutis e uma intenção segura. Cada um tem seu estilo. De certo modo, é como interpretar um ato com uma intenção por detrás. Lembre-se disso quando se sentir intimidado e mantenha a sua perspectiva inocente. Incorpore a cirurgia mediúnica à sua prática de Reiki quando se sentir à vontade com ela e se sinta intuitivamente guiado para agir assim.

Xamanismo Reiki

Como a cirurgia mediúnica originou-se de tradições xamânicas, outros praticantes de Reiki fundiram aspectos dos trabalhos e crenças xamânicos, chegando a criar tradições do Reiki Xamânicas. Xamanismo é uma palavra que vem de povos nativos de tribos siberianas, mas por um elo genético também está ligada aos povos nativos das Américas. A palavra xamã refere-se especificamente ao homem da tribo que lidava com a medicina, embora as técnicas básicas do xamanismo sejam encontradas no mundo inteiro e difiram de outras práticas de cura.

Um xamã é aquele que age como curador, líder religioso, conselheiro e médico para uma população. Um dos principais métodos de cura é entrar num estado de transe por meio da meditação, batuque, dança, rituais ou substâncias alucinógenas. Depois de entrar em transe, o xamã entra em contato com o mundo espiritual, tanto ao trazer entidades espirituais para o mundo físico para efetuar curas, como viajando para o reino espiritual e colhendo informações, conhecimento e poder. Os xamãs não só entram no reino espiritual, mas também podem ajudar a guiar outras pessoas para dentro dele, auxiliando com rituais de iniciação e na busca de visões. Os xamãs falam com os espíritos da natureza para aprender sobre herbalismo e cura com pedras. Eles falam com os poderes dos elementos, com o céu e os animais, para assegurar bom tempo para a época do plantio e boa caça para a tribo. Embora as crenças e a mitologia por trás da prática variem de tribo para tribo e entre as culturas, os trabalhos básicos são encontrados na Europa, na África, no Oriente Médio e na Ásia. O xamanismo moderno, ou xamanismo essencial como é chamado atualmente, extraído das técnicas essenciais, está encontrando o seu caminho nas modalidades de cura, da vanguarda da psicologia à cura energética.

Além da cirurgia mediúnica, descobri duas técnicas xamânicas poderosas que eu uso em minha prática de Reiki. A primeira é entrar em transe. Se você tiver música rápida de percussão, tanto melhor, desde que a batida ajude a entrar num estado poderoso de transe xamânico. Imagine-se entrando no corpo de um cliente, encolhendo e viajando pelos seus vasos sangüíneos, nervos e outras partes do corpo, num nível celular. Você pode perceber coisas num nível muito físico, sentindo partes do corpo, células ou até mesmo moléculas. Ou pode visualizar a "paisagem" de um modo mais simbólico, viajando por florestas e selvas subterrâneas, cruzando "rios" de sangue e encontrando os monstros das doenças.

Por meio dessas técnicas, você pode literalmente encontrar a doença, física ou de outra natureza, e falar com o espírito dela e determinar por que ela está presente e a que propósito está servindo. Pode fazer acordos e pactos com os espíritos das doenças ou determinar o que eles querem para proporcionar a cura. Uma vez que tenha completado sua conversa com esse espírito e feito qualquer arranjo ou conseguido alguma informação, volte pelo caminho que veio e firme-se de volta no seu corpo. Complete então a sua sessão e fale ao cliente sobre o que encontrou.

A segunda técnica é exatamente a mesma, mas, em vez de você viajar pelo corpo, por meio de imagens orientadas, guie o cliente para dentro do próprio corpo para falar com os espíritos da doença. Pode estar certo de uma coisa, esta técnica não é para qualquer um. O cliente pode não ter interesse ou condição para uma viagem orientada, mas alguns clientes vão surpreendê-lo. Muitas pessoas que eu jamais imaginara que fariam isso realmente o fizeram, e eu só segui adiante com isso porque minha intuição me guiou.

Passo um

Guie o paciente para atingir um estado meditativo fazendo uma contagem regressiva de doze até um, incentivando-o a relaxar o corpo, a mente e o espírito.

Passo dois

Diga a seu paciente para imaginar o corpo dele diminuindo cada vez mais. A cada respiração o cliente fica menor, até ficar microscópico. Com ele estarão todos os instrumentos de que irá necessitar para fazer o trabalho. Diga-lhe para olhar nos bolsos, e ele encontrará ferramentas materiais, como picaretas, machados, espadas ou tochas, ou metafísicos, como cristais ou ervas. Qualquer coisa pode ser um instrumento, não importa o quanto possa parecer tolo. Goma de mascar, limpador de vidros ou um leque podem se tornar um instrumento no bolso deles. Os bolsos podem conter qualquer coisa, de qualquer tamanho. Com eles também estará um guia — um espírito, anjo, ente querido ou mesmo um bicho de pelúcia.

Passo três

Oriente o paciente para entrar na coroa do corpo físico. Muitas vezes eu canto o Sei-He-Ki, em voz alta ou silenciosamente, para abrir a passagem. O paciente entra num túnel e vê uma luz distante, que o leva à parte do corpo que precisa de cura. Pergunte ao paciente: "De onde está vindo a luz?"

Passo quatro

Oriente o paciente para que vá para aquela parte do corpo. No trajeto ele verá as partes do corpo. Incentive-o a dar amor e luz ao corpo ao longo do caminho. Se o cliente é um praticante de Reiki, diga-lhe para fazer o Reiki nas partes do corpo ou desenhar os símbolos no trajeto.

Passo cinco

Se o paciente se perder ou precisar de ajuda, o guia dele terá a resposta necessária e lhe mostrará a direção certa.

Passo seis

Uma vez que o paciente chegue ao seu destino, ele encontrará o espírito da doença. Incentive-o a conversar com ele, a perguntar-lhe o que deseja, por que está ali e o que pode ser feito para curá-lo. Diga ao paciente que ouça com o coração. O guia pode ser necessário para traduzir ou agir como intermediário. O espírito da doença ou o guia podem incentivar a cura por meio das ferramentas inicialmente encontradas nos bolsos. Use-as conforme for indicado.

Passo sete

Se possível, diga ao paciente para abraçar e amar a doença como um grande espírito que ensina. Se o paciente for um praticante de Reiki, faça mais uma vez com que ele aplique o Reiki no espírito da doença e ofereça-lhe símbolos. O espírito da doença pode ou não se dissipar no éter nesse momento.

Passo oito

Quando tiver acabado, oriente o paciente de volta pelo corpo, irradiando amor e luz.

Invoque sua intuição e a orientação superior quando usar qualquer dessas técnicas mediúnicas ou xamânicas no seu trabalho mágico de cura.

Reiki com Cristais

O uso de pedras, minerais e cristais na arte da cura data literalmente da Idade da Pedra. Evidências desse tipo de cura são encontradas nas tradições do xamanismo e também em documentos que datam do antigo Egito, da Suméria e da Grécia, que enumeram diferentes pedras e suas propriedades metafísicas quando carregadas ou usadas. Todas essas culturas têm uma vasta tradição de magia, fazendo talismãs e amuletos de pedras e energizando-os com bênçãos divinas para catalisar suas propriedades espirituais naturais. A magia das pedras foi um dos primeiros tipos de magia.

A arte da cura com cristais achou seu caminho no movimento moderno da Nova Era e finalmente nas tradições de cura do Reiki. Isso não me surpreende, já que os dois sistemas são complementares e compatíveis. Os praticantes criaram várias tradições de Reiki com cristais. Na verdade, a prática se tornou tão predominante, particularmente no nível de Mestre, que eu descobri alguns alunos que pensam ser impossível praticar o Reiki sem cristais. Quando estudavam a história de Usui, disseram-lhes que Usui distribuiu pontas de quartzo e esferas de cristal para todos os alunos. Até onde eu sei, isso não é verdade. Volta-se ao problema de as pessoas não identificarem o que foi acrescentado ao Reiki e o que é Reiki puro. Você não precisa nada além da sintonização para praticar o Reiki, e alguns até argumentariam que nem isso é necessário. Mas os cristais são grandes auxiliares, particularmente em Reiki. Eu gosto muito de usá-los, tanto na minha prática quanto na vida pessoal. Tenho mais cristais do que roupas.

Os cristais funcionam?

Sim, os cristais funcionam. Eles não agem com a mesma força ou do mesmo modo para todos, mas eu tenho testemunhado um grande número de mudanças notáveis em pessoas que estão usando cristais e minerais. Eu uso a palavra cristal para qualquer mineral que tenha propriedades metafísicas, mesmo que não tenha uma verdadeira estrutura de cristal.

Eu costumava pensar: "Grande coisa. Cristais não passam de pedras. O que é que eles podem fazer?" Então, eu observei que determinadas pedras literalmente mudavam a energia e os padrões de algumas pessoas. Alguns cristais energizam e despertam, enquanto outros ajudam você a meditar e relaxar. Alguns podem deixar certas pessoas quase embriagadas, enquanto outros trazem à tona emoções reprimidas e desgostos para que sejam imediatamente curados.

Os efeitos variam muito de pessoa para pessoa. Se você for uma pessoa que tem os pés no chão, fortalecida com a energia da Terra, então os cristais podem não apresentar um efeito imediato de grande impacto. As pessoas me traziam pedras e diziam: "Você não consegue sentir a energia? É surpreendente!" Preciso admitir que não, eu realmente não conseguia grande coisa. Talvez um pouco, se eu tentasse, mas não na intensidade de que eles falavam. Na maioria das vezes, eu sou uma pessoa que tem os pés no chão e levei muito tempo para compreender as sutilezas da magia das pedras. Mesmo se o efeito for psicossomático (e eu realmente acredito que não seja, já que muitos pacientes não têm a menor noção da finalidade de cada cristal), os cristais são um método eficaz de cura.

Como funcionam os cristais?

A cura com os cristais funciona pelos princípios de vibração, um outro modo de descrever a energia. Cada mineral tem a sua própria estrutura, muitas vezes mencionada como estrutura cristalina. É a base da composição química, a estrutura das moléculas. A geometria "sagrada" inerente nessas substâncias contém os princípios.

Cada componente químico no cristal lhe dá propriedades tanto físicas quanto metafísicas. As propriedades físicas incluem a cor do cristal e a forma em que ele se desenvolveu. As propriedades metafísicas muitas vezes correspondem à cor e à forma, mas são realmente divinizadas quando trabalhadas com a energia, o espírito do cristal. Pedras do coração muitas vezes são verdes e rosa. As pedras do terceiro olho são freqüentemente roxas.

Quando os cristais são conservados junto ao corpo ou carregados no bolso, eles vibram de algum modo, não só por sua estrutura físico-química, mas por suas energias mais sutis, seu espírito de força vital. Essas vibrações são assimiladas pelo usuário e lentamente as propriedades das vibrações são transferidas para quem estiver usando a pedra, trazendo a cura ou uma nova consciência e novas aptidões. Para o metafísico, tudo e todos são feitos de energia, de vibração, sejam moléculas vibrantes ou pensamentos e emoções vibrantes. Tudo é energia.

Cristais 101

Quando estou dando aula sobre cristais, eu descrevo o seu funcionamento como semelhante ao de um computador. A estrutura deles grava coisas e lembra delas, como a memória de um computador, e eles têm a capacidade de acelerar funções e fazer muitas coisas simultaneamente. Como um computador, eles precisam ser programados. Qualquer intenção que você ponha no cristal determina o que vai conseguir dele.

Exatamente como ocorre com o computador, para maximizar o seu funcionamento você precisa limpar o seu cristal, remover qualquer programa mais velho e indesejável, além de arquivos desnecessários e aleatórios. Já que o cristal é a versão espiritual do *hard drive* magnético do computador, quando você o estiver segurando, todos os pensamentos ou sentimentos que tiver podem ser gravados nele. Aqueles programas aleatórios e energias indesejáveis precisam ser removidos.

Comece por purificar um cristal antes de programá-lo. A purificação é feita aumentando as vibrações dele com o uso de técnicas que removem a energia indesejável. Isso expulsa todos os programas e pensamentos indesejáveis da pedra, sem eliminar qualquer energia de cura. Tente uma das técnicas descritas a seguir ou uma combinação delas.

Fumigação

Passe a pedra pela fumaça de uma erva de purificação sagrada ou incenso. Tente sálvia, cedro, capim-doce, copal, olíbano/mirra, lavanda, canela, cravo, zimbro ou sangue-de-drago. Algumas ervas que podem ser queimadas, embora contenham muita magia, não são protetoras ou purificadoras, por isso pesquise antes de se desviar desta lista.

Sol

Mantenha a pedra diretamente sob a luz do sol pelo menos durante uma hora para remover energias indesejáveis. Algumas pedras, como o quartzo rosa, são sensíveis à luz e enfraquecem se ficarem demasiadamente expostas ao sol.

Chama

Passe as pedras por cima da chama de uma vela. Só tenha cuidado para não se queimar. Não mantenha o cristal na chama, mas acima dela, a uma distância segura. Imagine a energia da chama consumindo os programas indesejáveis.

Água

Mergulhe suas pedras em água cristalina de fonte ou em água destilada. Pode mantê-las sob água corrente da torneira ou na correnteza de um riacho, se você tiver a sorte de poder contar com um na vizinhança. A água carrega para longe os programas indesejáveis e os destrói. Alguns cristais, como a selenita, são solúveis em água e vão se dissolver, por isso sempre se certifique de que sua pedra não vai se desintegrar. Muitos cristais se dão bem com a água, particularmente os da família do quartzo — rosa, citrino, ametista, enfumaçado e morango —, e podem ser purificados nela com segurança.

Sal

Enterre suas pedras numa tigela cheia de sal marinho. O sal é um mineral que absorve naturalmente as energias indesejáveis. Algumas pessoas gostam de mergulhar os cristais em água salgada, mas esse processo a longo prazo prejudica a pedra tanto fisicamente como energeticamente. Sugiro que em vez disso use o sal seco.

Terra

Enterre suas pedras e peça à Terra para extrair as energias indesejáveis. Mantenha-as enterradas por um espaço de tempo de, no mínimo, um dia e, no máximo, um mês. Marque bem o lugar para saber onde cavar para recuperá-las.

Prece e intenção

Apenas segure a pedra em suas mãos. Peça em nome dos poderes superiores, qualquer que seja o nome que dê a eles, para que a pedra fique livre de todas as energias prejudiciais. Eu levanto a pedra até a altura da minha boca e assopro nela três vezes, soprando para longe toda a energia indesejável e transformando-a com minha intenção.

Agora você está pronto para programar o seu cristal. Segure-o com uma das mãos ou com ambas. Algumas pessoas gostam de segurá-lo junto ao terceiro olho, enquanto outras preferem colocá-los junto do coração. Faça aquilo que sua intuição mágica lhe disser. Então, apenas mantenha bem claro o seu programa, a sua intenção específica para o cristal, e usando a sua vontade imagine projetar essa intenção no cristal. Sinta-a mover-se pelo seu corpo, saindo das suas mãos ou do terceiro olho, dependendo da técnica que estiver usando, e indo então para o cristal. Eu pus os programas que descrevo em seguida nos meus cristais, pensando nas palavras escritas em negrito. O texto adicional dá a você as informações de como funciona cada programa.

Agir para o bem maior. Este energiza o cristal para funcionar somente para o bem maior e para o bem de uma cura melhor e também para não impor intenções de um ego sobre outro.

Manifestar todos os seus poderes conforme for necessário. Este diz à pedra para manifestar as propriedades curativas que ela tem, à medida que forem necessárias para o bem maior, mesmo que você não esteja consciente delas.

Ativar/desativar sob comando. Os cristais vão trabalhar com você e estarão ativados ou desativados de acordo com a necessidade. Parece estranho, mas você pode realmente perceber a diferença entre um cristal ativo ou inativo. Este é um comando particularmente poderoso para a grade do Reiki, sobre a qual falaremos mais adiante neste capítulo. Os cristais também ficarão desativados automaticamente se não forem para o bem maior do receptor.

Canalizar o Reiki quando for preciso. Eu ponho, então, todos os símbolos do Reiki para a tradição Usui Tibetana na pedra além de qualquer outro a que eu me sinta intuitivamente orientado a usar. A pedra agora canalizará a energia Reiki quando o receptor precisar.

Autopurificação. Você pode programar pedras para ajudá-las a se purificarem de energias e programas não desejados. Isso não significa que você não precise purificar periodicamente suas pedras por meio dos métodos tradicionais, mas evita que você tenha de fazer isso toda vez que for usá-las.

Os programas são instalados para o bem maior. Este mantém os programas no cristal, para que não sejam excluídos por ninguém, a menos que seja para o bem maior. É semelhante a apertar o botão de gravar do antigo gravador de fita cassete. Você não precisa ficar preocupado com a possibilidade de que alguma pessoa mude ou apague seus programas sem querer.

Você pode também fazer feitiços mágicos específicos para o cristal, programando a pedra por meio do Reiki e do ritual para realizar uma mudança específica na sua vida. Experimente para ver o que funciona melhor para você.

A *colocação das pedras*

Na cura com o Reiki, os cristais normalmente são incorporados numa sessão de imposição das mãos, colocando as pedras sobre o corpo. Embora muitos livros e professores apresentem regras sobre a colocação das pedras, elas não são regras de verdade. A maioria constitui uma arte e um ato de orientação. Ao colocar as pedras, muitas vezes alinhamos a cor da pedra com os lugares dos chakras, mas isso não é uma regra muito rígida e imutável. Até que você se sinta à vontade usando pedras e ouvindo suas vozes e a voz que o guia, tente esta lista para cada chakra.

Raiz	Granada, rubi, jaspe vermelho, quartzo enfumaçado e calcita vermelha
Abdômen	Cornalina, calcita laranja, pedra-da-lua
Plexo Solar	Citrino, topázio, pirita, calcita amarela ou dourada
Coração	Quartzo rosa, esmeralda, aventurina, malaquita, turmalina, calcita verde
Garganta	Ágata renda azul, turquesa, lápis-lazúli, azurita, calcita azul
Testa	Ametista, fluorita roxa, lepidólita, sugilita
Coroa	Quartzo claro, opala, diamante, qualquer pedra pura ou faiscante.

Tente colocar uma pedra em cada chakra e deixe-a aí por alguns minutos. À medida que for se familiarizando com as propriedades curativas dessas pedras, você passará a usar disposições de pedras mais criativas, com mais cristais, em uma variedade maior de cores e padrões.

Gosto de fazer o Reiki primeiramente numa região e, então, colocar uma pedra no local depois de afastar minha mão. Isso conserva fortes a energia e a cura por todo o corpo. Algumas pessoas gostam de colocar a pedra antes e, depois, fazer o Reiki sobre a pedra. Desde que você não aplique pressão sobre o corpo ou use pedras pontudas, não há problema.

Quando retiro as pedras, eu imagino um cordão ligando a pedra ao corpo. Eu me imagino cortando o cordão delicadamente, para desfazer a ligação entre a pedra e o corpo.

Grades de cristais de Reiki

Grades de cristais são uma maneira de alinhar os cristais, normalmente pontas de quartzo, para intensificar e ampliar a energia para manifestação ou cura. No Reiki, os cristais são programados para ampliar as energias Reiki para a cura.

Numa grade, os cristais são dispostos formando uma estrutura geométrica para dirigir a energia para dentro ou para fora, como uma mandala sagrada. A forma mais popular, tanto no universo dos cristais quanto no do Reiki, é a estrela de seis pontas, embora cada formato carregue suas propriedades exclusivas. Acredito que a estrela de seis pontas está associada à integração, ao equilíbrio e ao chakra do coração, portanto é um formato perfeito para usar no Reiki.

As grades de Reiki são normalmente ensinadas nas versões de Reiki mais da Nova Era, a partir das tradições tibetanas em diante, como parte dos níveis de Praticante/Mestre ou Professor/Mestre. As grades de cristal de Reiki são usadas para enviar continuamente Reiki a um receptor. Numa sessão de Reiki, a distância ou pessoalmente, você fica limitado ao tempo da sessão. Com uma grade, a energia Reiki continua a ser enviada mesmo quando a pessoa a quem se destina está fora fazendo outra coisa. Há muitas técnicas de grade, incluindo até mesmo o símbolo Antahkarana como grade padrão. Eu uso a técnica de símbolo descrita a seguir.

Passo um

Pegue seis pontas de cristal de quartzo mais ou menos do mesmo tamanho que você já tenha purificado e energizado e coloque-as sobre uma superfície dura da qual elas não sejam movidas por algum tempo. Disponha-as como uma estrela de seis pontas, com as pontas voltadas para a parte interna. Se elas tiverem terminações duplas, ou pontas duplas, enquanto arruma sua disposição, a sua intenção será de que a energia flua para dentro da área.

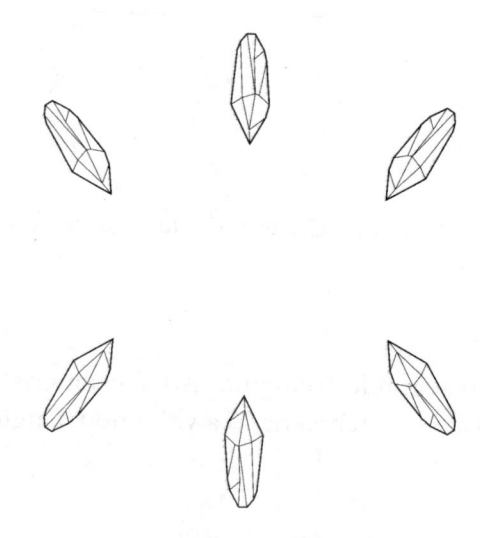

Figura 52: Grade de Cristais (Passo 1)

Passo dois

No centro da estrela, coloque alguma coisa que estabeleça a conexão entre você e a pessoa a quem você deseja enviar o Reiki. Pode ser uma fotografia, uma jóia ou um pedaço de papel com o nome da pessoa. Você pode ter muitos receptores na grade.

Passo Três

Leve algum tempo até se concentrar e faça uma invocação ou uma prece pedindo uma orientação divina. Peça para mandar Reiki para essa pessoa, para o bem maior. Movendo-se no sentido horário, ative os cristais no primeiro triângulo, apenas apontando para eles e dizendo "Ativar", em voz alta ou silenciosamente. Faça isso três vezes em torno do triângulo.

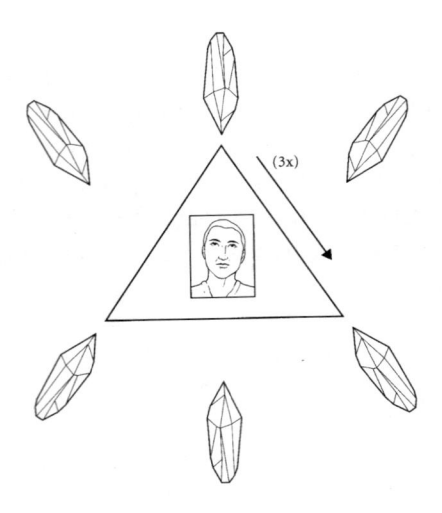

Figura 53: Grade de Cristal (Passos 2 e 3)

Passo Quatro

Continue com o segundo triângulo. Ative cada cristal, movendo-se no sentido horário até que tenha dado a volta no triângulo três vezes.

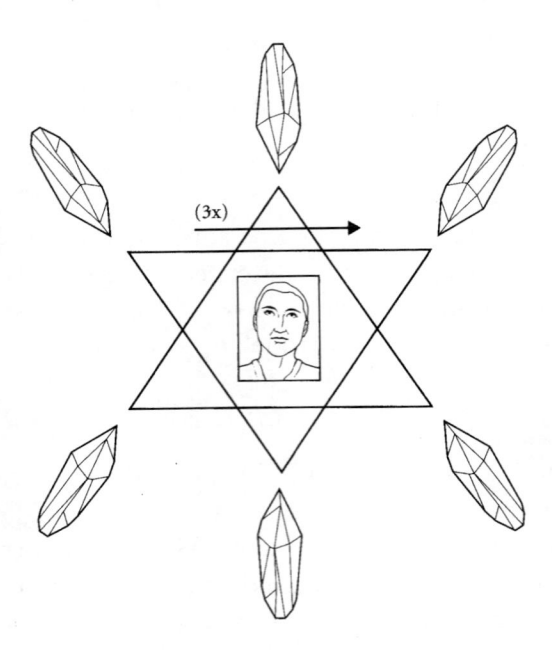

Figura 54: Grade de Cristal (Passo 4)

Passo Cinco

Visualize o centro da grade se enchendo com a luz do Reiki e saindo para aqueles que precisam. Se desejar, você pode desenhar os símbolos do Reiki sobre a grade, para aumentar a intenção de cura.

A grade de Reiki pode ser ativada e desativada por comando. Ela irá desativar-se por si mesma quando o Reiki não estiver mais servindo ao bem maior, quando a pessoa estiver "no auge", por assim dizer. Por isso gosto de reativá-la todos os dias quando vou usá-la. Faço disso uma parte das minhas preces matutinas. É um modo poderoso de enviar a cura quando você não pode concentrar-se no recipiente.

Reiki e as jóias

Os praticantes de certas tradições do Reiki dizem que não se deve usar jóias de metal, como anéis, ou outras pedras quando estiver fazendo o Reiki. Eles acreditam que essas substâncias impedem o fluxo da energia Reiki. Pela minha experiência, não é esse o caso. Descobri que, se as jóias têm alguma influência no processo, é para ajudá-lo e ampliar o seu alcance, desde que você as tenha purificado e programado anteriormente. Eu trato todas as minhas jóias como cristais, já que metais também são minerais com propriedades espirituais.

Eu acredito que se uma autoridade num assunto diz que alguma coisa nos impede, então muitas vezes acreditamos na pessoa e nos sentimos impedidos. Mas, se ela não se pronuncia, então não percebemos esses bloqueios.

Eu o incentivo a trabalhar com o espírito dos cristais e a observar como eles mudam o seu próprio trabalho de cura, pessoal e profissionalmente.

O Reiki e a Magia das Plantas

Do mesmo modo que o Reiki é compatível com os nossos aliados do mundo mineral, ele também é de grande utilidade quando acompanhado pelos nossos aliados verdes do mundo vegetal. A magia das ervas e árvores é poderosa para a cura e a transformação. Os primeiros curadores eram as pessoas que conheciam as ervas, tanto na área médica quanto espiritual. Esses xamãs e videntes foram os primeiros a usar o seu toque curador e a trabalhar com a energia do universo, por meio da Terra, do Sol, do Céu e da Lua. Esses curadores que impunham as mãos foram os primeiros praticantes de Reiki, se não no sistema atual, mas já trabalhando com a energia. O Reiki moderno amplia o poder dessa magia.

Eu descobri que, ao usar o Reiki sobre qualquer coisa, ela fica com suas propriedades curativas aumentadas. Quando aplicamos o Reiki sobre a nossa comida, para abençoá-la, nós trazemos à tona suas qualidades de cura e minimizamos suas impurezas. Quando aplicamos o Reiki nos nossos remédios, aumentamos suas qualidades curativas, para funcionarem em harmonia com o bem universal.

Em bruxaria e outras formas de magia da terra, energizamos, ou abençoamos, cada componente de nossos feitiços (ervas, pedras, óleos etc.) para, consciente ou inconscientemente, conectá-lo com seu espírito natural e catalisar as propriedades espirituais da substância. É por isso que quando as pessoas me dizem que fizeram um feitiço seguindo as instruções de um livro, mas não têm nenhuma experiência em relação ao ritual ou no trabalho com essas energias, eu não fico surpreso ao escutar que o feitiço não funcionou. Só porque você misturou as substâncias certas nas proporções exatas não significa que vão atingir automaticamente o resultado desejado. A sua percepção espiritual é o ingrediente-chave para o sucesso. Conheço muitos bruxos iniciados em Reiki que sentem que ele intensificou consideravelmente sua magia ligada à terra e seus trabalhos com ervas, atingindo resultados além de suas expectativas. Isso desencadeou um pequeno movimento de bruxos que assistem aulas de Reiki para intensificar a própria magia, mas que não têm um interesse real, pelo menos no começo, na tradição do Reiki.

Aumentando o valor da medicina herbal

Se você usa ervas na sua dieta normal para a saúde — de chás a suplementos — e mesmo formas mais intensivas de cura com ervas, pode aumentar a eficácia de seus remédios herbais com o poder do Reiki. Basta segurar as ervas ou os produtos herbais em suas mãos e deixar o Reiki fluir. Ou desenhe os símbolos Reiki sobre eles. Eu uso o Reiki em todas as ervas e mesmo sobre toda a minha comida, abençoando-as e energizando-as. Eu o uso sobre chás embalados em saquinhos, em chás que eu mesmo preparo, tinturas e na prateleira de temperos. Se você costuma colher suas ervas, vegetais ou frutas, faça o Reiki enquanto os colhe, mas também o faça na planta de onde os tirou, para que ela também possa curar e produzir mais alimentos saudáveis.

Aromaterapia

Aromaterapia é a arte e a ciência de usar o odor para modificar a mente, normalmente por intermédio de óleos essenciais extraídos de flores e plantas. O uso de fragrâncias mágicas é uma prática antiga, e trabalhar com as propriedades espirituais das plantas é um aspecto importante, ainda que muitas vezes negligenciado, do trabalho da aromaterapia.

Os praticantes de magia usam óleos para ungir a pessoa e para ungir ritualmente objetos, amuletos e, muitas vezes, velas. Se você usar o Reiki com a magia das velas, pode ungir a vela com um óleo apropriado que combina com sua intenção magicamente. Você pode também fazer o Reiki sobre um óleo e usá-lo para atrair essas qualidades e intenções para a sua vida.

Essências Florais

As essências florais são remédios vibracionais feitas com soluções muito diluídas de flores na água, conservadas em uma pequena quantidade de estabilizante, como conhaque ou vinagre. Com a palavra essência no nome, muitas pessoas confundem essências florais com óleos essenciais usados na aromaterapia. Mas, embora os óleos essenciais sejam formas muito concentradas de substâncias químicas naturais das plantas, as essências florais são medicamentos muito diluídos com apenas quantidades mínimas de substâncias químicas das plantas. Elas são mais diluídas até mesmo do que os remédios homeopáticos. Nos tempos modernos, elas foram originalmente criadas por um homeopata chamado Dr. Edward Bach, e sua linha de essências, chamada Florais de Bach, encontra-se à venda em lojas especializadas.

Se as essências florais têm quase nada de substância química, então como elas funcionam? De modo parecido com o Reiki, as essências florais são remédios baseados em energia. Elas funcionam num nível de vibrações energéticas e muitas vezes não têm um efeito físico forte, mas se direcionam aos níveis mental, emocional e espiritual da pessoa, criando uma mudança na mente que vai levar a cura a todos os níveis.

Ao fazer uma essência floral, você leva os poderes espirituais daquela planta para dentro do seu corpo para curar. Cada flor carrega uma assinatura energética de suas propriedades exclusivas, demonstrada em sua forma, cores, padrão de crescimento e folclore. Esses fatores nos contam quais são as propriedades curativas que estão incorporadas nos remédios energéticos das flores. Algumas assinaturas são óbvias. As rosas são associadas com o coração e o amor. Quando recolhe a essência de uma rosa, você abre o seu coração para o amor e remove os bloqueios que o impedem de experimentá-lo ou expressá-lo. Não é uma pílula mágica que remove todos os bloqueios, mas um auxílio energético para ajudá-lo a trabalhar com essas questões.

Quando comecei a trabalhar com o Reiki, meu processo de cura despertou questões não resolvidas de raiva e culpa. Eu estava tendo problemas com o fígado e, pelo estudo do simbolismo do corpo e a cura pela energia e por intermédio das minhas meditações, aprendi que o fígado armazena medo e raiva. Continuei a fazer o Reiki e isso me ajudou, mas não resolveu o problema.

Seguindo a recomendação de amigos, decidi ver um consultor de essências florais, que imediatamente me deu essências florais feitas com ervas que são usadas para tratar moléstias no fígado. Espiritualmente, essas ervas para o fígado, como o cardo-de-santa-maria, são usadas para curar a raiva e o medo, as raízes espirituais das doenças do fígado.

Recebi um frasco com uma variedade de essências florais misturadas. Eu tomava três comprimidos daquela mistura, três vezes ao dia. Antes de tomar a essência, eu fazia Reiki no frasco e depois fazia um miniautotratamento.

O Reiki trouxe à tona sentimentos não-resolvidos que eu não sabia que tinha. Eu achava que a essência faria com que eles desaparecessem num passe de mágica, mas isso não aconteceu. Em três dias eu me encontrei expressando toda a minha raiva contra um superior num emprego que eu mal começara. Normalmente, eu teria ficado bravo, engoliria a raiva e continuaria sentindo-me numa situação infeliz. Mas, dessa vez, eu expressei minha raiva. Foi forte, mas foi saudável, embora a princípio eu não tivesse ficado feliz com a minha reação. Fiquei muito bravo porque as essências tinham me feito ficar com raiva. Elas não tinham me feito ficar com raiva — elas trouxeram minha raiva à tona para ser expressada e curada. A combinação de Reiki e essências florais ajudou a minha cura num nível mais profundo e resolveu uma porção de problemas que eu já carregava havia muito tempo.

Embora haja muitas marcas de essências florais disponíveis no mercado, eu realmente incentivo as pessoas a fazerem suas próprias essências e a construírem o seu próprio relacionamento com o mundo das plantas. Fazer essências é um processo muito simples, embora alguns praticantes o tornem muito complicado. Tenho uma formação em bruxaria na magia popular e aplico o mesmo espírito simples para fazer minhas essências florais.

Eu sou muito ritualístico quando faço minha essência. Eu vou até a minha planta e medito com ela. Peço-lhe permissão para fazer uma essência e peço também informações sobre suas propriedades curativas. Algumas pessoas têm experiências mediúnicas com as plantas, em que o espírito da planta fala com elas, provoca visões ou as leva em viagens espirituais, mas a maioria das pessoas não tem esse tipo de experiência. Se você tem ou deixa de ter, isso não interfere na força da essência que estiver fazendo.

Assim, ponha uma tigela de vidro transparente ou de cristal de quartzo (não cristal de chumbo) no chão perto da flor num dia ensolarado, de preferência pela manhã. Encha-a de água, água da fonte ou destilada. Eu prefiro água da fonte. Colha algumas flores e coloque-as na tigela. Se as flores estiverem ameaçadas de extinção, apenas coloque a vasilha de água debaixo da flor, sem cortá-la ou colhê-la, para que ela possa amadurecer e lançar sementes. A energia da flor ainda assim irá para a água, porque a água está no campo de energia da planta. Tecnicamente, você não precisa colher qualquer flor para fazer essência de flores, mas muitos o fazem.

Você pode incorporar o Reiki ao processo desenhando os símbolos que quiser sobre a tigela e as flores. Eu uso o símbolo Tibetano de Mestre, o símbolo Usui de Mestre, o símbolo do Poder, o símbolo do Mental/Emocional, o Símbolo de Cura a Distância, Nin-Giz-Zida e algumas vezes Mer-Ka-Fa-Lish-Ma e Zonar em diversas combinações, seguindo a minha intuição. Não há uma combinação perfeita e correta de símbolos para todas as essências florais. Tecnicamente, os símbolos não são exigidos para fazer uma essência, mas eles se somam às propriedades de cura naturais da essência e as ampliam. Deixe a vasilha descansar ao sol durante, no mínimo, duas horas. Se estiver nublado, deixe-a fora pelo menos por quatro horas. Essa não é uma regra rígida e inflexível. Muitas vezes eu deixo minhas essências do lado de fora um dia e uma noite seguidos. Gosto de fazê-las na Lua cheia e deixá-las ao sol o dia inteiro e sob a Lua a noite inteira, recolhendo-as ao amanhecer.

Quando você sentir que a essência está "pronta", é hora de engarrafá-la. Antes, faça os símbolos do Reiki sobre a essência, para estabilizar a vibração de cura. A primeira porção engarrafada é chamada de essência-mãe. Ao engarrafar a água original, coe as flores passando o líquido por um coador de pano, ou apenas retire-as com delicadeza. Despeje a essência numa garrafa escura com um quarto de conservante por volume. Os conservantes tradicionais têm 40° de álcool ou uma gradação ainda maior, como o conhaque ou a vodca, que conserva mais e evita que a solução fique rançosa. Se preferir, pode usar um conservante sem álcool, como o vinagre de maçã. Ele não conserva por tanto tempo, apenas por alguns anos, ao contrário da proteção potencialmente ilimitada oferecida pela vodca. Outras pessoas que fazem essência usam uma glicerina vegetal ou shiso vermelho como conservante. Assim que tiver engarrafado a sua essência-mãe com o conservante, rotule e date a garrafa. Eu o agito também e depois lhe imponho as mãos fazendo o Reiki sobre ele.

Então, quando quiser usar sua essência, você criará soluções mais fracas que têm um efeito energético mais forte. Os florais ficam mais potentes quando são diluídos. Pegue um vidro menor, como um frasco pequeno com conta-gotas, e misture uma solução de 75% de água pura e

25% de conservante. Pingue de cinco a dez gotas da essência-mãe no frasco novo e rotule-o como frasco de estoque. Muitos comerciantes vendem essências que estão nesse nível de potência. O nível de diluição de estoque muitas vezes funciona mais no sentido físico.

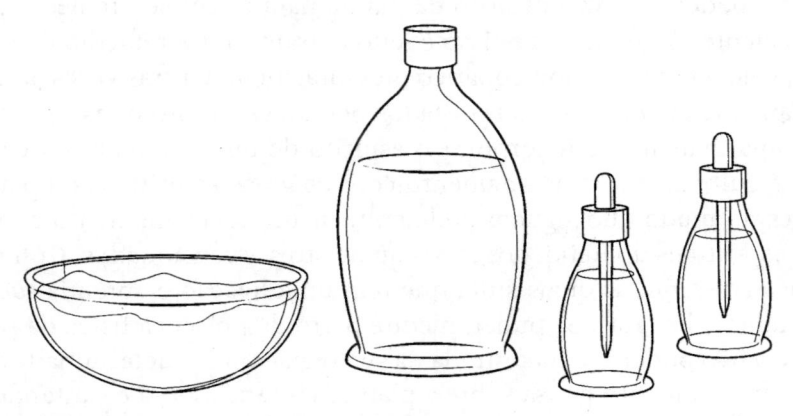

Figura 55: Tigela de Essência, Essência-Mãe, Frasco de Estoque e Frasco de Dosagem

Para conseguir uma essência para o nível mental ou emocional, pegue de uma a cinco gotas do frasco de estoque e coloque em outro frasco com 75% de água pura e 25% de conservante. Você pode misturar muitas essências nesse nível de potência quando tiver uma intenção específica. Este é o nível de dosagem dos florais e é o indicado pelos consultores. Antes de entregar um frasco de essência para um paciente, eu faço o Reiki sobre ele e o seguro junto ao coração, pedindo para que ele seja usado para o bem maior.

Remédio do espírito da planta

Remédio do espírito da planta é um termo relativamente novo que descreve a prática da tradicional cura xamânica por intermédio de sua associação com o espírito de uma planta curativa. Acho que essa é a origem de todas as outras curas com ervas, dos usos medicinais à aromaterapia e essências florais. Toda a cura mágica consiste em levar todos os aspectos do seu eu ao equilíbrio e alinhamento, e muitas vezes é preciso haver uma associação com a energia de outro espírito para ajudar nesse processo. Os xamãs sabem que os espíritos das plantas, animais e minerais, como também a energia da força vital universal, podem agir como "medicamento" para nós.

O praticante de xamanismo entra em transe e fala com espíritos e guias, mas muitas vezes ele se alia com os espíritos das plantas. Cada planta tem uma série de poderes específicos em alinhamento com a sua personalidade, do mesmo modo que a assinatura da essência da sua flor. O xamã pode invocar o espírito da planta para trazer seu remédio para um paciente. Algumas vezes isso é feito extraindo um remédio da planta, seja ele medicinal, homeopático ou vibracional. Outras vezes, a troca é puramente energética. Os resultados podem ser muito bons.

Uma maneira de incorporar o espírito de uma planta à prática do Reiki é cultivar um relacionamento com os guias espirituais da planta, do mesmo modo que alguém pode cultivar um relacionamento com os guias espirituais do Reiki, dos anjos ou mestres ascensionados. Colha algumas ervas com as quais sinta que tem uma ligação e aprenda tudo o que puder sobre elas. Se puder, medite perto da presença física da planta. Se ela não puder ser encontrada na sua região ou em determinada época, medite enquanto pensa sobre a planta, visualizando-a e cantando silenciosamente o nome dela para estabelecer uma conexão com o seu espírito. Peça então permissão para invocá-la para curar.

Depois, em sua próxima sessão de cura, se sentir intuitivamente que o remédio da planta pode ajudar, invoque o espírito da planta e peça-lhe para trazer o remédio para o cliente. Trabalhos xamânicos mais profundos requerem que o praticante entre num estado de consciência xamânico, projete-se num mundo xamânico subterrâneo ou superior e traga o remédio do espírito da planta, aplicando-o então ao cliente. Mas muitas vezes basta uma simples invocação e uma prece.

No contexto de Reiki, posso atrair o remédio do espírito da planta no processo de sintonização para uma sintonização de cura, aplicando o remédio com o influxo dos símbolos do Reiki. Você pode até mesmo fazer minissintonizações Reiki na planta. Eu desenho o Cho-Ku-Rei, depois Iava — para ligações com a natureza — e então atraio o espírito da planta. Concluo o processo com o Cho-Ku-Rei. Os efeitos dessa mistura podem ser muito profundos e imediatos. Para alguns, é como se estivessem ingerindo fisicamente a planta durante meses. Outros não sentem o efeito físico, mas essa técnica de cura manifesta as propriedades espirituais de cura da planta na pessoa.

Talismã mágico de ervas

A magia com as ervas foi o primeiro contato que tive com o poder do mundo das plantas. Aprendi a arte de preparar poções mágicas e fazer amuletos de ervas como parte do meu treinamento em bruxaria. Como cada erva tem uma vibração de cura, uma qualidade espiritual de cura, também tem uma qualidade mágica que está alinhada com essa energia de cura. (Ver apêndice 2 para maiores informações sobre as propriedades mágicas e espirituais das plantas.) As ervas mágicas são divididas em categorias básicas de magia, abrangendo amor, prosperidade, proteção, quebra de "maldição", cura, saúde, conhecimento, fertilidade, consciência mediúnica e desenvolvimento espiritual.

A magia das ervas funciona de modo muito parecido com o da magia das velas. Todas as formas de magia popular envolvem o uso de instrumentos naturais. Os instrumentos agem tanto como recipientes para a intenção mágica quanto como parceiros para fazer o trabalho. O mago ou bruxo precisa interagir com eles num nível energético, catalisando e ativando as propriedades mágicas inerentes da substância. O modo mais comum de fazer isso é pelo toque.

Use as fórmulas apresentadas em seguida ou faça suas próprias fórmulas utilizando a sua própria pesquisa e experiência, baseando-se na intenção do que quer criar. Segure cada erva em suas mãos e deixe o Reiki fluir. Pense na sua intenção e use sua aptidão para falar, visualizar e pretender catalisar a erva, como se você estivesse se associando e rezando com o espírito da planta. Faça isso com cada ingrediente. Você pode ainda combinar isso com a magia dos cristais e metais, acrescentando esses elementos à mistura. Use qualquer símbolo do Reiki que se sentir levado a empregar, desenhando-os e cantando seus nomes sobre a mistura. Carregue então as ervas num saquinho colorido, escolhendo a cor levando em conta as correspondências mágicas da cores. (Ver o apêndice 3 para associação de cores.) Em seguida, alguns exemplos.

Amuleto de proteção

- 1 colher de sopa de verbena
- 1 colher de sopa de patchuli
- 1 colher de sopa de urtiga
- 5 drupas de pilriteiro, drupas de sorveira ou botões de rosa

Carregue em um saquinho vermelho ou preto.

Amuleto de Desenvolvimento Físico

- 1 colher de sopa de lavanda
- 1 colher de sopa de artemísia

- 1 colher de sopa de anis estrelado
- 1 colher de sopa de raspa de limão
- 1 colher de sopa de milefólio

Carregue em um saquinho roxo, lavanda ou branco. Você pode dormir com ele debaixo do travesseiro para ter sonhos mediúnicos.

Amuleto da Fertilidade

- 1 colher de sopa de pé-de-leão
- 1 colher de sopa de manjericão
- 1 colher de sopa de trevo-dos-prados
- 1 colher de sopa de framboesa vermelha
- 1 colher de sopa de agripalma
- 1 colher de sopa de sementes ou casca de melão
- 3 colheres de sopa de aveia, milho ou outro grão

Carregue em um saquinho verde ou vermelho.

Parte da "boa" magia vem do conceito do bem maior, sem causar mal a ninguém. Muitos bruxos põem essa intenção em todos os feitiços que fazem. Seria melhor um feitiço falhar do que causar algum mal. Ao energizar os instrumentos com o Reiki, você está enfatizando novamente o bem maior, a vontade superior ou o desejo da força vital universal, em vez do puro ego. Por meio disso você pode aprender a se associar e se identificar com as forças superiores, por meio do amor e da confiança.

Reiki no Jardim

Use o Reiki em todos os estágios de jardinagem. Faça o Reiki no solo em que vai trabalhar colocando as mãos sobre a terra e deixando o Reiki fluir, ou desenhando símbolos do Reiki sobre o solo e ative-os cantando três vezes os nomes de cada um. Faça o Reiki nas plantas e sementes quando colocá-las na terra. Faça o Reiki no fertilizante e, dependendo da origem da água que vai usar, faça o Reiki na água que usar para molhá-las, se isso for possível. Visualize os símbolos na água vindo da casa. Quando colher, faça o Reiki naquilo que foi colhido e também na planta que ficar, para fazer uma troca, porque ela está lhe dando seu medicamento, comida e/ou beleza. Eu sinto intensamente essa troca com o mundo das plantas — se podemos tirar dele, também podemos retribuir. Em vez de oferendas físicas, como alimentos, moedas ou velas, oferecer o seu tempo e a sua energia pode ser o melhor presente para o jardim e seus espíritos.

Reiki de Cura da Terra

Sinto que curar a Terra com o Reiki é uma parte formidável da nossa prática espiritual no mundo neste momento, embora não seja o modo mais tradicional de se trabalhar com o reino das plantas. A Terra está passando por tremendas mudanças em todos os níveis, e acredito que o grande influxo de Reiki é uma parte desse processo de cura. Ao procurarmos curar a Terra, podemos fazer muitas coisas.

Quando buscamos curar a Terra, podemos levar a cura a muitas esferas. A maioria dos místicos acredita que estamos todos ligados. Se nos modificarmos e melhorarmos, melhoraremos a energia global da Mãe Terra. É uma forma de magia solidária.

Ao nos curarmos, usando o Reiki ou qualquer outro instrumento que esteja ao nosso alcance, de cristais à psicologia convencional, estamos solidariamente curando o mundo. Ficamos todos enganchados numa grade maior, da consciência humana ou da terra, e a sua energia é a vibração global de todos os sentimentos e pensamentos coletivos. Se você melhorar a sua energia, a sua vibração, então estará ajudando a melhorar a consciência global. Ajudando na cura de outras pessoas, você ajuda a cura do mundo.

A magia solidária é o ato de praticar uma ação, normalmente ritualística, para simbolizar uma mudança maior que você deseja. O estereótipo do boneco vudu é um ato de magia solidária. O vudu talvez seja o único caminho espiritual ainda mais caluniado do que tem sido a bruxaria. Em muitas tradições, o ato de espetar um alfinete num boneco que lembra uma pessoa é feito para estimular a cura nessa região. Danças da chuva são uma outra forma de magia solidária. Em algumas cerimônias da chuva, uma última porção que resta da preciosa água é despejada na terra ritualisticamente a fim de criar uma chuva mais forte no céu.

Mesmo as bruxas dançando em círculos montadas em suas vassouras na Europa antiga é um ato de magia solidária. Elas não estavam tentando voar. Elas pulavam para o alto com os símbolos de fertilidade (vassouras) para fazer a plantação crescer. Quanto mais alto pulassem, mais altas as plantas cresceriam. Só depois dessa imagem ser misturada com lendas a respeito de um ungüento de vôo das bruxas, uma substância psicotrópica usada como ajuda em viagens astrais ou "vôo" xamânicos, foi que surgiu a lenda das bruxas voando em vassouras.

Fazer o Reiki a distância numa boneca, num travesseiro, numa fotografia ou num pedaço de papel com um nome escrito nele é um ato de magia solidária. A energia de suas ações simbólicas é transferida para o recipiente do tratamento Reiki.

Um outro importante componente da cura da Terra é o comportamento físico que você tem como consumidor. Podemos fazer toda a energia de cura que quisermos, mas se continuarmos a esgotar desenfreadamente nossas reservas naturais sem pensar no futuro, então a energia de cura não vai nos fazer nenhum bem. Muitas pessoas adeptas da Nova Era acham que o trabalho com a energia e a mudança da maneira de pensar vai nos levar a decolar para uma outra dimensão livre da poluição, dos sintéticos e do desperdício. Como tenho meus pés bem firmes no chão, por ser um bruxo centrado na Terra, isso não faz sentido para mim. Estamos no plano físico para aprender sobre o plano físico. Mesmo se aumentarmos o nosso nível de consciência, ainda teremos de lidar com essa confusão que fizemos coletivamente. O primeiro passo é viver de uma maneira mais holística. Cada um de nós precisa decidir quais são os passos mais apropriados para nós e para a nossa família. Se você ainda não fez isso, comece a pensar no verde, na conservação, em reciclagem, ambientalismo e comida orgânica. Muitos professores espiritualistas acreditam que a Terra é capaz de curar a si mesma, mas precisamos começar a parar de prejudicá-la e mudar o nosso modo de vida em relação a ela.

O Reiki de cura da Terra pode ser tão simples como impor suas mãos sobre o chão e pedir ao Reiki para fluir. Você pode fazer rituais grupais de Reiki com outras pessoas, todos impondo as mãos sobre o mundo. Faço Reiki de cura a distância para focos de problemas espalhados pelo mundo, como centros de desastres naturais ou agitação política. Na meditação, eu digo simplesmente: "Peço para me ligar à Mãe Terra. Mãe Terra, há algum lugar para o qual gostaria que eu mandasse o Reiki? Há algum trabalho que gostaria que eu fizesse hoje?" Então, eu presto atenção ao que me vem à mente. Algumas vezes sou orientado para mandar o Reiki a um lugar que nem mesmo está no noticiário, mas mesmo assim eu o faço. Algumas vezes ele aparece mais tarde como um local com problemas, e outras vezes, não. Talvez o Reiki resolva completamente algumas situações, e então elas nunca recebem uma atenção maior do mundo.

Minha forma favorita de Reiki de cura é uma das que aprendi na tradição Shamballa. O fundador da Shamballa, Hari Das Melchizedek, está muito envolvido com a cura da Terra. Esta é a minha variação de uma técnica usada pelos praticantes de Shamballa.

Exercício: Grade de Cura da Terra

Comece por arrumar uma grade de Reiki, como foi descrito no capítulo 11, com seis pontas de quartzo. As pontas devem estar viradas para fora. Arrume a grade sobre a Terra, num lugar que você se sinta guiado para curar, particularmente para a cura de energia, ambiental ou espiritual.

Declare o seguinte: "Peço para me ligar à Mãe Terra e ao Pai Céu. Peço para me ligar a Pan, aos *devas* e espíritos naturais deste lugar. Peço permissão à Terra para curar aqui, para o bem maior, sem prejudicar ninguém." Espere por uma resposta positiva ou negativa, como faria numa cura a distância. Não tenha como certo que a resposta será sempre um sim. Algumas vezes não será, por razões que servem a um bem maior, mesmo que não pareça assim quando encarado da nossa limitada perspectiva.

Se receber uma resposta positiva, ative os dois triângulos da estrela de seis pontas. Sinta que elas se enchem de luz e diga: "Invoco os mais elevados guias espirituais de Reiki da força universal, por intermédio dessa grade e para dentro da Mãe Terra, pelo bem maior." Visualize um feixe contínuo de luz vindo do céu para dentro da grade, energizando os cristais e, então, mergulhando na Mãe Terra.

Coloque qualquer um dos símbolos de cura Reiki que se sinta guiado para usar no centro da estrela e sinta sua energia não só pulsar para baixo, para o centro da Mãe Terra, mas para fora, através das pontas, em ondas de radiação de energia curativa por todo o solo. Eu recomendo todos os símbolos tradicionais Usui e tibetanos, assim como Zonar, Mara/Rama, Iava e Mer-Ka-Fa-Ka-Lish-Ma. Você pode até receber intuitivamente símbolos da Terra que ela deseje que use nessa tarefa.

Deixe que a grade "funcione" durante vários minutos, até muitas horas, de acordo com a sua intuição. Você pode voltar tantas vezes quantas quiser e repetir esses símbolos ou pôr outros na grade. Você não precisa necessariamente estar do lado de fora para fazer isso. Pode fazê-lo dentro de casa, colocando as pontas voltadas para dentro e pondo um retrato ou símbolos do lugar que precisa de cura no centro, como uma grade de Reiki tradicional. Você pode pôr um globo pequeno ou um retrato da Terra no centro de sua grade.

Quando tiver acabado, desative a grade, pedindo aos guias, mestres, anjos e arcanjos para fixar o pilar de luz dentro da Terra pelo bem maior. Então peça aos cristais para desativarem, um a um. Agradeça à Mãe Terra, ao Pai Céu, a Pan aos espíritos da natureza e aos *devas*. Finalmente, desmanche a própria grade.

O Futuro do Reiki

Para onde está indo o Reiki? Por onde ele andou? Essas duas perguntas não têm respostas certas. O passado do Reiki está envolto em mitos, com histórias dos antigos Tibete, China, Índia, Egito e Atlântida. Parece que não há concordância nem com relação a fatos do Japão moderno. Para onde está indo o Reiki? Está se ramificando em um milhão de direções e tradições diferentes, tão diferentes quanto o professor e o praticante que o usam. O processo me lembra muito as tradições ecléticas do paganismo, da bruxaria e da magia cerimonial, cada uma com uma variedade de crenças, práticas e tradições.

Comecei a trilhar esse caminho de exploração das "novas" avenidas do Reiki porque senti que faltava alguma coisa ao Reiki Usui tradicional. Quanto mais eu falava com outros praticantes, mais ouvia os mesmos sentimentos ecoando de volta para mim. O Reiki Usui como sistema é completo em si mesmo, mas ainda assim eu ficava imaginando se havia alguma verdade nessas idéias que cercavam o antigo Reiki. Foi por isso que explorei e fiz treinamentos em outros ramos do Reiki. Descobri coisas de que gostava e técnicas úteis, e estremeci diante de "leis" espirituais que recebi de alguns praticantes famintos pelo poder e que procuram exercer controle sobre os outros e conseguir seguidores.

Quanto mais eu estudava, mais eu percebia que tudo me levava de volta para o coração da minha verdade espiritual — magia, responsabilidade e serviço. Para mim, não há diferença na verdade do bruxo ou mago e aquela do Mestre em Reiki. As únicas diferenças perceptíveis são a execução e a apresentação.

Síndromes do Reiki

Algumas das coisas que espero desencorajar são as "síndromes" doentias do Reiki que estão pipocando entre as tradições "mais recentes", que freqüentemente padecem da falta de compreensão metafísica e despejam teorias aprendidas de outros, sem entender realmente o seu significado e a sua implicação. Normalmente o que ocorre é que também faltou compreensão ao professor e ele passou somente o que conhecia como verdadeiro.

A primeira síndrome é "Meu Reiki é melhor do que o seu". Receio que esta esteja se disseminando desenfreadamente, mas muitas pessoas nem percebem que estão com ela. Os praticantes de algumas tradições dirão que a forma deles de Reiki é mais intensa, poderosa, curadora, amorosa, etc., do que qualquer outra tradição, a fim de induzir você a estudá-la. A tradição deles pode ter benefícios enormes e pode diferir muito de outras tradições, mas apenas porque uma coisa é diferente não quer dizer que seja melhor. A tradição pode ter melhor treinamento e professores mais preparados, ou a própria sintonização pode melhorar a aptidão para perceber a energia ou pessoalmente trazer uma quantidade maior de energia do que costumava anteriormente. Mas já que se trata da energia da força vital universal, estamos todos bebendo do mesmo reservatório de água. Você pode gostar mais do seu local. Pode haver uma boa sombra e flores lindas, mas a água é a mesma. Reiki é Reiki. Os modos pelos quais ele se manifesta e as filosofias que os outros lhe acrescentam podem constituir um atrativo maior para você, mas, por favor, não critique o que os outros se sentem bem usando. Não precisamos nos combater.

Quando fiz meu treinamento Shamballa, muitos Mestres Professores de Reiki Shamballa eram antigos professores de Reiki e eram encorajados a desistir de ensinar o Reiki "normal", porque se supunha que o Shamballa fosse muito superior e que contivesse uma vibração muito maior. Minha prática Reiki mudou completamente para melhor depois das minhas sintonizações Shamballa, e eu comecei a atrair esse tipo de paciente com quem eu desejava trabalhar, mais num nível emocional do que físico, mas não me passou pela cabeça desistir do Reiki Usui Tibetano. Aprendi o Shamballa com mestres ascensionados, atlantes e anjos. Gosto desses conceitos e energias, mas isso não soa bem para todo mundo. Eles foram a coisa certa para mim em determinado momento, para que eu seguisse o meu caminho, mas não posso me imaginar começando lá e não consigo ver muita gente começando lá.

Meu pai recebeu o Reiki tradicional, mas teria saído de uma aula de Shamballa. Continuo ensinando o Reiki tradicional para pessoas como o meu pai. A "nova" energia Shamballa ainda está comigo, e tenho certeza de que parte dela é passada durante minhas sintonizações "normais" quando é para o bem maior daquela pessoa em especial. Isso me lembra de que eu não estou no controle — mas sim o divino.

A segunda síndrome predominante é "eu tenho conhecimento escondido". Não nego, preciso admitir, até certo ponto eu sucumbi a essa síndrome. Para o Reiki, isso envolve os símbolos. Senti que faltava ao Reiki Usui alguns símbolos cruciais. Se eu tivesse conhecimento deles, eu teria a peça que faltava e tudo ficaria claro na minha vida. Não tive tal sorte, mas tentei. Assisti a muitas aulas diferentes e li muitos livros diferentes, procurando cada vez mais por símbolos, na esperança de que alguma tradição ou professor tivesse o conhecimento que eu desejava. Eu gosto demais de trabalhar com símbolos, mas afinal percebi que eles são apenas um instrumento. Eles sozinhos não vão tornar o Reiki ou a minha vida melhores. Eles não podem fazer nada mais do que aquilo que já faço por intermédio da intenção e pela imposição das minhas mãos, deixando o Reiki fluir. Não há como conseguir "todos" os símbolos. Mas tentamos, e as pessoas perpetuam essa síndrome dizendo que têm símbolos novos. Posso lhe dizer que quanto mais símbolos eu estudei, mais tolos eles me pareceram e menos próximos do Reiki. Eu tenho um grande conjunto de símbolos que gosto de usar para curar, mas eles não são meus focos primários. Amor, serviço e magia, sim.

Um dos motivos pelos quais estudei Shamballa foi a promessa de 352 símbolos que conduziriam à fonte. Do que realmente gostei no final foi que depois da quarta sintonização, você fica "intuitivamente" sintonizado a todos os 352 símbolos, e eles se manifestam consciente e inconscientemente de acordo com a necessidade. A coleção inteira é formada por esses 352 símbolos, mas estou certo de que há mais do que esse número sendo usado pelas pessoas nas diversas tradições do Reiki. Prefiro pensar neles como 352 níveis de energia, com uma variedade de expressões geométricas. Acho que não importa qual for a sua tradição, se você for intuitivamente levado a usar um símbolo e nome "novos", então faça isso. Deixe o Reiki guiá-lo. Repito mais uma vez, todos nós estamos ligados ao mesmo reservatório de energia, com acesso aos mesmos símbolos.

A terceira síndrome é "precisamos manter o Reiki puro". Os que são atingidos por essa síndrome, não querem nem mesmo falar sobre mudança, adaptação ou acréscimo ao Reiki. Se você não puder provar que o dr.

Usui, Hayashi ou Takata fizeram isso, eles não vão usá-lo. São os guardiães da pureza. Alguns até mesmo descartam Hayashi e Takata e buscam uma linhagem japonesa pura, sem a "contaminação" do Ocidente.

Embora como bom professor eu acredite que você deva separar o que é Reiki tradicional e o que foi acrescentado a ele, eu realmente sinto que, se alguma coisa não se adapta nem se transforma conforme a necessidade das pessoas a quem serve, ela morre. Acredito na liberdade pessoal para professores e alunos usarem o que funciona para eles, mas que devem ser claros em sua prática. Uma porção de conceitos no Reiki ocidental não são japoneses, como os chakras, mas são muito úteis ao Reiki. Essas idéias se misturam harmoniosamente, pelo menos na minha prática. A bruxaria e a magia cerimonial foram obrigadas a emprestar conceitos das tradições mágicas do Oriente e do Ocidente porque muitos dos conceitos e nomes se perderam nas perseguições à bruxaria na Europa.

Os guardiães da pureza têm medo de que o Reiki fique ridículo com tantos acréscimos da Nova Era, e eles têm certa razão. De fato, o medo deles tem sido justificado em alguns aspectos, mas se esses funcionam para uma pessoa, então funcionam. Aqueles que procuram a pureza e pretendem estabelecer uma credibilidade científica seguem os modelos de Reiki mais ligados à parte médica, e muitas vezes não estão de acordo com os praticantes mais místicos da comunidade. Mas há espaço para ambos. Todos nós precisamos de liberdade para fazer o que funciona. Se, em treinamento, somos educados para saber o que é e o que não é Reiki tradicional, então isso deixa de ser um problema.

As Mentiras sobre o Reiki

Assim como as síndromes do Reiki caíram sobre nós, surgiram muitas informações falsas de como o Reiki funciona. Mas o que encerra a discussão é que ele é a força vital universal, dirigida pela mente superior. Nós não exercemos o controle sobre ela, e ela não pode causar nenhum mal. Se você conservar esses pensamentos, conseguirá desmascarar as mentiras sobre o Reiki.

Como contei no capítulo 3, uma das minhas primeiras experiências com o Reiki foi depois da minha aula do nível um. Apliquei o Reiki na minha mãe, que sofria dores como parte de sua crise de cura. Quando fomos ao médico, a enfermeira disse: "Não sabemos muita coisa sobre o Reiki. Você poderia tem causado mais mal do que bem ao fazer isso."

Se eu tivesse realmente compreendido os princípios do Reiki, eu teria percebido que era apenas o medo da enfermeira que falava por ela. Naquele momento, poucos no campo médico sabiam alguma coisa sobre o Reiki, mas isso parece que está mudando. Agora, muitas organizações médicas têm clínicas de Reiki tocadas por enfermeiras e outros profissionais que fornecem cuidados para a saúde.

O Reiki, como muitos outros ramos da medicina natural, é auto-ajustável. Ele sabe quando esquentar, quando esfriar, quando relaxar e quando apertar, em todos os níveis. Você não tem que se preocupar com isso. Apenas faça o Reiki. Isso me lembra plantas medicinais que se auto-ajustam, como o milefólio e o selo-de-salomão. O milefólio age no sangue — se você precisar que o sangue engrosse, ele o engrossa; se precisar que o sangue afine, ele afina. Como ele sabe do que você precisa? Ele simplesmente age. Essa é a força viva da planta, não apenas os ingredientes ativos, em funcionamento. Do mesmo modo, o selo-de-salomão pode ser usado em tendões e ligamentos. Se estiverem muito frouxos, ele os tensiona. Se eles estiverem muito presos, ele os relaxa. Ele faz o ajuste para trazer seu equilíbrio de volta, exatamente como o Reiki.

Quando as pessoas me dizem certas falácias, eu sempre pergunto a elas: "Você achou que isso era verdade?" Na maioria das vezes elas me respondem que não. Se a resposta for sim, eu normalmente digo à pessoa que achei que isso não fosse verdadeiro e, da próxima vez que tentam isso, algumas relatam que o seu "fato" anterior se revelou também como mentira para elas. Talvez isso tudo seja uma questão de conhecimento. Se eu tivesse alguns limites para mim mesmo, eu experimentaria esses limites. Se eu recebo uma porção de programas limitados de outros, eu experimento uma porção de limites.

Já que o Reiki age para o bem maior, ele não irá inibir os efeitos de medicamentos se eles forem para o bem maior. A mente superior não tende a ser contra os produtos farmacêuticos. Se um medicamento estiver agindo para o bem maior, ele continuará a funcionar. As pessoas dizem toda a classe de coisas malucas, como a possibilidade de o Reiki neutralizar a ação dos remédios, ou retardar a sua ação ou eliminá-los do sistema rapidamente, como se fossem toxinas. Se for para o bem maior que um medicamento seja eliminado, ele o será, mas de acordo com a minha experiência isso não acontece.

O Reiki não vai despertar um paciente que esteja sob a ação de uma anestesia durante uma cirurgia. Por que ele faria isso? Muitas pessoas nas minhas sessões de Reiki chegam acordadas e então se distanciam ou caem no sono em cima da mesa. O Reiki age para o bem maior, e despertar alguém na mesa de operação com um cirurgião mexendo em você não seria provavelmente para o bem maior.

Do mesmo modo, o Reiki não vai sedá-lo se você receber um tratamento a distância enquanto estiver operando alguma máquina pesada. Algumas tradições preferem que durante a sessão de tratamentos a distância o receptor medite ou fique mais receptivo e introspectivo. Eu concordo que isso pode ser um acréscimo à experiência, mas quando alguns professores declaram que o Reiki a distância precisa ser feito desse modo, eu discordo. Eles declaram que, se uma pessoa receber a cura Reiki enquanto estiver dirigindo ou operando algum maquinário, ela poderá ficar sedada, em choque, ou se sentir tão abençoada que pode ocorrer um acidente. Aprendi que o Reiki age para o bem maior, portanto se qualquer perigo puder resultar do tratamento, então a mente superior regulará a energia ou a retardará até um momento mais apropriado.

O Reiki, como força de cura, não vai fazer bem a nenhuma doença no corpo nem vai encorajá-la. Algumas pessoas dizem para evitar que o Reiki seja feito sobre tumores ou infecções virais, porque vai ajudar a fortalecer a moléstia. Isso não é verdade. O Reiki age para o bem da cura mais elevada e muitas vezes precipita uma crise de cura, de modo que o receptor pode mesmo acreditar que o Reiki serviu ao objetivo da doença. A crise de cura pode ser uma liberação traumática, emocional, mental ou física e, por causa disso, muitas pessoas evitam fazer o Reiki diretamente sobre um machucado, infecção ou tumor para regular a intensidade, mas não porque dessa maneira estariam "alimentando" a doença.

Crescer com o Reiki

Como acontece com qualquer propósito espiritual, as técnicas podem permanecer as mesmas, mas as suas experiências vão se aprofundar com a prática. Embora tecnicamente o Reiki não seja nem uma religião nem ao menos uma prática espiritual formal, ele se tornou exatamente isso para muitas pessoas. Ele age como base para a percepção espiritual e mágica. O Reiki abre uma porta para muitas pessoas, num mundo de grandes possibilidades espirituais.

Se suas experiências com o Reiki começam a se modificar com o tempo, não se assuste, porque isso pode ser parte de um processo natural. Do mesmo modo, se suas experiências permanecem as mesmas, isso pode não estar indicando crescimento, mas você pode estar experimentando muitos outros tipos de mudança em sua vida. O seu crescimento pode simplesmente não precisar se refletir em sua prática de Reiki.

A maior mudança que já percebi em minha própria prática foi o nível de intensificação de energia Reiki. Você pode esperar que a energia que flui de um "profissional" em Reiki se torne cada vez mais intensa, mas em meus autotratamentos aconteceu o inverso. Muitas vezes eu não o sentia. Uma praticante me explicou isso como uma questão de vibração. Ela me disse que o Reiki aumenta sua vibração. Quando você está com uma vibração "mais baixa", ou menos saudável, o Reiki pode ser sentido com mais intensidade. À medida que a sua vibração diária começa a se equiparar ao nível de energia que você traz, ao se tornar mais saudável e mais equilibrado, você não percebe muita diferença. Não tenho certeza de que ela esteja certa, mas fez sentido para mim naquele momento. Quando estou fora do meu equilíbrio ou numa fase em que não cuido muito de mim, sinto mais a energia. E quando eu, pessoalmente, não sinto muita coisa nos autotratamentos, os meus clientes ainda sentem intensamente a energia nos meus tratamentos que eu ministro, porque eles não estão necessariamente na mesma vibração. Também, quando recebo o Reiki de outras pessoas, posso sentir que é diferente porque não estou na vibração deles. Um tipo de vibração não é necessariamente melhor ou pior, é apenas diferente.

A ausência de intensidade que senti durante os autotratamentos foi uma das razões que me fez procurar outras sintonizações em outras tradições. Eu percebia um "salto" na energia quando estudava uma outra tradição, o que me levou a acreditar que essas tradições eram melhores do que aquela que eu tinha estudado. Penso que cada nova sintonização era apenas uma outra oportunidade para me conectar ao Reiki num nível mais profundo e fugir ainda mais do meu fechamento mediúnico pessoal que me impedia de fluir completamente com o Reiki. Mas logo percebi que as novas sintonizações não estavam aumentando incrivelmente a quantidade de energia que eu conseguia canalizar. Eu não conseguia o mesmo "salto" no nível de energia que eu estava canalizando durante os autotratamentos. Minha capacidade para canalizar a energia Reiki foi aumentando gradualmente com a minha prática habitual de Reiki, mas na ocasião eu estava canalizando toda a energia de que era capaz naquele momento.

As pessoas são diferentes e cada uma consegue canalizar um nível ou uma qualidade diferente de energia. A energia pode mudar com o passar do tempo e a prática. A energia pode também mudar com diferentes sintonizações de tradições diferentes. Cada tradição é ligeiramente diferente, trazendo a energia por meio de símbolos diferentes e com qualidades diferentes. Não confunda diferente com melhor. Tudo o que você precisa é a sua primeira sintonização com o Reiki para começar a sua viagem.

Eu descobri que trabalhar na incerteza é uma grande parte da prática de Reiki, tanto quanto confiar na minha experiência, nas minhas experiências anteriores e no universo. Você não deve pensar assim pela minha aparência exterior ligada à Nova Era, de bruxo e astrólogo curador de cristais, mas como eu tenho os pés no chão e de tempos em tempos eu pensava: "Isso está realmente funcionando? Isso é real? Eu me convenci de alguma coisa que não existe?" É fácil não confiar no processo porque o Reiki é muito simples em sua essência. Imaginei que devia haver um ponto para eu me agarrar. Aprendendo a separar e confiar, eu baseei minhas crenças nas minhas experiências prévias de cura. O desprendimento e a experiência são os maiores professores.

Como místico, eu percebi que minha habilidade pessoal de captar informações ou ter experiências místicas ao dar um tratamento Reiki muda seguindo fases. Às vezes, tenho tido verdadeiras experiências visionárias ao fazer o Reiki. Já vi auras, chakras e formas doentias de energia durante sessões de cura. Falei com guias espirituais e anjos e passei suas mensagens aos meus clientes. Mas em outras ocasiões não experimentei nada — nenhum espírito, nem luzes, nem mensagens. Eu ficava pensando nas minhas tarefas domésticas, na lista de supermercado, na lista de coisas para fazer, contas, no jantar ou uma série de outras coisas mundanas. Minha mente ficava divagando e eu, por mais que tentasse, não conseguia me concentrar. Eu tentava cantar silenciosamente os nomes dos símbolos Reiki para a sessão, mas ainda assim minha mente voltava a vagar pelo universo mundano. Às vezes, eu ficava bravo porque chegara a esperar pela parte visionária, mas, no final, eu estava aprendendo a fazer a separação. Para mim, as sessões que tinham carga visionária não eram necessariamente as melhores sessões para os meus clientes, e as sessões que me aborreciam muitas vezes traziam as maiores rupturas para eles. Não se tratava de mim, e ainda não se trata. Não sou eu o encarregado, é a força vital universal. Sou um recipiente para a energia, mas isso não tem nada a ver com meus dons mediúnicos ou a falta deles. Se precisar ver alguma coisa ou repeti-la para um cliente, eu confio que me será dito o que é necessário fazer. Se for preciso apenas impor minhas mãos sobre uma pessoa, então eu me concentro nisso, sem qualquer expectativa. A capacidade de me desprender é o maior dom que recebi do Reiki. Aprendi a ter um foco e uma intenção, embora me mantendo desprendido em relação ao resultado. Desde então tenho sido capaz de aplicar essa sabedoria à minha prática de magia.

Dinheiro e Reiki

O dinheiro é uma das questões mais controvertidas no mundo do Reiki. Alguns praticantes cobram por sessões e aulas, enquanto outros não cobram nada. E há uma série de outros arranjos intermediários que as pessoas criaram para o Reiki.

O problema surge quando uma pessoa discorda do método de cobrança de outra. Alguns praticantes das escolas mais tradicionais do Ocidente cobram altas somas de dinheiro, por volta de dez mil dólares, pelo Mestrado em Reiki. Muitos Mestres em Reiki ocidentais sentiram que essa era uma quantia excessivamente alta e se tornaram "independentes", ou desgarrados, da tradição Usui, e estabeleceram taxas que achavam mais razoáveis. Alguns professores deram um passo mais adiante e declararam que todos tinham o direito ao Reiki e ele deveria ser feito de graça. Cada perspectiva tem o seu mérito, e não cabe a mim julgar se alguém está completamente certo ou errado.

Quando eu comecei no caminho do Reiki Usui tradicional, ensinaram-me que as altas taxas eram um sinal de respeito e troca. Recordaramme a história do dr. Usui e como as pessoas devem valorizar os seus dons. Precisamos respeitar os professores, e um dos modos de troca de energia nesta sociedade acontece por meio da moeda corrente. Ela é uma maneira simples de energia, como o ki armazenado, e no mundo moderno trocar por moeda corrente é mais prático do que se tornar servo do mestre. Eu concordei e não tive problema com isso. Do mesmo modo que ocorre com as taxas de Mestre em Reiki, para se tornar um professor, eles me disseram, exige-se um comprometimento de período integral. A taxa alta é para mostrar que você leva a sério dedicar a sua vida ao Reiki e não apenas meio período. Se quiser praticar o Reiki apenas meio período, então seja um praticante de Reiki Um ou Dois. Se quiser se dedicar a ele e que ele se torne a coisa mais importante da sua vida, então você precisa aceitar a taxa cobrada pela aula. A taxa desencoraja aqueles que não levam o Reiki a sério. Ouvindo tudo isso e não sabendo o que responder, eu precisei concordar.

Então fui apresentado a um círculo de Mestres em Reiki independentes, formado por aqueles que tinham saído da tradição Usui ou por aqueles ensinados por outros independentes, na maior parte das vezes em uma das formas das tradições do Reiki Tibetano. Eles achavam que aquelas taxas não eram razoáveis e que o Reiki deveria estar ao alcance de todos. As taxas deveriam ser cobradas de acordo com alguns parâmetros. Alguns estabeleceram taxas mais baixas, enquanto outros faziam permutas ou tinham uma tabela variável. Esses independentes acreditavam que se estava cobrando alto pelo Reiki graças a um mal-entendido cultural ou à ganância. Uma das histórias que correm sobre isso é que Takata declarara que os americanos não valorizariam o Reiki se ele não fosse caro, por isso deveriam "pagar os olhos da cara". Apesar de essa historinha circular por aí, há evidências igualmente forçadas no anedotário sobre o fato de que Takata na verdade não desejava cobrar preços tão altos, mas que tivera experiências semelhantes às do dr. Usui quando não o fazia. De qualquer maneira, não tenho bem certeza de como essas taxas altas se tornaram uma norma.

A última categoria é do Reiki de graça para todos. Esse é um sentimento maravilhoso, mas eu preciso admitir, como Usui e talvez Takata, que também tive experiências abaixo do esperado quando dei sessões e fiz curas de graça. Desde o momento em que a cura e o ensino metafísico se tornaram minha profissão de tempo integral, venho lutando com a questão de cobrar, mas isso se tornou necessário com as exigências que se colocam em nossos dias. De outra maneira, eu não teria como me sustentar.

Se trata de algo espiritual, você deve cobrar por ele? Acho que cada um deve responder a essa pergunta pessoalmente. Eu paguei para receber o meu treinamento em Reiki e foi uma mudança de vida. Eu também paguei pela minha formação universitária, lições de música, lições de arte e lições de equitação, que também significavam uma mudança de vida. Eram também espirituais, embora não tão místicas ou quase religiosas como o Reiki. Você pode argumentar que o Reiki não é uma religião, e portanto não há problemas éticos em cobrar por ele. Decidi seguir o exemplo dos meus professores, a quem respeito, e cobrar preços semelhantes por serviços semelhantes, mas permanecendo flexível de acordo com as necessidades que surgem. Por um tempo eu mantive uma tabela variável, sugerindo uma escala de preço e deixando as pessoas pagarem de acordo com suas posses. Embora às vezes isso funcionasse bem, muitas pessoas reclamavam. Elas não se sentiam à vontade ao escolher o preço e diziam que qualquer outro serviço tinha um preço estabelecido e sugeriam que eu fizesse a mesma coisa. Alguns massoterapeutas ou escolas de massoterapia têm tabelas variáveis.

Eu sei que o único motivo que me levou a ter aulas de Reiki Dois com minha professora e tenha me sentido motivado por ela para continuar, foi porque Joanna me foi altamente recomendada e o preço era razoável, já que eu estava desempregado na ocasião. Eu conhecia outro professor de Reiki muito procurado que cobrava muito mais, mas optei por Joanna. Atualmente, algumas pessoas consideram meus preços muito baixos, enquanto outras acham que eles são muito altos. Isso depende do que você estiver esperando, mas muito poucos deixaram minhas aulas sentindo que não haviam conseguido o que haviam pago em termos de uma aula profissional, bem ensinada e experiente. Eles não estão pagando pela energia Reiki ou mesmo pela sintonização, mas pelo meu tempo, meu esforço, meus escritos e minha orientação. Eles estão pagando pela experiência estruturada da aula, e não pela energia do Reiki.

Uma técnica que alguns Mestres em Reiki independentes estão usando é cobrar a mesma quantia, mas em diferentes moedas. Uma tradição cobra trezentos pelo Reiki Um, quinhentos pelo Reiki Dois e dez mil pelo nível de Professor de Reiki. Eles igualaram os números com uma unidade de energia, de ki. Qualquer moeda corrente pode ser um valor de ki. Assim, em vez de dez mil dólares, poderia ser dez mil centavos, *dimes* ou *pennies*. O valor poderia ser até de dez mil pesos! Alguns professores cobram em tempo, não em dinheiro, de seus estudantes. Os alunos concordam trabalhar nas clínicas de seus professores de Reiki ou fazer trocas de seus serviços profissionais com o professor. Minha amiga Michelle pede aos receptores de tratamentos que "paguem adiante", com a promessa dessa pessoa de ajudar outra como pagamento.

Aqueles que estão envolvidos no movimento de Reiki sem taxas muitas vezes têm uma prática não tão estruturada. Muitos ensinam informalmente, para amigos e conhecidos individualmente. Os professores do Reiki "gratuito" acham que os outros estão tentando controlar e lucrar com algo que deveria ser compartilhado por todos. Eles distribuem sintonizações gratuitamente, mas alguns não dão um treinamento verdadeiro nem ensinam a história, e assim temos uma porção de praticantes de Reiki que não conseguem nem ao menos definir o que seja o Reiki ou como ele funciona, gerando uma porção de inverdades. Alguns ensinam *online* por meio de sintonizações a distância.

As pessoas encontrarão os professores e alunos certos para ir ao encontro de suas necessidades e do seu aprendizado. Os professores aprendem tanto, se não mais, com as experiências das aulas quanto os alunos.

Se a situação não corresponder ou não estiver servindo a um propósito, então as pessoas vão parar de freqüentar as aulas.

O dinheiro é uma questão sensível em muitos aspectos e pode provocar algumas reações fortes. Sei que em mim já provocou e ainda provoca. Procure aprender por meio das suas reações e padrões relacionados ao dinheiro e faça o que a sua orientação superior lhe indicar.

O Reiki e a Lei

O futuro do Reiki e a lei é obscuro para mim. Não tenho idéia em que direção seguirá. Eu espero contar com um mundo livre para fazer o Reiki quando for necessário, sem disputas, mas também conseguindo entender a importância de ajudar os consumidores para que eles saibam quem é qualificado e quem não o é. Mas quem determina isso? Neste momento é uma questão local, embora antes de escrever isso eu tenha tomado conhecimento de vários projetos de lei para regulamentar a Reiki Alliance ou várias associações de massagem em diversas localidades. Mas pelo que sei nenhum foi aprovado.

A primeira questão que se apresenta é a legalidade do toque. A maioria das pessoas em nossa sociedade que toca nos outros em seu ramo de atividade profissional tem licença para isso. A maioria dos praticantes de Reiki não é reconhecida, por isso não tem uma licença para tocar nos pacientes. Mas, diferentemente dos massoterapeutas e outros que trabalham o corpo, não há manipulação física envolvida no Reiki. Você apenas pousa suas mãos sobre a pessoa. Ainda assim, isso traz para alguns problemas relativos à privacidade do corpo e ao sexo.

O grau de sensibilidade a essa questão varia conforme a localidade. Eu moro em New Hampshire, cujo lema oficial é "Viva livre ou morra". O cenário político em New Hampshire é normalmente muito conservador, mas, pelo menos uma vez, isso funcionou a meu favor, porque parece que ninguém ficou preocupado com relação ao toque em alguém durante uma sessão de Reiki, desde que a pessoa saiba e compreenda o que está envolvido no processo. A maioria está mais preocupada achando que o Reiki seja uma impostura ou um culto Nova Era, mas acredita que, se a pessoa quer gastar seu dinheiro nisso, os EUA são um país livre. Quando, porém, eu estava atendendo numa clínica Reiki em Massachusetts, a organizadora gritou comigo quando eu coloquei minhas mãos no receptor: "O que você está fazendo?!? Nem imagino o que esteja fazendo, mas aqui fazemos o REIKI, e nada mais!" Aparentemente ela tinha aprendido apenas o Reiki "sem contato", em que você coloca as mãos acima da pessoa, mas nunca a toca. Eu ensino esse método para meus alunos como uma alternativa para algumas pessoas muito sensíveis, mas não como método preferencial. Ela teve dificuldade para acreditar que o Reiki era originalmente uma forma de cura com a imposição das mãos. Eu sinto que o toque é uma parte integral da cura Reiki, já que muitas pessoas que precisam de cura não recebem normalmente toques saudáveis em suas vidas.

Uma opção legal nessa situação é um formulário de renúncia a uma ação legal ou revelação. Embora não seja necessariamente um acordo obrigatório, se você fornecer um documento descrevendo o que ocorre na sessão e o cliente assiná-lo, então teoricamente você pode provar que tudo estava explicado caso alguém apresente alguma queixa.

Ao lado do toque impróprio, seja ele sexual ou prejudicial, muitos tribunais querem também assegurar que os praticantes de Reiki não pratiquem medicina sem licença. Com isso em mente, digo a todos os meus alunos para nunca diagnosticarem uma doença e nunca prescreverem qualquer procedimento médico. Eu apresento o Reiki como um complemento de outras formas de cuidados com a saúde, sejam elas alopáticas ou homeopáticas. Não importa o quanto você esteja certo de um diagnóstico, sempre o apresente como uma sugestão. Não diga: "Você tem um câncer de fígado." Diga: "Sinto intuitivamente que há alguma malignidade no seu fígado. Eu sugiro que você não deixe de procurar um médico para avaliar a situação." Não diga a ninguém para interromper uma medicação, nem mude a dosagem de um remédio, não importa o quanto você tenha certeza disso. Sugira que o cliente confirme a sua sugestão com o profissional que cuida da saúde dele. Você talvez se surpreenda ao saber que alguns médicos estão desejosos de ter essa informação. Tenho uma cliente que toma altas doses de psicotrópicos e, depois de uma sessão, eu lhe contei que meu guia tinha dito que estava na hora de mudar a proporção dos seus remédios. A médica dela concordou e ficou interessada em quais seriam as técnicas alternativas de cura.

Um outro modo de se defender é ser ordenado sacerdote. Recebi a ordenação por outras razões, porque ajuda ter um reconhecimento legal, já que eu sou considerado um Alto Sacerdote na comunidade pagã. Posso realizar casamentos legais, entrar em unidades de cuidado intensivo e fazer visitas a prisões sob os auspícios do sacerdócio. Mas quando uma pessoa vem até mim procurando por cura e Reiki, ela sabe que faço isso sob a proteção mística e espiritual, sem nenhuma ilusão de que se trata de medicina tradicional. Legalmente, os sacerdotes podem tocar clientes como parte do aconselhamento espiritual e recuperação, assim eu estou protegido. Embora eu me sinta agradecido por essa proteção, não acredito que vá ter necessidade de usá-la tão cedo. Se você estiver associado mais firmemente com os aspectos médicos do Reiki e praticá-lo profissionalmente, pode querer pesquisar sobre o seguro do praticante. Algumas organizações Reiki fornecem esse tipo de serviço.

A próxima questão legal são os padrões e procedimentos éticos do praticante de Reiki. Não há padrões estabelecidos no mundo do Reiki, embora muitas ligas, associações e tradições transmitam seus próprios padrões éticos. Ninguém é forçado a isso legalmente, mas há aspectos de cortesia e respeito normais entre clientes e praticantes. Alguns aspectos-chave incluem fazer com que o paciente se sinta à vontade, apresentando-lhe uma descrição do que vai acontecer durante a sessão, guardando para si informações que sejam confidenciais e respeitando as questões de limite. Você pode conversar sobre suas informações com seu professor ou outro praticante de uma maneira clínica, se estiver encontrando dificuldades no tratamento, mas faça isso sem citar nomes ou informações pessoais. A integridade é tudo.

Se você resolver estabelecer uma prática profissional de Reiki, verifique nas repartições governamentais da sua localidade se há alguma regulamentação ou providências às quais você deveria estar atento antes de começar.

A última barreira legal é de longe a mais tola. Eu a chamo de as Guerras™ ou Guerras das Marcas Registradas. As Guerras das Marcas Registradas são as manobras para registrar a marca e controlar as diversas "novas" tradições do Reiki, para regular quem pode ensiná-lo, como ensiná-lo, quais os manuais que devem ser usados e, finalmente, quem está encarregado de qualquer mudança. Eu posso entender o desejo de manter padrões e assegurar-se de que uma tradição não se desvie demais de suas origens, mas alguns métodos são exatamente opostos ao que eu aprendi sobre o Reiki. Mas, sentindo-me seguro, eu adotei os padrões éticos da minha Mestra em Reiki independente e aproveitei minha independência.

Se estivermos usando realmente esses princípios antigos e entrando em contato com a força vital universal, como podemos registrar isso como marca? Sim, é possível patentear o sistema, mas não podemos patentear a sabedoria, e é isso que vai permanecer, seja qual for a tradição, deixando o resto para trás. Os símbolos não podem realmente ser patenteados. Observe quantos aparecem em uma variedade de tradições.

Ninguém pode patentear a Bíblia ou os Vedas. Ninguém pode registrar a marca yoga ou karatê. Movimentos e tradições diferentes podem se iniciar, mas em algum momento vão criar vida própria, longe do alcance do seu fundador. Isso também acontece com o Reiki.

Repito, tenho esperança de que a lei, as mentiras e o excesso de zelo cedam lugar para a cura, o amor e a sabedoria que o Reiki tem a oferecer. Se eu tiver uma visão do futuro do Reiki, eu o verei se tornar uma das ricas tradições mágicas do século XXI, fazendo uma ponte sobre o abismo entre o Oriente e o Ocidente, entre a capitulação e o desejo verdadeiro. Ele me ensinou tanto na minha qualidade de praticante de magia e eu espero ter dado algo em troca, uma nova perspectiva. Espero ver o Reiki crescer e se estender e transformar, estação após estação, ano após ano, ele mesmo como uma grande árvore da vida.

Símbolos Adicionais do Reiki

Certa vez eu estava extremamente preocupado, querendo aprender todos os símbolos existentes nas várias tradições do Reiki. Ao encontrar essa energização pessoal em outros símbolos mágicos, o conceito de símbolos do Reiki foi um passo poderoso para mim. Eu me vi envolvido na busca por novos símbolos, em vez de me preocupar com o fortalecimento espiritual e de cura que os acompanha. Por isso, em vez de encher as páginas deste livro com todos os símbolos que descobri e usei, eu optei por colocá-los num apêndice. Muitos são símbolos que recebi dos meus guias durante minhas sintonizações, enquanto outros são símbolos que outros praticantes de Reiki compartilharam comigo. Sempre que possível, eu cito a fonte do símbolo.

Sem dúvida esta é uma lista ampla dos símbolos usados nas diversas tradições do Reiki. Não creio que alguém conseguiria compilar um códice completo dos símbolos. O Reiki, como tradição espiritual, está sempre evoluindo e se transformando. Se quiser trabalhar profundamente com os símbolos, quando tiver uma necessidade, sente-se e medite, peça à energia do Reiki que lhe dê um símbolo para transformar e curar sua necessidade. Alguns professores declaram que só pessoas especiais — mestres espirituais e médiuns — podem captar símbolos poderosos, e isso é verdade. Todos nós somos pessoas especiais. Todos nós somos mestres, em todos os níveis, esperando para lembrar nossa maestria. E todos nós temos acesso a esses dons de cura.

Al Luma

Este símbolo chegou até mim para ajudar os pacientes a ouvir mensagens e a sintonizar-se à orientação de seres espirituais durante uma sessão de cura. Ajuda as pessoas que estão muito presas ao corpo e ansiosas para libertar-se e viver o momento, acompanhar qualquer experiência que ocorra, sem crítica. Meus guias o chamam de "arco cósmico", ele ajuda quem o usa a viajar. Quando eu o apliquei, os pacientes me contaram que foram capazes de fazer uma viagem interior, visitar os guias espirituais e recuperar a orientação, quando anteriormente não eram capazes de fazer isso.

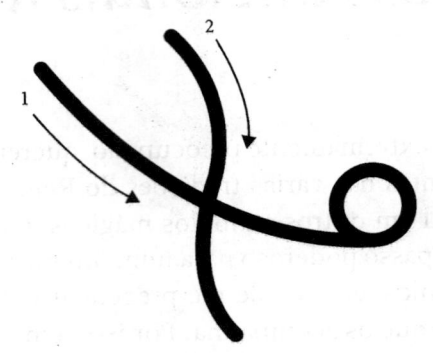

Figura 56: Al Luma

Anestesia

Este símbolo foi recebido pela Mestra-Professora em Reiki Shamballa Susan Isabel, de New Hampshire. Uma vez desenhado sobre o cliente, o símbolo assume uma forma em três dimensões. Os praticantes pressionam lentamente o símbolo no corpo para aliviar e entorpecer a dor. Observe que as pétalas são desenhadas com um movimento de voltas do infinito. As seis pétalas são formadas por três voltas do infinito.

Figura 57: Anestesia

Antibacteriano

Cansado de contar com os antibióticos prescritos pelo meu médico, não tendo sorte com os medicamentos holísticos, pedi à energia Reiki para me ajudar na cura de uma inflamação das amígdalas. Eu vi este símbolo e usei-o repetidas vezes na garganta e no peito e consegui me recuperar muito mais rapidamente da minha infecção de garganta anual.

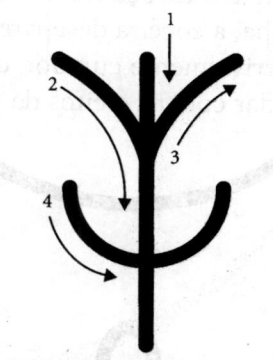

Figura 58: Antibacteriano

Antiqueimadura

Este símbolo é usado para reduzir e curar o dano à saúde provocado por queimaduras de fogo ou químicas. Ele é colocado na região atingida, onde absorve todo o calor e reduz a queimadura.

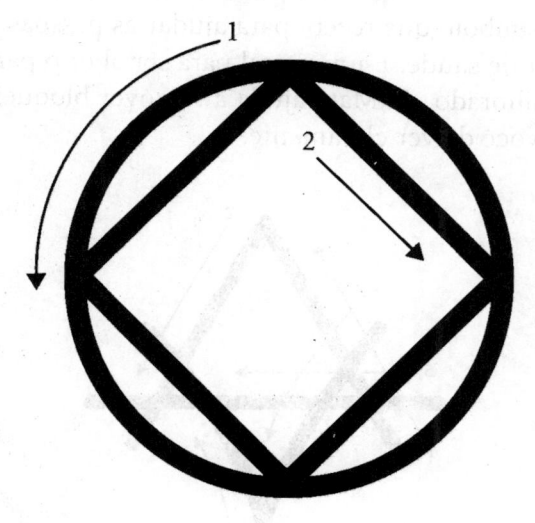

Figura 59: Antiqueimadura

Antídoto

Eu recebi este símbolo quando pedi à energia Shamballa por um símbolo para lidar com venenos e toxinas. Eu tenho alergia a picadas de uma determinada aranha. A aranha é um dos meus totens, e elas aparecem na minha vida quando estou ignorando uma mensagem. Quando eu realmente a ignoro, tenho sido picado. Da última vez em que fui picado, eu usei este símbolo repetidamente e o caroço da inflamação encolheu, ficando do tamanho de uma espinha, a coceira desapareceu e fiquei sem dor. Para mim, este símbolo é incrivelmente curador, deixando que eu receba a mensagem sem precisar lidar com os efeitos da picada durante semanas.

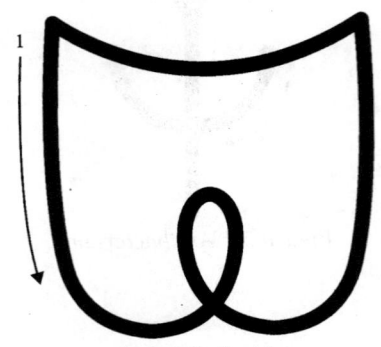

Figura 60: Antídoto

At Mata

At Mata é um símbolo que recebi para ajudar as pessoas a atravessarem um novo limiar de saúde. É um portal para ser aberto para um novo eu, saudável e equilibrado. At Mata ajuda a remover bloqueios emocionais que impedem você de ver claramente.

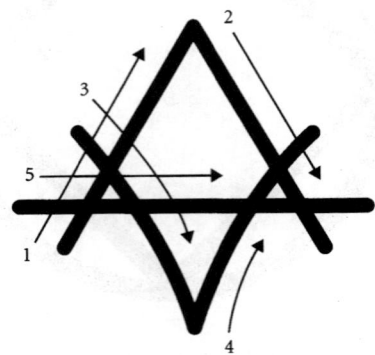

Figura 61: At Mata

Cura Celular

O símbolo de Cura das Células foi recebido pela minha amiga Kat Coree, de Massachusetts, quando ela estava recebendo uma sessão de cura por meu intermédio. Ela o viu saindo das minhas mãos, e todas as vezes em que o viu, ela recebeu uma mensagem. Ela me disse que ele deixa as células "falarem" diretamente com você, para entender e liberar traumas celulares. Isso também o ajuda a entender e resolver ações anteriores — karma — que levam você a uma doença ou lesão. Este símbolo me lembra o símbolo astrológico de Saturno (♄), o planeta do karma.

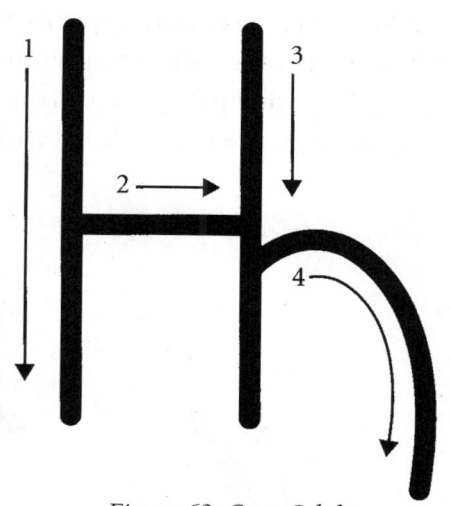

Figura 62: Cura Celular

Dagu

Use este símbolo para suavizar a energia masculina quando ela for excessiva. Ele serve para quem é muito agressivo, lógico ou muito fixado em tarefa/objetivo, enquanto deixa de lado seus sentimentos, emoções, intuições e processos. Ele recupera a energia masculina para respeitar todos os aspectos do eu e equilibra a energia guerreira para ser o guerreiro espiritual, o mantenedor da paz, em vez do agressor. Eu recebi este símbolo quando estava trabalhando pessoalmente no caminho do guerreiro espiritual.

Figura 63: Dagu

Dai Koko Mi

Eu recebi este símbolo, e meus guias me disseram que este é um símbolo de Mestre para ser usado apenas em iniciações de cura. Dai Koko Mi purifica os chakras e abre cada centro. As sete pinceladas simbolizam os sete chakras principais. Preciso admitir que não uso este símbolo com freqüência e prefiro o tradicional Di-Ko-Mio.

Figura 64: Dai Koko Mi

Dazu

Enquanto dava uma volta com o cachorro em New Hampshire, eu recebi este símbolo para alinhar com o nível *devic* (espírito da natureza) e curar sobre ele. Use-o em qualquer ocasião em que estiver em contato com a natureza. Eu o desenhei sobre plantas antes de colhê-las com fins mágicos e medicinais. Não é um símbolo específico de cura da Terra, mas ajuda a proporcionar a cura individual e a integridade para os espíritos da natureza, *devas*, plantas e minerais. Alivia os distúrbios gerados pelos humanos no mundo natural. Eu o uso até nas plantas da minha casa.

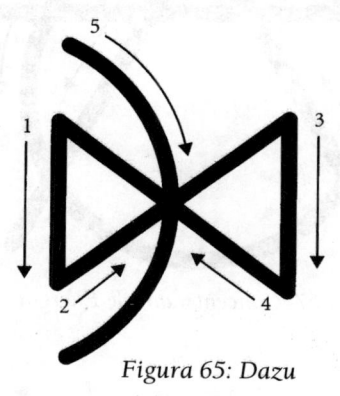

Figura 65: Dazu

Libélula

Este símbolo é usado para desfazer a ilusão da vida e ver com clareza. Ele invoca o remédio animal libélula. Quando usado na garganta, ajuda a falar sem ilusões. Ajuda também a entrar em contato com a criança que vive dentro de cada um de nós. Este símbolo foi recebido por Jessica Arsenault, do Reino Unido.

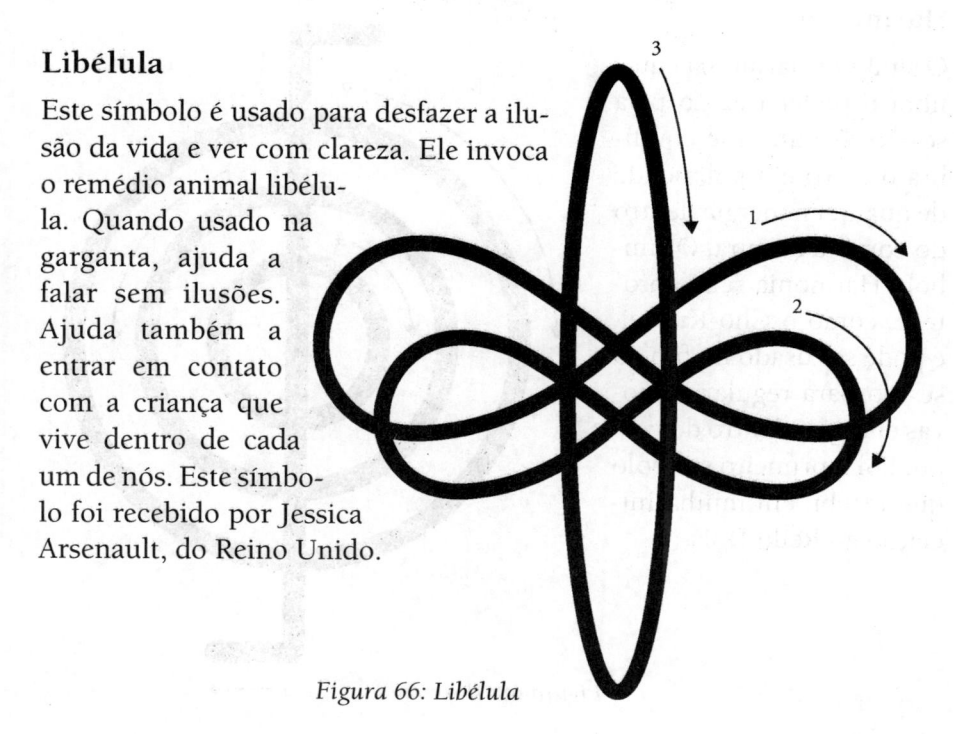

Figura 66: Libélula

Concentrador de Energia

Este símbolo é usado durante o alinhamento dos planetas. Ele cria compaixão pela Terra. Este símbolo foi canalizado por Loril Moondream. Ela recebeu esta informação para descrever este símbolo: "Prevendo o futuro da Terra."

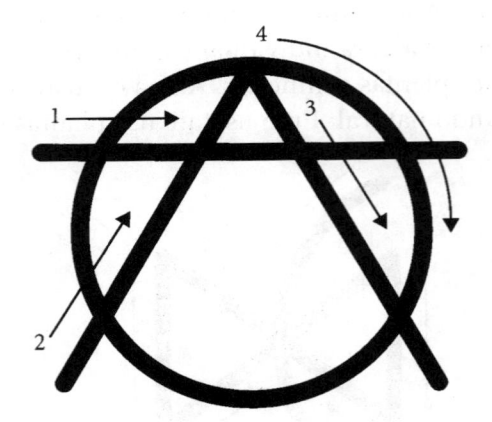

Figura 67: Concentrador de Energia

Harmonia

O símbolo Harmonia equilibra o poder trazido pela sessão de cura. Ele equilibra o fluxo e a polaridade de qualquer energia dentro do corpo e da aura. O símbolo Harmonia sela e protege, como o Cho-Ku-Rei, e pode ser usado no fim da sessão para regular as novas energias dentro do corpo. Foi o primeiro símbolo que recebi, em minha iniciação ao Reiki Dois.

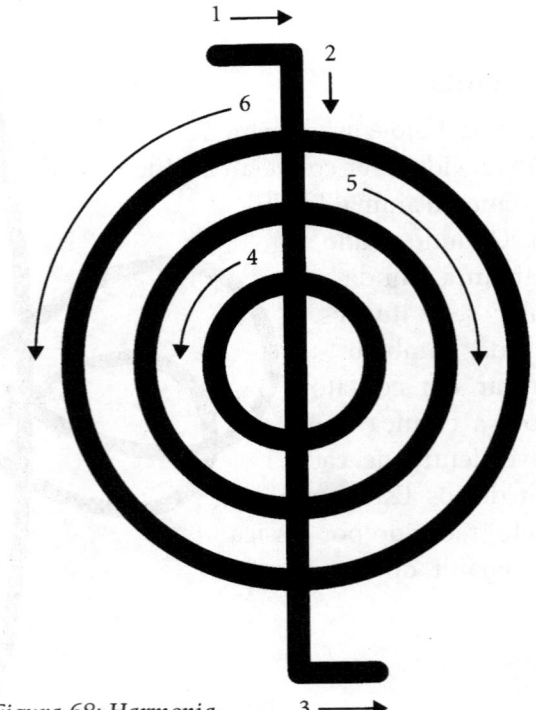

Figura 68: Harmonia

Kir Mall

Use este símbolo "cura-tudo" para aliviar a dor e o desconforto quando não tiver tempo de se sentar e meditar. As quatro voltas equilibram os quatro elementos dentro de você. Eu recebi este símbolo.

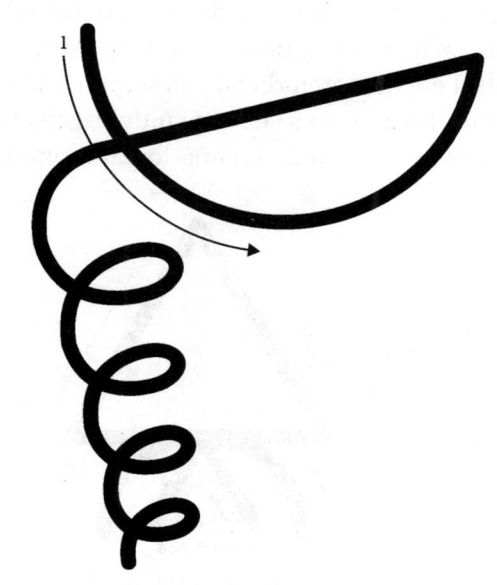

Figura 69: Kir Mall

Equilíbrio da Kundalini

Este símbolo ativa e equilibra a força da kundalini, a energia da percepção. Ele purifica os canais da kundalini entre os chakras a fim de preparar para um fluxo mais suave de energia durante uma sessão e eleva a consciência no dia-a-dia. Eu recebi este símbolo.

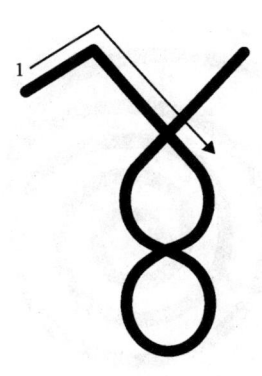

Figura 70: Equilíbrio Kundalini

Live Li

Entre os símbolos que recebi, este é um dos meus favoritos. Live Li é semelhante ao Motor Zanon, mas é usado para remover todo tipo de energia indesejável, não apenas partículas. Quando desenhado acima do corpo e, então, "empurrado para dentro", ele cria um tetraedro tridimensional com uma abertura semelhante a uma boca. Este formato viaja pelo corpo, devorando toda a energia prejudicial e desequilibrada e desfazendo energias pesadas. Cante "Live Li" três vezes quando o estiver pondo no corpo. Cante "Li Live" três vezes quando chamá-lo para fora do corpo.

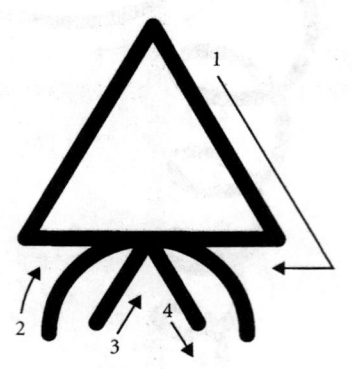

Figura 71: Live Li

Luma

Este símbolo é usado para alinhar os ciclos femininos e alinhar com os ciclos do universo. Ele leva as pessoas de volta ao equilíbrio com a natureza. O canalizador deste símbolo é desconhecido, mas é difundido pela Mestra-Professora Shamballa Phyllis Brooks, Massachusets.

Figura 72: Luma

Amor e Confiança Perfeitos

Use este símbolo para inspirar amor e confiança. Este símbolo foi recebido pela Mestra em Reiki e Mestra-Professora Shamballa Jamie Gallant, New Hampshire.

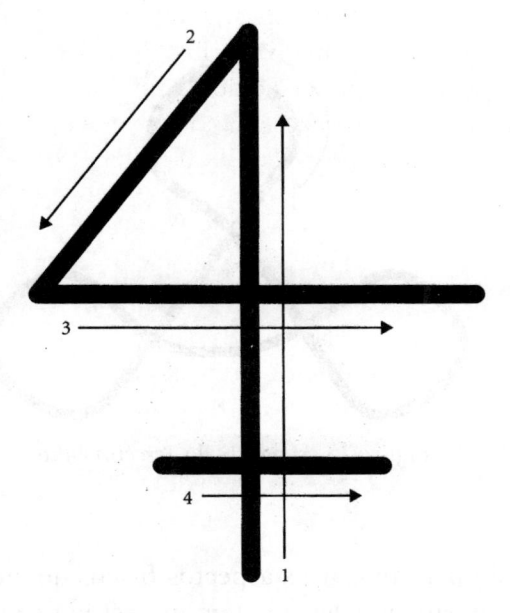

Figura 73: Amor e Confiança Perfeitos

Ra Ta Rio

Este símbolo integra identidades opostas e auto-imagens, ajudando as pessoas a fazer as pazes com seu lado sombrio e enfrentar o medo da morte e da mortalidade. Eu recebi este símbolo.

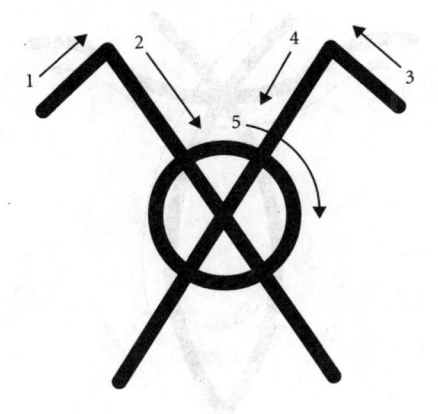

Figura 74: Ra Ta Rio

Memória do Terceiro Olho

Use este símbolo antes da meditação ou de viagens para ajudá-lo a lembrar ou compreender qualquer informação que lhe seja passada. Este símbolo foi recebido por Derek O'Sullivan, Massachusetts.

Figura 75: Memória do Terceiro Olho

Um Mal

Use este símbolo para religar os aspectos físicos do eu com os aspectos espirituais. Serve para aqueles que têm um estilo de vida físico que está em conflito com suas crenças espirituais. Um Mal deixa que a pessoa chegue até as emoções e os medos mais entranhados para que eles venham à tona e sejam curados. Ajuda as pessoas a mergulharem fundo em áreas fora do alcance da exploração consciente. Eu recebi este símbolo.

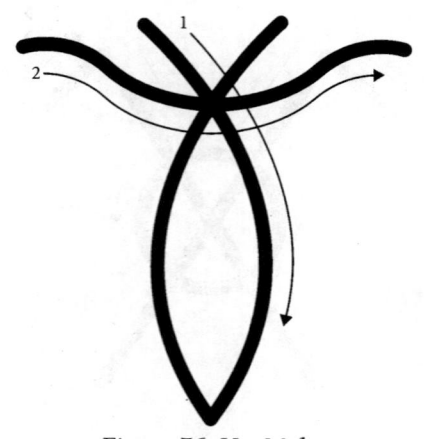

Figura 76: Um Mal

Andando no Ar

Este símbolo é usado para ajudá-lo a elevar-se e ilumina a sua caminhada, evitando que você se sinta preso pelos problemas do mundo. Este símbolo foi recebido por Susan Isabel, New Hampshire.

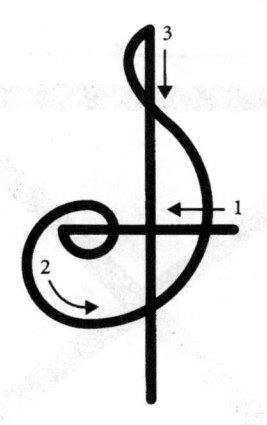

Figura 77: Andando no Ar

Why Ti

Este símbolo integra a nova energia e as freqüências mais altas ao corpo. Ajuda a equilibrar os chakras quando desenhado da coroa à raiz. Ajuda também as pessoas a serem mais abertas e a aceitarem mudanças. Eu recebi este símbolo.

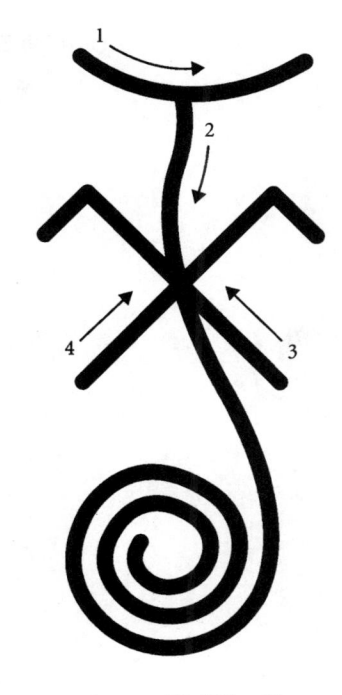

Figura 78: Why Ti

Zen Lu Ma

Use o Zen Lu Ma para remover qualquer bloqueio mental ou emocional, ou bloqueios físicos e dores no corpo. Assim que for desenhado, este símbolo vai executar uma ação giratória e entrar no corpo para remover os bloqueios. Eu recebi este símbolo.

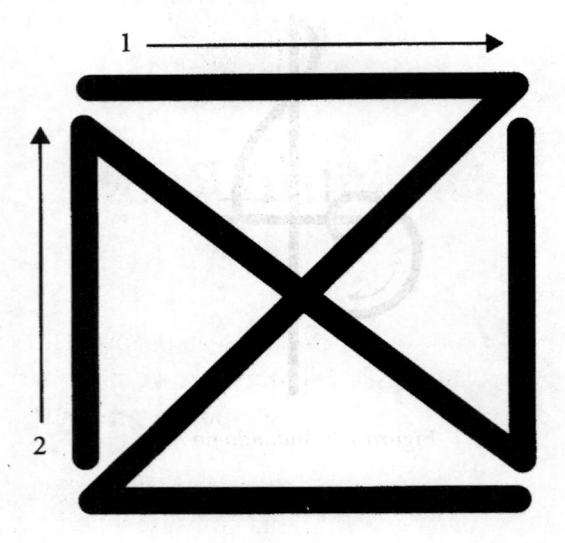

Figura 79: Zen Lu Ma

Apêndice 2

Herbário Reiki

Use esse apêndice como uma introdução às propriedades mágicas e espirituais das plantas. De maneira alguma este é um herbário completo de ervas mágicas ou medicinais. Use-o como um trampolim, mas sempre consulte um médico herbalista respeitável ou um profissional herbalista antes de consumir qualquer erva. Procure recursos aromaterápicos de confiança antes de usar a aromaterapia com usos medicinais. Muitas ervas mágicas são venenosas, e outras plantas igualmente benéficas sob certas formas podem ser tóxicas, particularmente os óleos essenciais.

Agripalma: A agripalma é uma planta da Deusa. Medicinal e espiritualmente, ajuda a mulher em todas as fases da vida. Magicamente, a agripalma serve para entrar em contato com a Deusa, qualquer que seja o seu sexo, e é usada na magia do amor e da fertilidade.

Alho: O alho é uma planta muito protetora, como nossas lendas nos aconselham a usá-lo para afastar espíritos maléficos e vampiros. O espírito do alho expulsa energias indesejáveis e evita que novas energias indesejáveis ataquem, como um repelente mediúnico. O alho como alimento, essência floral, óleo instilado ou como remédio do espírito da planta confere essa proteção.

Anis: As várias formas de anis são usadas na magia do amor e para desenvolver habilidades físicas. O anis estrelado é o meu favorito. A forma estelar, usada por inteiro, é muito mágica. Constitui um excelente amuleto.

Artemísia: A artemísia é uma erva mágica muito potente usada para a magia da Lua. Batizada segundo o nome da deusa da lua Ártemis, todas as ervas da família da artemísia são muito poderosas. A artemísia pode também ser usada como erva para relaxar, mas em magia é usada para sonhos, profecias, dons mediúnicos e viagens astrais. Dá um ótimo incenso.

Aveia: A aveia e todos os grãos são sagrados para a Deusa da Terra. Eles são nutritivos, alimentando o corpo e a alma. A aveia e a palha de aveia acalmam o sistema nervoso. Magicamente, são usados para acalmar, nutrir, estabelecer uma ligação com a Deusa e melhorar qualquer coisa. São símbolos de fertilidade e prosperidade.

Canela: A canela é uma especiaria excelente usada para aromatizar. Magicamente, é usada para a proteção e a prosperidade. Canela queimada limpa a energia indesejável e cria um espaço sagrado. Em poções e amuletos, ela é usada para a magia do dinheiro, expandindo seus recursos. O remédio do espírito da planta da canela ajuda a esquentar o corpo e o espírito.

Carvalho: O carvalho é uma árvore poderosa, ligada à magia celta. O carvalho está ligado aos druidas, sendo a árvore da vida e da morte. A casca do carvalho, as folhas e, principalmente, as bolotas são usadas na magia para proteção, abundância e fertilidade. Um feitiço tradicional de proteção exige uma bolota em cada batente de porta e peitoril de janela.

Confrei: A magia do confrei está na construção. Essa planta constrói tecidos conectivos. Espiritualmente, ele é usado para alicerçar, construir e religar. A essência da flor do confrei pode ser usada para entrar em contato com lembranças, particularmente lembranças de vida passadas. Regido pelo planeta Saturno, o confrei também pode ser usado para proteção.

Cravos: Uma outra especiaria, os cravos também podem ser usados para proteção e prosperidade. Hastes inteiras de cravos são usadas para substituir unhas em sortilégios de proteção e de união.

Dente-de-leão: Como erva, o dente-de-leão é usado para o fígado. Espiritualmente, o fígado é onde armazenamos a raiva; por isso, a magia do dente-de-leão pode ser usada para curar a raiva e descobrir um caminho saudável para expressá-la. O dente-de-leão também é usado para a magia da prosperidade, fixação e transformação, à medida que a flor se transforma em leves sementes sedosas.

Erva-cidreira: Erva-cidreira é uma das minhas ervas favoritas. Para uso medicinal, faz-se com ela chá ou tintura para acalmar os nervos, assentar o estômago e geralmente clareia a mente em qualquer situação difícil. Na magia, ela abre as portas da comunicação espiritual e das capacidades mediúnicas.

Framboesa: A framboesa naturalmente repercute com o poder da Deusa e pode ser usada na cura de problemas femininos. Medicinalmente, é usada para a cura da parte reprodutora da mulher. Magicamente, é usada na magia do amor e da fertilidade.

Hortelã-pimenta: A hortelã-pimenta é uma erva do planeta Mercúrio e é usada para clarear a mente e para comunicação. Na sua função medicinal, ela alivia as dores de estômago.

Lavanda: A lavanda é uma planta maravilhosa e versátil. O óleo essencial pode trazer paz em pequenas doses, ou, em grande quantidade, estimular. Magicamente, esta erva é usada para a paz e a espiritualidade, a meditação, o desenvolvimento mediúnico, a proteção e a comunicação.

Limão: A energia do limão é refrescante e aquosa, despertando a capacidade mediúnica. Ajuda o usuário a sintonizar-se com o corpo emocional e curar os traumas reprimidos.

Manjericão: Como essência floral ou remédio do espírito da planta, ele é usado para equilibrar a sexualidade, a energia sexual e a identidade. Pode ser usado no amor e na magia sensual, assim como para a fertilidade física. O cheiro do óleo essencial mantém a pessoa no momento presente.

Melancia: O espírito do melancia é usado para a concepção e a gravidez. Eu tenho sido muito bem-sucedido ao usar a essência da flor para mulheres que querem engravidar. A melancia é também usada na magia da Deusa e para a fertilidade simbólica, para os que estão procurando a fertilidade artística ou financeira.

Milefólio: Medicinalmente, o milefólio pode ser usado para estancar um sangramento. Espiritualmente, ele cura rompimentos e desgastes na aura e no corpo energético. Ele é uma erva de proteção, mas também está alinhado com a energia de movimento e fluxo, como o sangue, e pode ser usado na magia do amor.

Mirra: A mirra é mais uma das minhas ervas favoritas. A Mirra está ligada à Lua e a Saturno e é usada na magia de proteção e no trabalho mediúnico. Eu gosto muito de usá-la em conjunção com o olíbano, já que o olíbano incorpora o aspecto masculino e a mirra incorpora o feminino. Como incenso, é um poderoso purificador e protetor.

Olíbano: O olíbano é uma resina dourada que foi muito valorizada no mundo antigo. Como erva do Sol, ele é usado para curar, inspirar, pacificar e prosperar. Quando queimado, a vibração do incenso cria um espaço sagrado, eliminando todo mal.

Patchuli: O patchuli é usado tanto para a magia de proteção quanto para a de amor. O forte cheiro de terra ajuda a pessoa a tomar juízo. O óleo essencial é um modo eficaz de invocar o poder do patchuli.

Pilriteiro: O pilriteiro é usado como erva para o coração e o aparelho circulatório. Misticamente, o pilriteiro abre, cura e protege o coração. Os espinhos na árvore representam o poder e a proteção.

Rosa: A rosa é de longe uma das minhas plantas favoritas. A magia da rosa é para o amor, mas para todos os tipos de amor, do romântico ao espiritual. O perfume da rosa eleva o espírito. O espírito da rosa abre e cura o chakra do coração.

Sálvia: Muitas plantas que levam o nome de sálvia têm propriedades protetoras. A salva-do-campo, salva-do-mato ou sálvia branca, qualquer uma delas é queimada e fumigada para limpar e purificar um espaço. A sálvia é usada em muitas tradições indígenas americanas.

Sorveira: A sorveira é uma árvore de proteção. Seus brotos e drupas são usados para proteger as pessoas de qualquer mal, particularmente de magia prejudicial. A sorveira é uma árvore de bruxas, mas ironicamente, de acordo com a tradição, a sorveira protege as pessoas contra bruxarias.

Trevo Vermelho: O trevo vermelho é uma outra erva excelente, usada na magia e na cura. Uma erva tradicionalmente ligada ao amor e à prosperidade, o remédio do seu espírito ajuda a equilibrar as energias femininas.

Urtiga: A urtiga é uma erva de proteção, fogo e ânimo guerreiro. Ela tem seus mecanismos próprios embutidos — os pêlos urticantes. No aspecto medicinal, a urtiga é um grande cura-tudo quando não se sabe o que está errado, particularmente para o sistema nervoso.

Verbena: A verbena é uma erva mágica para todos os fins, usada para proteção, purificação, amor, dom mediúnico e poder. A tradição normalmente refere-se à verbena européia ou branca, embora minha experiência mágica com esta planta tenha sido com a verbena azul, que também é usada para comunicação e lucidez.

A Magia das Cores

A seguir são relacionadas algumas associações mágicas de cores tradicionais. Use-as na magia das velas, nos amuletos, nas visualizações e nos símbolos. Use-as para determinar as propriedades das plantas e das pedras, mas também siga a sua própria intuição. Sua ligação pessoal com a cor pode não seguir a tradição. Você também pode usar o seu conhecimento dos chakras para guiá-lo em sua magia das cores.

Vermelho	Energia, paixão, estimulação, sensualidade, proteção, agressão, ânimo guerreiro
Vermelho-alaranjado	Cura vital intensa, energia
Laranja	Cura intensa, energia, força, força de vontade, lucidez mental, memória, lógica, conhecimento
Dourado	Energia de Deus, amor incondicional, vontade divina, poder, riqueza, saúde
Amarelo	Espiritualidade, comunicação, pensamentos, lógica, saúde, lucidez
Verde	Cura, amor, crescimento, vida, Mãe Terra, prosperidade, dinheiro, fertilidade
Turquesa	Amor superior, coração superior, aceitação incondicional, divindade, equilíbrio

Azul	Paz, prosperidade, espiritualidade, sonhos, cura espiritual
Rosa	Amor, felicidade, auto-estima, romance
Índigo	Energia mediúnica, visualização, abertura dos sentidos
Roxo	Espiritualidade, tranqüilidade, equilíbrio
Violeta	Purificação, neutralização, equilíbrio, divindade, poderes mediúnicos
Branco	Cura, amor, ligação com tudo, cura, todos os objetivos, banimento, proteção
Preto	Fixação, magia, meditação, mistério, encruzilhadas, deusas encarquilhadas
Marrom	Cura, fixação, animais que curam, estabilidade
Ferrugem	Remoção de energias indesejáveis, liberação, purificação
Prata	Energia da Deusa, lua, virgem, cura emocional, poderes mediúnicos, ciclos, fertilidade

Apêndice 4

Breves Referências para Localizar os Símbolos de Cura

Abaixo encontra-se uma lista de possíveis problemas e situações, acompanhados dos correspondentes símbolos de cura. Esta lista não é de modo algum completa, já que cada símbolo tem uma variedade de usos e o nosso conhecimento a respeito deles aumenta à medida que os usamos. Cada situação é diferente, assim você precisa seguir a sua própria orientação divina para verificar se um determinado símbolo é relevante para a situação com que você precisa lidar.

Afirmações
Símbolo Mental/Emocional — Sei-He-Ki   Capítulo 4

Amor
Harth   Capítulo 7
Eus de Deus Superior e Inferior   Capítulo 7
Len So My   Capítulo 7
Cura dos Curadores   Capítulo 7
Amor e Confiança Perfeitos   Apêndice 1

Aprendizado, Para Melhorar o
Gnosa   Capítulo 7
Yod   Capítulo 7

Auto-estima
Ho Ka O ili ili   Capítulo 7
Ra Ta Rio   Apêndice 1

Bibliografia

Amador, Vincent. *Karuna Ki: A Comprehensive Manual of the History, Practices, Symbols and Attunements of the Art of Karuna Ki*. Um e-book. http://angelreiki.nu/karunaki. 1999-2001.

—————. *Reiki Plain and Simple: A Comprehensive Guide to Usui Shiki Ryoho*. Um e-book e manual completo e artigos sobre Reiki e o Reiki Usui Tibetano. http://angelreiki.nu. 1998-2001.

—————. *Reiki Xtras: Additional Practices in Using Reiki or "Using Reiki That Is Not Usui Reiki"*. Um e-book. http://angelreiki.nu/xtras/ReikiXtras.htm. 1999-2001.

Anderson, Kathryn e Gisele King. *Magnified Healing Celebration Manual*. Miami, FL: Magnified Healing, 1994.

—————. *Magnified Healing Teaching Manual*. Miami, FL: Magnified Healing, 1992.

Barnett, Libby e Maggie Chambers com Susan Davidson. *Reiki Energy Medicine: Bringing Healing Touch into Home, Hospital and Hospice*. Rochester, VT: Healing Arts Press, 1996.

Hensel, Thomas A. e Dr. Kevin Ross Emery. *The Lost Steps of Reiki: The Channeled Teachings of Wei Chi*. Portsmouth, NH: Lightlines Publishing.

Milner, Kathleen. *Reiki & Other Rays of Touch Healing*. Mesa, AZ: K.A. Milner, 1995.

—————. *Tera, My Journey Home: Seichem, Shamanism, Symbology, Herbs & Reincarnation*. Mesa, AZ: K.A. Milner, 1997.

Petter, Frank Arjava. *Reiki Fire: New Information about the Origins of the Reiki Power*. Twin Lakes, WI: Lotus Light Publications, 1997. [*O Fogo do Reiki: Novas Informações sobre as Origens do Poder do Reiki*, publicado pela Editora Pensamento, São Paulo, 2005.]

Pinney, Joanna. *Heart Light Reiki Master Teacher Guide to Usui-Tibetan Enhanced Reiki III Manual*. 1998.

Rand, William L. *Advanced Reiki Training Manual*. Southfield, MI: The Center for Reiki Training, 1996.

———. *Reiki Three Manual*. Southfield, MI: The Center for Reiki Training, 1996.

Shewmaker, Diane Ruth. *All Love: A Guidebook for Healing with Sekhem-Seichim-Reiki and SKHM*. Beaverton, OR: Celestial Wellspring, 2000.

Stein, Diane. *Essential Reiki: A Complete Guide to an Ancient Healing Art*. Freedom, CA: Crossing Press, 1995. [*Reiki Essencial: Manual Completo sobre uma Antiga Arte de Cura*, publicado pela Editora Pensamento, São Paulo, 1998.]

Recursos Adicionais Online

www.angelreiki.nu, *Reiki Plain and Simple*.

www.angelfire.com/mb/manifestnow/bluestar.html, *Higher Energy Systems and Metaphysical Healing*.

www.geocities.com/HotSprings/9434/branches1.html#RP, *Branches or Schools of Reiki*.

www.mahatma.co.uk, *Shamballa Multidimensional Healing*.

www.celestialwellspring.com, *Diane Ruth Shewmaker and Sekhem-Seichim-Reiki*.

www.skhm.org, *SKHM/Seichim*.

www.trtai.org, *Radiance Technique®*.

www.magnifiedhealing.com, *Magnified Healing*.

www.kathleenmilner.com/, *Kathleen Ann Milner and tera Mai* ™

www.reiki.org, *William Lee Rand and The International Center for Reiki Training*.